冨田宏治
Koji Tomida

丸山眞男「古層論」の射程

関西学院大学研究叢書 第１７２編

関西学院大学出版会

丸山眞男――「古層論」の射程

冨田宏治　著

一成へ——

目次

第Ⅰ部 「古層」と「飛礫」
——丸山思想史と網野史学の一接点に関する覚書き

はじめに 11
網野善彦と「飛礫」 13
丸山眞男と「古層」 20
「古層」/「飛礫」/「未開の野性」 27
「キヨキココロ」「アカキココロ」 32
石母田正と「日本人論」 38
「トランセンデンタル」なもの 44
「古層」/「飛礫」/「超越者」 48
「日本的なるもの」、そして「天皇制」 52
むすびにかえて 57

第Ⅱ部　「キヨキココロ・アカキココロ」考
――倫理的価値意識の「古層＝執拗低音」をめぐる一考察

はじめに　77

第一章　和辻哲郎と「清明心の道徳」　87
『日本倫理思想史』と「清明心の道徳」　87
「祭り事の統一」としての国民的統一　92
倫理思想としての「清明心の道徳」　99

第二章　「清明心」論の展開　109
相良亨と「誠実」の問題　109
「清明心」と「誠実」――和辻／相良の連続と断絶　119

「絶対者」の不在　129

第三章　「清明心」論の継承……137

歴史心理学と「清明心」　137
部族宗教としての「古代神道」　145
「清明心」の道徳と美意識　153

第四章　「清明心」と民俗学……165

「清ら」と「清明心」　165
「住む」＝「澄む」と「シマ的ミクロコスモス」　171
「清み明き心」と「スメラミコト」　177

第五章　倫理意識の「原型」……183

『丸山眞男講義録』と「原型（プロトタイプ）」論　183
思考様式の原型《プロトタイプ》（一九六四年度講義）　186
深層に沈殿した思考様式・世界像（一九六六年度講義）　202

倫理意識の「原型」（一九六七年度講義）　217

第六章　スサノオ神話と「キヨキココロ・アカキココロ」……241

『古事記』『日本書紀』の異同とスサノオ神話　241
須佐之男（『古事記』）と「キヨキココロ・アカキココロ」　248
素戔嗚（『日本書紀（本文）』）と「キヨキココロ・アカキココロ」　256
『古事記』と『日本書紀（本文）』の異同の意義　260
スサノオ神話の異同と「キヨキココロ・アカキココロ」　269

第七章　「清明心の道徳」の系譜と「キヨキココロ・アカキココロ」……283

「共同体的なるもの」と「清明心の道徳」　283
アニミズム・マナイズムと「キヨキココロ・アカキココロ」　294
超越的絶対者と「キヨキココロ」　306

むすびにかえて……323

「神神の微笑」――柄谷行人『日本精神分析』に寄せて　323

「未開の野性」としての「古層＝執拗低音」　329
「未開の野性」「共同体的なるもの」「超越的絶対者」のトリアーデ　334
「丸山―藤田問題」にむけて　337
あとがき……345

第Ⅰ部

「古層」と「飛礫」

――丸山思想史と網野史学の一接点に関する覚書き

はじめに

二〇〇四年二月、『無縁・公界・楽』[1]、『日本中世の非農業民と天皇』[2]、『異形の王権』[3]、『「日本」とは何か』[4]など数多くの著作によって日本史学に新たな地平を切り拓き、学界内外に多大な知的影響を与えた日本中世社会史学の網野善彦氏がこの世を去った。

筆者も名古屋大学法学部の学生時代に『無縁・公界・楽』を読んで、大きな知的興奮を味わって以来、網野の著作に親しんできた読者のひとりであった。そのころにはすでに網野は名古屋大学文学部の教壇を去って神奈川大学短期大学部へと移籍しており、網野の講義を「もぐり」ででも聴講する機会をもてなかったことに臍を咬む思いをしたものであった。

学生時代の筆者の周辺には、網野の学問的影響下で日本史学の専門研究者を目指した者も少なくはなかったが、学部も専攻も違う筆者にとっては、網野は学問的な関心の対象ではなく、むしろ漠然とした知的好奇心の対象でしかなかった。ただ、筆者が丸山眞男を当面の研究対象とし[5]、とりわけ後期丸山の「文化接触と文化変容の思想史」と「古層＝執拗低音」論に筆者の学問的な軸足のひとつを据えていきたいと考えるようになってからは、読み親しんできた網野の著作と丸山の「古層＝執拗低音」論との関わりについて、いつか真剣に考えてみる必要があるのではないかと感じつづけてはいた[6]。

ただその場合、論点となると考えていたのは、本稿の主題とするところの丸山の「古層」と網野の「飛礫」というモチーフの交錯という問題ではなく、あくまでも誰もが思いつくような、「日本的なるもの」をめぐる問題であった。すなわち、「古層＝執拗低音」論という思想史の方法の基礎に「われわれの『くに』が領域・民族・言語・水稲生産様式およびそれと結びついた聚落と祭儀の形態などの点で、世界の『文明国』のなかで比較すればまったく例外的といえるほどの等質性《ホモジエニティ》を、遅くとも後期古墳時代から千数百年にわたって引き続いて保持して来た、というあの重たい歴史的現実が横たわっている」[7]と論じたことをもって、「日本的なるもの」を実体化し、日本民族の一貫性と等質性（いわゆる「単一民族神話」）という近代日本の「つくられた伝統」に与するものという咎で、数多くの論者――たとえば、米谷匡史[8]をはじめ――からの激しい非難にさらされてきた丸山と[9]、『東と西の語る日本歴史』[10]、『日本論の視座――列島の社会と歴史』[11]、『「日本」とは何か』などをはじめとする一連の著作によって、こうした「神話」を解体する思想的・学問的な営みの旗手のひとりと目されてきた網野との対抗関係を、まがりなりにも両者の思想と学問に親しんできた者として、自分なりにどう整理して受けとめていけば良いのかという問題にほかならなかった。

ところが、網野の死去後、網野の義理の甥であり、かつて、いわゆる「ニューアカデミズム」の旗手のひとりとして名を馳せた中沢新一の『僕の叔父さん 網野善彦』[12]を読む機会を得て、筆者は網野史学における「飛礫」というモチーフの重要さにあらためて気づかされるとともに、「飛礫」から「無縁」、「異類異形」へと連なる網野史学の展開に対する、中沢の――最も身近な立場で立ち会ったものとしての、そして同時にポスト・モダンの宗教学者である彼ならではの――鋭い読解に大いに触発されるところがあった。

そしてそこから、網野史学における「飛礫」が、奇しくも丸山の「古層」というモチーフと相通ずるなにものか――一見したところ、それを克服の対象として否定的に見るのか、社会変革の動因として肯定的に捉えるのかという点で正反対のベクトルをともなっているかのように見えながらも、本稿で明らかにしていくように、その相異は外見上のものにすぎないのであるが――を描き出そうとしたものにほかならなかったのではないかという問題に思いいたった。この問題に注目した時、さきに少し触れたいわゆる「日本的なるもの」についての丸山と網野との外見上の対立・対抗も、まったく位相を異にしたものとして見えてくるはずなのではあるまいか。

本稿は、こうした問題意識から、丸山と網野という戦後日本における偉大な知の担い手たちの思想と学問を架橋しようと試みるささやかな覚書きにほかならない。

網野善彦と「飛礫」

小学館『日本の歴史』全三二巻のなかの第一〇巻として刊行され、「この書をもって、網野史学が誕生」[13]したとされる名著『蒙古襲来――転換する社会』[14]は、中沢も指摘するように、異例な構成と文体で書かれており、その冒頭は、大きな活字で囲みに入ったつぎのような文章ではじまっている。

飛礫《つぶて》は一〇世紀の末から文献に出てくるが、鎌倉時代にしばしばおこった嗷訴《ごうそ》のとき、はげしく飛礫を打っている。日本だけでなく、朝鮮でも古くから「石戦」が盛んで、朝鮮に出兵した豊臣秀吉の軍は、民衆の投石による抵抗に苦しんだという。[15]

網野史学における「飛礫」のモチーフの登場である。この「飛礫」のモチーフがどのようにして生れたのかという経緯は、中沢の『僕の叔父さん 網野善彦』において、中沢の父であり在野の民俗学者であった中沢厚と網野との議論をはじめドラマチックに回想されている。[16]この回想の場面には、丸山の「古層」論との関係で後にあらためて立ち返ることとして、さしあたり以下では、『蒙古襲来』のテクストから、「飛礫」のモチーフの展開を大雑把に追ってみることとしよう。

網野は、承久の乱後、権力を確立しつつあった執権・北条泰時が「祭りのときに、飛礫を打ち、激するあまり刃傷殺害におよぶことはかたく禁止する。ただし飛礫については制限しない。武芸だけを禁止する」という法令を発したさいのエピソードから、「飛礫」のモチーフを説き起こす。そして、祇園御霊会・天満宮祭・川崎惣社祭などの祭りのさいの「飛礫」、左大臣藤原道長が公卿をひきいて叡山にのぼったときに飛んだ「飛礫」、鎌倉時代にしばしばおこった諸社の嗷訴のとき、神木や神輿をになう神人たちによって打たれた「飛礫」、祇園御霊会における「向飛礫の凶徒等」といわれた人々の集団、『保元物語』に登場する「三丁つぶての紀平次大夫」、後白河法皇と木曾義仲との争いにあたって公家方が召した「むかへつぶて、いんぢ、いふかひなき辻冠者原、乞食法師ども」、武田信玄が組織した石投げ隊、明治二年の信州会田の百姓一揆における「石打」による打毀しなど、さまざまな歴史的事例やエピソードをあげ、[17]そのうえでつぎのように論じている。

この習俗については、これまでいろいろな解釈が行われている。二つの群が神の恵みの厚薄を卜《ぼく》するために行う年占《としうら》であるとするもの（柳田国男《やなぎだくにお》氏）、成年戒《せいねんかい》をうける若い男を河原に多い小石のなかに埋める儀式であるとする考え（折口信夫《おりぐちしのぶ》氏）、悪党的な兵法とのつながりに注目する見解（岡見正雄《おかみまさお》氏）、狩猟戦闘などにたずさわる原始的な社会集団の自己保存のための呪術とする見かた（武者小路穣《むしやこうじみのる》氏）など、解釈はさまざまである。これらはみなそれぞれに事の本質をとらえているのであろう。そして中世、飛礫＝印地が盛行した事実のなかに、日本人の野性の表現を見いだす（横井清《よこいきよし》氏）こともできよう。

しかし飛礫の習俗は日本だけで行われていたわけではない。朝鮮でも古くから行事として「石戦」が盛んであり、朝鮮に出兵した豊臣秀吉の軍は、民衆の投石による抵抗に苦しんだという。そして、それもふくめて、古くはゴリアテを倒したダビデによって、新しくはポリネシアの婚姻にあたって飛礫が投げられた事実に注目し、飛礫を打つという行為に、動物から原始の人間を区別した本質的なものを見ようとする中沢厚氏の見解に、私は共感をおぼえる。飛礫は、奥深く人間の原始そのものにつながっている。

飢饉にうちひしがれ、自然の猛威に苦しむ中世前期の民衆は、その反面に、なお原始の野性につながる強靭《きょうじん》な生命力をもっていた。泰時に不気味な恐れをいだかせたのは、まさしくそうした底の知れない力ではなかったか。そして、親鸞の心に響いた「まことのこころ」もまた、その力に通ずるものではなかったか。(18)

網野のいう「飛礫」とはこうして、「奥深く人間の原始そのものにつながっている」ものなのであり、「原始の野性につながる強靭な生命力」を象徴するものにほかならなかった。しかもそれは、「文字のこころもしらず、あさましき愚痴きはまりなき」「いなかのひとびと」「いし、かはら、つぶてのごとくなる」「れふし、あき人」などのなかに「まことのこころ」を見出した親鸞の「回心」(19)という思想史上の重要な事件にも関わっていたというのである。そして、網野は『蒙古襲来』を通じて描き出そうとする時代を「さきのような日本人の野性が、なおそれ自身、社会のいたるところに横溢《おういつ》しえていた、おそらくは最後に近い時代としてとらえ」、この書を通じて、「その躍動と変容の過程を、できるだけたどってみたいと思う」と論じていた。(20)

この「日本人の野性が、なおそれ自身、社会のいたるところに横溢《おういつ》しえていた、おそらくは最後に近い時代」とは、言い換えれば、農業を基盤とし「殺生を『悪』とみてこれを忌避する世界」と、非農業に基礎をおき「『悪』にむしろ親近感をもち、『猛悪』なることをほめたたえる世界」という「二つの世界」が、それぞれに自己を主張しつつ、交錯し、併存していた時代でもあった。この「悪」について、網野はつぎのようにのべている。

「悪源太《あくげんた》」「悪禅師《ぜんじ》」「悪権守《ごんのかみ》」「悪左府《さふ》」などというよびかたが、平安末から鎌倉・南北朝期にかけてしばしば行われている。……このばあいの「悪」については、ふつう「気性の激しい意や剛強な意をそえる接頭語」と解釈

自然なのではあるまいか。

一三世紀前半以前の日本の社会が、いちじるしく氏族的、血縁的な性格をもっていたといわれること、「母系制」の根強い残存を主張する説の存在、それには民衆の遍歴と「浮浪性」、そして「はじめに」で述べたように、たくましくも素朴な野性の躍動、さんさんたる飢饉等々は、みなそのことを物語っている、と私は考えたい。

そして一三世紀後半以降、さきの分業体系の転換にともなって、必然的に進行してくる地縁的な社会の本格的な確立、家父長制の成立、貨幣の社会内部への深い浸透、文字の庶民への普及、そして、呪術のにおいをともなう野性的な行事の遊戯への転換等々、すべてそれは文明の日本における本格的な勝利をしめしているように思われる。もとより未開のエネルギーは激しい反撃をこころみ、文明の世界のいたるところに、さまざまな刻印をのこしてやまなかったのであるが、巨視的にみればこのようにもいえるであろう。[26]

くりかえすまでもなく、網野にとって「飛礫」は、こうした「たくましくも素朴な野性の躍動」の象徴であり、文明に対する未開の組織的反撃をになった「悪党」たちの手によって打たれたものなのであった。もっともここで留意しておくべきは、網野が「巨視的」には「文明の最終的勝利」を認めつつも、「文明の世界のいたるところ」にのこされた未開のエネルギーの「刻印」にも重要な意味をあたえていることにほかならない。「飛礫」は明治二年の信州会田の百姓一揆でも打たれたのであり、中沢新一が回想するように、[27]網野に「飛礫」のモチーフを思いいたらせた、あの一九六八年の学生たちのデモの隊列からも放たれたのである。

網野は『蒙古襲来』をつぎのような一節で結んでいる。そして、それは『蒙古襲来』でしめされた「飛礫」のモチーフが、その後の『無縁・公界・楽』、『異形の王権』へと引きつがれていくことを物語っている。

しかし、この転換、日本における文明世界の確立は、われわれの前に、重大な問題を未解決のままにのこした。天皇と「差別」の問題がそれである。もとよりそれはここで論じきれる問題ではない。しかし現在のわれわれの前にあるこの二つの問題のありかたが一三世紀以降の社会の転換のしかたに規定されていることはまちがいない。

さまざまな方向からの「差別」が、この転換とともに生れてきた。しかしそこで「差別」の対象となりはじめた人々と天皇とは、切離しがたくむすびついていた。悪党・海賊の反撃が、天皇後醍醐によって組織されていったという事実そのものが、そのことを端的に物語っている。そして天皇がみずから軍事力を駆使して、現実的な政治権力を左右しえたのは、前近代では、後醍醐――南朝をもって最後とする。

「差別」の対象とされた人々は、これ以後、しだいに「公界《くがい》」「無縁」の場におしこめられた。そして「公界」がついに「苦界」に転化し、天皇が「芸能」をもっぱらにすべきことを強制されたとき、この転換は一個の完成された「体系」を結実させた。

この二つの克服されるべき問題が、われわれの前には厳然と存在している。それから目をそむけることは、だれにもゆるされない。それは歴史そのものがわれわれのすべてに課した課題だからである。(28)

網野が、「その素朴さとともに、日本の社会のいたるところに、なお長くいきいきとした生命力をもって、躍動しつづけていた」と「未開の野性」を語るとき、そこに「飛礫」に象徴される「原始の野性につながる強靭な生命力」へのある種の共感を読み取ることはたやすいであろう。しかし、網野が生涯をかけて克服の課題として格闘した「天皇」という存在もまた、この「未開の野性」と深くむすびついた存在にほかならなかった。この「未開の野性」がもつ網野にとっての両義性こそ、網野の知的・学問的営みを突き動かす駆動力だったのではないかと、筆者は考える。いずれにせよ網野は、「飛礫」のモチーフを、『無縁・公界・楽』へと、さらには『異形の王権』へと引きつづき展開していくこととなるのである。そのことは、『無縁・公界・楽』のつぎのような一節を見ても明らかであろう。

（「無縁」・「公界」・「楽」という——引用者）これらの仏教語が、日本の民衆生活そのものの底からわきおこってくる、自由・平和・平等の理想への本源的な希求を表現する言葉となりえた、という事実を通じて、われわれは真の意味での仏教の大衆化、日本化の一端を知ることができる。もとより、ギリシア・ローマの市民の民主主義とキリスト教の伝統をもち、ゲルマンの未開の生命力に裏づけられ、中世を通じて深化し、王権との闘いによってきたえられてきた西欧の自由・平等・平和の思想に比べれば、「無縁・公界・楽」の思想は体系的な明晰さと迫力を欠いているといわれよう。とはいえ、これこそが日本の社会の中に、脈々と流れる原始以来の無主・無所有の原思想（原無縁）を精一杯自覚的・積極的にあらわした「日本的」な表現にほかならないことを、われわれは知らなくてはならない。[29]

しかし、網野の「飛礫」と丸山の「古層」とのあいだに接点を見出そうとする本稿の課題からすれば、もはやこれ以上網野の議論の展開を追っていく必要はあるまい。次節では、ひとたび丸山の「古層」へと目を転じ、その後あらためて網野の「飛礫」の問題へと立ち戻ることとしたい。

丸山眞男と「古層」

丸山眞男の「古層＝執拗低音」論のエッセンスは、「歴史意識の『古層』」[30]における丸山のつぎのような言明に言い表わされている。

ここでは、記紀神話の冒頭の叙述から抽出した発想様式を、かりに歴史意識の「古層」と呼び、そのいくつかの――これまた平凡な――基底範疇をひろってゆくが、それは歴史にかんする、われわれの祖先の文字通り「最古」の考え方を指すわけではむろんない。そうした「最古」なるものはどの分野でもそもそも検出不可能であるが、とりわけ「書かれた歴史」を素材にするこの稿では、一層無意味である。それどころか、ここでの「論証」は一種の循環論法になることを承知で論がすすめられていることを、あらかじめ断っておきたい。というのは、右にいう「古層」は、直接には開闢神話の叙述あるいはその用字法の発想から汲みとられているが、同時に、その後長く日本の歴史叙述なり、歴史的出来事へのアプローチの仕方なりの基底に、ひそかに、もしくは声高にひびきつづけてきた、執拗な持続低音(basso ostinato)を聴きわけ、そこから逆に上流へ、つまり古代へとその軌跡を辿《たど》ることによって導き出されたものだからである。こういう仕方が有効かどうかは大方の批判に俟つほかないが、少なくともそれを可能にさせる基礎には、われわれの「くに」が領域・民族・言語・水稲生産様式およびそれと結びついた聚落と祭儀の形態などの点で、世界の「文明国」のなかで比較すればまったく例外的といえるほどの等質性《ホモジエニティ》を、遅くとも後期古墳時代から千数百年にわたって引き続いて保持して来た、というあの重たい歴史的現実が横たわっている。(31)

日本の歴史意識の古層をなし、しかもその後の歴史の展開を通じて執拗な持続低音《バッソ・オスティナート》としてひびきつづけて来た思惟様式のうちから、三つの原基的な範疇を抽出した。強いてこれをひとつのフレーズにまとめるならば、「つぎつぎになりゆくいきほひ」ということになろう。念のために断っておくが、筆者は日本の歴史意識の複雑多様な歴史的変遷をこの単純なフレーズに還元しようというつもりはないし、基底範疇を右の三者に限定しようというのでもない。こうした諸範疇はどの時代でも歴史的思考の主旋律をなしてはいなかった。むしろ支配的な主旋律として前面に出て来たのは――歴史的思考だけでなく、他の世界像一般についてもそうであるが――儒・仏・老荘など大陸渡来の諸観念であり、また維新以降は西欧世界からの輸入思想であった。ただ、右のような基底範疇は、こうして「つぎつぎ」と摂取された諸観念に微妙な修飾をあたえ、ときには、ほとんどわれわれの意識をこえて、旋律全体のひびきを「日本的」に変容させてしまう。そこに執拗低音としての役割があった。(32)

丸山が、こうした「古層＝執拗低音」論を基軸とする「文化接触と文化変容の思想史」ともいうべき方法を提起していく過程や、それが丸山の思想と学問にしめる位置に関しては、筆者はすでに拙著『丸山眞男――「近代主義」の射程』でも論じてきたので(33)、本稿においてそれをくり返す必要はあるまい。

丸山によれば、日本は古代から圧倒的に大陸文化の影響にさらされてきたのであり、日本の文化や思想を個々の要素に分解すれば、そこには日本に特有なものは何もないといってもよいほどである。しかし、その個々の要素がある仕方で相互に結びあわされて一つのゲシュタルトをなしている点に着目すると、それがきわめて個性的なものであるということが問題なのだという(34)。

こうして、丸山は、全体構造としての日本精神史における「個体性」を、外来文化の圧倒的な影響と、いわゆる「日本的なもの」の執拗な残存という矛盾した二つの要素の統一として把握し(35)、そこから日本の多少とも体系的な思想や教義を内容的に構成する外来思想が日本に入ってきたときにかなり大幅な「修正」というかたちで受ける「一定の変容のパターン」のおどろくほど共通した特徴に着目することとなったのである(36)。

丸山は、この文化変容の「執拗に繰り返されるパターン」をもたらすものを、それ自身としては決してドクトリンとはならないものの、「おどろくべく執拗な持続力を持っていて、外から入って来る体系的な外来思想を変容」させ、いわゆる「日本化」させる契機となる「断片的な発想[37]」にもとめ、それを「日本神話のなかから明らかに中国的な観念……に基づく考え方やカテゴリーを消去」していき、そこに残るサムシングを抽出するという消去法[38]によって発見しようと試みた。そして、それが「古層＝執拗低音」論へと結実することとなったのである。

なお、「古層＝執拗低音」の抽出の試みは、まとまった著作としては、さきに引用した「歴史意識の『古層』」における歴史意識もしくは「コスモスの意識」におけるそれにとどまったが、丸山は、東大法学部での講義や講演等を通じて、倫理意識における「キヨキココロ」「アカキココロ[39]」、政治意識における「まつりごと」（「つかへまつる」に由来する奉仕事としてのそれ[40]）という「古層＝執拗低音」の抽出も行っている。

ところで、この「古層＝執拗低音」論に対して、丸山の最も親しい門下のひとりである石田雄からさえ、「近代日本における、つくられた伝統としての等質性の神話というものを後期古墳時代まで遡ら[41]」せるものとの批判が寄せられていることは、さきに見たとおりである。しかし、こうした批判の背後には、筆者のみるところひとつの大きな誤解・誤読が横たわっているように思われる。

それは、「われわれの『くに』が領域・民族・言語・水稲生産様式およびそれと結びついた聚落と祭儀の形態などの点で、世界の『文明国』のなかで比較すればまったく例外的といえるほどの等質性《ホモジェニティ》を、遅くとも後期古墳時代から千数百年にわたって引き続いて保持して来た」と丸山が述べていることをもって、丸山のいう「古層＝執拗低音」自体もこうした「等質性」をもった「領域・民族・言語・水稲生産様式およびそれと結びついた聚落と祭儀の形態——すなわち、網野のいう「文明の世界」——に由来すると考えられていたに違いないという思い込みから生じた誤解・誤読にほかならない。

たとえば、『思想史家丸山眞男論』の「あとがき」で平石直昭は、同書のもととなった一九九九年の日本思想史学会大会シンポジウム「丸山思想史学の地平」における末木文美士の報告[42]を要約して、つぎのように記している。

氏（末木――引用者）によれば、丸山の原型論の背後には、高度成長下の社会変動や六〇年安保による民主化運動の挫折がある。そうした現代的関心が古代に投影されて原型論が作られた。そこには単一民族一貫性論があり「原型」の原型は村落共同体的な場での発想とされるが、それは歴史的実体をもたぬ虚構であろう。近代化論がゆきづまる中で、柳田民俗学や人類学が注目されたが、丸山の原型論にもそれと共通の関心がある。そうした方法は共時的な民俗の中に過去を探ろうとする点で歴史の無視に陥る危険があり、とくに中世の問題を考えるとき、近現代的な関心を古代に投影するため中世固有の意味が消えてしまう。(43)

ここでは、丸山の「古層＝執拗低音」――『丸山眞男講義録』の時点では、「古層」ではなく「原型」という用語が用いられていたのだが(44)――の原型が「村落共同体的な場での発想」にあると理解されている。こうした理解は「古層＝執拗低音」論に批判的な論者のあいだにひろく共有されているように思われる。たとえば米谷匡史も「丸山真男の日本批判」において、つぎのように論じている。

このように丸山は、戦後の精神革命を執拗にはばむ人間関係・行動様式の残存にいらだち、天皇制をその集約的表現とみなすようになっていた。そして「日本の思想」において、近代的主体の確立をはばむこの要因を、「精神的雑居性」「無構造の伝統」、そしてその「原型」としての「固有信仰」と呼ぶようになったのである。……丸山は、頂点における「国体」と底辺における村落共同体を前近代性の温床と考えており、それをどちらも「固有信仰」という古来の《日本的なもの》によって規定しようとしている。……丸山はその原型を宣長が古代日本に見た「固有信仰」にまで遡及している。かくして、「過去的なもの――極端には太古のもの――の執拗な持続」……が語りはじめられることになる。このとき、丸山は「古層」論にいたる山を一歩踏み越えていたのである。[45]

しかし、丸山によって聴き取られた「つぎつぎ」「なりゆく」「いきほひ」あるいは「キヨキココロ」「アカキココロ」といった「古層＝執拗低音」の諸範疇を、「水稲生産様式」や「村落共同体」など——網野のいう「農業民」と「文明の世界」——と密接にむすびついたものとして理解することは、はたして正当とされるべきなのであろうか。実は、こうした丸山の「古層＝執拗低音」論への批判こそ、批判者自身が「単一民族の一貫性と等質性」という「神話」に足をとられ、それを丸山に投影しているだけなのではないだろうか。

筆者が本稿で提起したいのは、丸山の「古層＝執拗低音」は、網野のいう「文明の世界」にではなく、むしろ「飛礫」に象徴される「未開の野性」にこそ密接なかかわりを持っているのではないかということにほかならない。しかし、それについては、いま少しのちにあらためて論じることとしよう。

なお、このような「古層＝執拗低音」論への誤解・誤読は、丸山が「古層＝執拗低音」を「記紀神話の冒頭の叙述から抽出した発想様式」から聴き取っていることをもって、『古事記』ないしは『日本書紀』の世界観——言い換えれば、『古事記』や『日本書紀』を生み出した古代「日本」[46]における思惟——そのものを、「古層＝執拗低音」と同一視する誤解・誤読とも表裏一体をなしているように思われる。さきに引用した『思想史家丸山眞男論』の「あとがき」の一節の「古代」のとらえ方からもそれがうかがわれるが、より典型的な誤解・誤読は、たとえば、水林彪の『記紀神話と王権の祭り』[47]における丸山批判に見られよう——もっとも水林自身は、『思想史家丸山眞男』に収録された「原型（古層）論と古代政治思想論」に見られるように、本稿でものちにとりあげる石母田正の「歴史学と『日本人論』[48]」などを手掛かりにしながら、こうした誤解を解き、本稿とも共通する認識にいたっているようではあるが[49]——。

水林は、少なくとも『記紀神話と王権の祭り』の段階では、丸山の「古層＝執拗低音」と『古事記』の世界観を同一視する立場からつぎのように丸山批判を展開している。

　丸山氏が広く日本思想史を見渡しつつ、『古事記』を主要な素材として、「日本の歴史意識の古層」を表現するものとして案出された「つぎつぎになりゆくいきほひ」……というフレーズに接すると、日本思想史全体の概括的特徴づけとしてはともかく、こと『古事記』の特徴づけとしては、違和感を禁じえない。……『古事記』は自然形成と社会形成の論理をはっきりと区別し、後者については、丸山氏の古典的研究において考察された、かの徂徠学にも相通ずるところの作為的歴史観の上に立っていた。……その背後には、工人の作為の論理とは、性格も段階も異なるが、農民的世界は農民的世界なりに自然と格闘し、自然を作りかえていくという作為的社会形成の民族的経験があり……、さらには文明社会の成熟という内発的要因によってではなく、古代帝国主義世界の外圧によってではあったが、中国を範として計画的に官僚制国家を建設するという、安萬侶の時代にまさに進行しつつある作為的国家形成の歴史があったのではなかろうか……。[50]

しかし、丸山にとって、水林に（正しくも）指摘されるまでもなく、『古事記』そのものが、隋・唐帝国支配下の中国大陸との巨大な「文化接触」の産物[51]であったことは自明のことなのであり、「日本」における最古の文献とされる『古事記』からさえ、「古層＝執拗低音」は、すでに「断片的な発想」[52]としてしか――しかも、明らかに中国的な観念に基づく考え方やカテゴリーを消去していき、そこに残るサムシングを抽出するという「消去法」によってしか――抽出しえないとされていたことを忘れてはならない。

丸山の「古層＝執拗低音」と、中国大陸の文明との巨大な「文化接触」の産物であり、水林が『記紀神話と王権の祭り』で詳細に解明したような「水稲生産様式」を基盤とする『古事記』の世界観とを同一視する誤解は、そのまま、さきに触れたような「古層＝執拗低音」の諸範疇を、「水稲生産様式」や「村落共同体」など――網野のいう「農業民」と「文明の世界」――と密接にむすびついたものとして理解する誤解・誤読へとつながっていくのであり、両者は表裏一体のものといってよかろう。

しかし、丸山の「古層＝執拗低音」が、水稲生産様式や村落共同体――すなわち網野のいう「文明の世界」――とむすびつくものではなく、また『古事記』にさえ、すでに「断片的な発想」としてしか聴き取れないほどのものであったのだとすれば、それはいったいいかなるものであったのだろうか。そして、それは網野の「飛礫」に象徴される「未開の野性」といかなる関係に立つものなのであろうか。そのことを明らかにするためには、あらためて「つぎつぎ」「なりゆく」「いきほひ」「キヨキココロ」「アカキココロ」といった「古層＝執拗低音」の諸範疇に即して考えてみなければなるまい。

「古層」／「飛礫」／「未開の野性」

丸山が「記紀神話の冒頭の叙述」から抽出し「古層＝執拗低音」と呼んだ諸範疇がいかなるものであったのかを――さしあたり、網野史学の「飛礫」のモチーフとの交錯を明らかにしようとする本稿の課題にかかわるかぎりで――検討するうえでは、「歴史意識の『古層』」における以下のような言明に注目すれば充分であろう。

まず、『古事記』で最初に登場する五柱の別天神《ことあまつかみ》は「於二高天原一成神」および、「如二葦牙一因二萌騰之者一而成神」である。このうち実質的な役割の点で、もっとも重要なのが、ムスヒの二神、とくに高御産巣日神《たかみむすひのかみ》であることはいうまでもない。ムスヒのムスは苔ムスのムスであり、ヒが霊力を表現する。この生長・生成の霊力の発動と顕現（隠→現）を通じて、泥・土・植物の芽など国土の構成要素および男女の身体の部分が次々と成って、イザナギ・イザナミの出現で一段落する。ここから二神の交合による国「生み」に入るわけである……[53]。

この「古層」を通じてみた宇宙は、永遠不変なものが「在」る世界でもなければ、「無」へと運命づけられた世界でもなく、まさに不断に「成り成」る世界にほかならぬ。こうした「なる」の優位の原イメージとなったものは、おそらく、「ウマシアシカビヒコジ」の「葦牙《あしかび》」が「萌《も》え騰《あが》る」景観であろう。この原イメージは、次項以下でのべる「つぎ」にも「いきほひ」にも貫徹している。有機物のおのずからなる発芽・生長・増殖のイメージとしての「なる」が「なりゆく」として歴史意識をも規定していることが、まさに問題なのである[54]。

記紀に共通した基本発想において、天と地との分離と定位に対比されるべき核心的なイメージは、さきにも一言したような「葦牙」である。ここにあるのは、「天地位焉」という空間的秩序の形成よりは、前述のように「葦牙の萌え騰る」生命エネルギーから大地・泥・砂・男女身体の具体的部分が、つぎつぎとなりゆく過程の発想である……。それはまた、天地の運行の「四時忒《たが》はざる」（易経）循環という円環的法則性の表象よりはむしろ——究極者の欠如によってまさに無限の遡及性と不可測性を帯びた——「初発」のエネルギーを推進力として「世界」がいくたびも噴射され、一方向的に無限進行していく姿である[55]。

日本神話において人格神の形でも、非人格的な「理」ないしは「法《ダルマ》」の形でも、太極・「全一者」（ekam）・太一（史記、呂氏春秋）・本不生際《ほんぶしょうざい》（大日経）などにあたる絶対的始原者または不生不滅の永遠者がないことは、神道を「神学」にまで体系化しようとするイデオローグを昔から悩ませて来た。けれども、摂理史観や規範主義的史観の確立にとっては都合の悪いこうした「欠如」こそ、かえって「いきほひ」の歴史的オプティミズムを支えて来たのであり、むしろそれは生成のエネルギー自体が原初点になっている……という特殊な「論理」の盾の半面にすぎない。したがって神武創業説話において、ムスヒの霊が呼び起こされ、また、さきに見たアマテラスの「いつの雄たけび」がそのままリフレインされている（紀）ように、歴史的劃期においては、いつも「初発」の「いきほひ」が未来への行動のエネルギー源となる傾向が見られる。[56]

このように、丸山が抽出した「古層＝執拗低音」の諸範疇が構成するのは、石田雄のいう「アニミズム的な生成信仰」ないしは「生成のアニミズム的信仰」ともいうべきもの[57]なのであり、同時にそれは、京極純一が『日本の政治』[58]において――村落共同体をモデルとして描き出された「集合体コスモス」とは明確に区別され、これに対置されるべきものとして――論じていた「相即コスモス」とも相通ずるものにほかならないのである。

京極は、日本人の「意味の宇宙」＝「コスモス」が、「集合体コスモス」と「相即コスモス」という二つの「コスモス」によって構成されてきたことを主張したうえで、「集合体コスモス」に対置される「相即コスモス」について、つぎのように論じている。

すなわち、「相即コスモス」とは、「生命、生命力、宇宙に遍満する永遠の大生命などの名前で引照」される「永遠の存在者、個別、具体の事象、事物すべてと相即不二である実在」を「主宰者」とする「コスモス」のことである。この「宇宙の大生命」とは、「文字通り、イノチ（生命）、生命力、ムスヒ（産霊）であり、したがって、若さ、元気（霊力）であり、また、イキオイ（勢い）、エネルギー」にほかならず、「森羅万象に生命力が宿っている、という意味で、実在は個別の現象に内在する」。そして、そこでは「現世における生命の充溢（元気一杯）が相即コスモスにおける万物の本来像」となり、「万象は潜在する生命力の表面化、顕現であり、成長のモデルでいえば『成る』ものであり、顕現の経過はナリユキ（成行き）」なのであって、「個々の具体的な事象、事物ないし事実は、そのまま、生命力（霊力）の自己展開であり、それが起きたという事実性によって、自己を正統化する」というのである。(59)

したがって、こうした「実在の充溢する現象界に悪は、本来、ありえず、人間も原罪以前」であって、「嬰児、乳児、幼児、子供が、人間の原罪以前の本来像と措定され、純粋、無邪気がその属性と措定され、この措定に対する一切の疑問が禁止される」のであると。(60)

このように、丸山の「古層＝執拗低音」と相通ずる京極の「相即コスモス」が、村落共同体的な――換言すれば、網野のいう「文明の世界」の、さらにいえば、さきに見た米谷匡史のいう「固有信仰」ともかかわる――「集合体コスモス」とは区別されるべきものとして、むしろ網野のいう「原始の野性につながる強靭な生命力」＝「未開の野性」にも通ずるものとして提起されていたことに注目すべきであろう。(61)

同時に、「実在の充溢する現象界に悪は、本来、ありえず、人間も原罪以前」であって、「嬰児、乳児、幼児、子供が、人間の原罪以前の本来像と措定され、純粋、無邪気がその属性と措定され」るという「相即コスモス」の意味世界が、網野史学における「悪」と「悪党」をめぐる問題――すなわち、網野が中世「日本」に見いだした、農業を基盤とし「殺生を『悪』とみてこれを忌避する世界」と非農業に基礎をおき「『悪』にむしろ親近感をもち、『猛悪』なることをほめたたえる世界」という「二つの世界」の交錯と併存という問題――とも深く関わっているのではないかということも見やすいことであろう。そして、それはいうまでもなく、丸山の「古層＝執拗低音」の他の諸範疇――すなわち「キヨキココロ」「アカキココロ」――とも関わる問題にほかならない。

丸山は、直接に「悪」についてではないものの、それと対になるべき「徳」という語をめぐり、「いきほひ」という範疇との関わりでつぎのように論じている。

日本の価値意識を特徴的に示しているのは、いきほひ＝徳という用法であろう。『和訓栞』に、「神代紀に徳をよめり、斎部《いむべ》、八箇祝詞《はつかのりと》にも徳は勢也と見えたり」とあるのがそれである。『紀』における初出は「伊奘諾尊、功既至矣。徳亦大矣。於レ是、登レ天報命」（神代、上、本文）であり、右の個所の「徳」について、『書紀私記』の乙本はわざわざ「以支保以《いきほひ》」と訓注している。しかも『紀』での「徳＝いきほひ」という用法はけっして神代に限られない。……一般に『紀』の「天皇之徳」は「すめらみことのいきほひ」と訓まれるのを通例とするが、「欽明紀」の場合でもその「徳」の実質的意味は前後の関係からみて、倫理的・規範的な観念よりは、威・勢というに近いであろう。

こうした「徳」の用法の特徴をドラスティックに示しているのが「雄略紀」である。ここで雄略天皇は、「天皇以レ心為レ師。誤殺レ人衆。天下誹謗言、大悪天皇也」（二年十月条）とされながら、それにつづく四年二月条の記述では、「是時、百姓咸言、有徳天皇也」という評言を記している。そうして『紀』の叙述者は、有徳天皇という「百姓」の言が、他方での大悪天皇という「天下誹謗」と、かくべつ抵触するものとは考えていないようである……。しかも右の例において、大悪（はなはだあしくまします）という形容詞が、普通の倫理的意味で使用されていることは文脈から明らかである。とするならば右の例における有徳天皇とか至徳天皇とかの称辞は、中国古典に多少とも共通に窺えるような規範性を帯びていないと解するほかない。中国正史における人物描写の表現で、「大悪」にして同時に「有徳」というような規定はおよそ考えられないだろう。[62]

網野が「未開の野性」の世界に生きる「悪党」たちに見いだした「悪」は、「すくなくともここに道徳的な判断がはいっていないことは確かであろう。異常ともいえるはげしさ、強さが『悪』といわれているので、そこにはむしろ畏敬《いけい》・賞賛の念すらはいっているばあいもあった」[63]とされるものであった。

網野が「飛礫」と「悪党」の世界に見いだした、道徳的判断がはいらず、むしろ畏敬・賞賛の念すらはいっていたとされる「悪」と、丸山が「いきほひ」という「古層＝執拗低音」との関わりでとりあげた、倫理的・規範的観念よりは、威・勢というに近いとされる「徳」とは、まさにパラレルな関係にあるのではなかろうか。こうした問題は、丸山が「つぎつぎ」「なりゆく」「いきほい」という歴史意識の「古層＝執拗低音」とならんで抽出した「キヨキココロ」「アカキココロ」という倫理意識のそれに目をむけることによって[64]、いっそう明らかとなるであろう。

「キヨキココロ」「アカキココロ」

「歴史意識の『古層』」における丸山は、「キヨキココロ」「アカキココロ」について、「生誕直後の赤子は『なりゆく』霊《ひ》のポテンシャリティが最大であるだけでなく、キヨキココロ・アカキココロという……、倫理的価値意識の古層からみても、もっとも純粋な無垢性を表現している」[65]と一言のべているのみである。さしあたりこれが、さきに見た京極のいう「相即コスモス」の「実在の充溢する現象界に悪は、本来、ありえず、人間も原罪以前」であって、「嬰児、乳児、幼児、子供が、人間の原罪以前の本来像と措定され、純粋、無邪気がその属性と措定され、この措定に対する一切の疑問が禁止される」という意味世界[66]と相通ずるものであることを確認しておきたい。

もっとも、「古層＝執拗低音」論を成熟させる途上にあった丸山は、『丸山眞男講義録』に復元された東京大学法学部の講義において、「原型（プロトタイプ）」論の段階にとどまるものではあるものの[67]、この「キヨキココロ」「アカキココロ」について、一定の議論を展開している。

この「原型（プロトタイプ）」論の段階における丸山の議論は――とりわけ『講義録』［第四冊］の段階では著し

いのだが――、たしかに日本人の古代以来の「民族的同質性」や水稲生産様式とそれにむすびついた農耕・祭祀共同体の持続性を過度に強調するきらいがあり、また「原型的世界像」（『講義録』〔第四冊〕）ないしは「思考様式と世界像の『原型《プロトタイプ》』」（『講義録』〔第七冊〕）として描き出されたものも、「古層＝執拗低音」として抽出された諸範疇のような「断片的な発想」ではなく、古代以来持続したとされる水稲生産様式や農耕・祭祀共同体とのむすびつきを意識しつつ、一定のまとまりをもった世界像として仮説的に「再構成」[68]されたものとなっている。この点で、丸山の「原型（プロトタイプ）」論は、のちの「古層＝執拗低音」論と比して未成熟なものといわざるを得ないのであり、これらを単純に同一視することはできないと筆者は考えている。[69]

しかしそれにもかかわらず、「原型（プロトタイプ）」論を注意ぶかく検討すれば、「キヨキココロ」「アカキココロ」――「原型（プロトタイプ）論」では「心情の純粋性」とも呼ばれているのだが――は、むしろ水稲生産様式と農耕・祭祀共同体とむすびついた「集団的功利主義」（〔第四冊〕）ないしは「共同体的功利主義」（〔第七冊〕）とは、明らかに異質なものとして、それに対置されていることがわかるはずである。

このことは、（一）「災厄（吉凶）観」と「罪悪（善悪）観」の重畳という論点と、（二）「集団的功利主義」ないしは「共同体的功利主義」と「心情の純粋性」との相反と結合という論点にそって展開されている。

第一の論点について、『講義録』にはつぎのように記されている。[70]すなわち、

> いかなる宗教意識の発展においても、非日常的出来事に直面するたびごとに、demonを鎮撫、追放するという儀式が出発点において見られる。かくて呪術段階にある宗教に特徴的なことは、マジシャン（呪術者）がdemonよりも高位にあることである。すなわちマギー（呪術）は、demonにたいし強制力をもつと見なされている。宗教意識の発展は、こうした呪術師による外からの災厄の除去と福祉の招来という観念〔吉凶観〕から、人間が、

神々の秩序に背反したために災厄がもたらされ、従順であったから福祉が到来するという観念〔善悪観〕に変ってゆく。そして原因は人間の側からの服従と背反にあるという観念から罪の意識がうまれ、行為の人格的責任が問題とされるようになった。こうした精霊（demons）から神々（gods）への発展とパラレルに、宗教の形態は、精霊にたいする「強制」が神々にたいする「祈願・崇拝」にかわり、儀礼も、神々を「信仰」する象徴としての形態をとるようになる。精霊の被信仰化と人間の自己低位化はパラレルである。[71]

日本の神話でもこの罪の意識が見られる。……しかし、注目すべきことに八世紀に編纂された記紀の宗教意識では、異った段階のもの、すなわち外からの災厄観にたつハラヒ、キヨメの観念と、人格的責任の意識にたつツミの観念とが、長期にわたって重畳している。……ここでは外からの災厄と人間によって犯された罪とが重畳しており、大祓は、これらの災厄を同時に罪としてはらい清めることを意味した。別言すれば、キヨメ、ハラヒの対象が災厄（外からのツミ）のみでなく、人格的な罪をも含んでいる点に、吉凶観と善悪観の重畳性が見られる。[72]

　こうしたハラヒ、キヨメの思考様式を人間精神に内面化されたものとしてとらえると、清明心／赤心／直心／美心（キヨキ心、アカキ心、ナホキ心、ウルハシキ心）vs.〔対〕濁心／邪心／穢心／黒（クラキ心、キタナキ心、クロキ心）という対置が出てくる。

　しかし逆にいえば、内面的なるべき悪も、ケガレと同様に、「外」から〔demon の作用が〕付着したものであり、したがって、ミソギによって洗い流すことができる。Radikal Bose〔原罪〕という観念はここにはない。[73]

記紀に見られる古代日本の宗教意識では、吉凶観と善悪観が重畳していた。そして両者に共通する儀式がハラヒ、キヨメであり、この思考様式を精神の次元に内面化したものが、清心赤心、穢心邪心などである。これらが「原型」における行動の根源的な価値基準をなす。(74)

こうして「原型（プロトタイプ）」論における「キヨキココロ」「アカキココロ」（＝「清心赤心」）はなによりもまず、「未開人の神々」(75)である精霊（＝demon）に対する呪術的段階の宗教意識である「吉凶観」と、より発展した段階の宗教意識である「善悪観」との重畳性という観点からとらえられているのである。

丸山が「古代日本」に見いだした「原型（プロトタイプ）」における呪術的な宗教意識と、網野が「中世日本」に見出した「飛礫」に象徴される「未開の野性」や非農業に基礎をおく「『悪』にむしろ親近感をもち、『猛悪』なることをほめたたえる世界」とが、こうして相通ずるものとして響きあっていることは、網野の「異類異形」や「犬神人」／「非人」をめぐる議論を思い起こすまでもなく、見やすいことなのではあるまいか。

第二の論点は、水稲生産様式とむすびついた農耕・祭祀共同体の「集団的功利主義」ないしは「共同体的功利主義」という価値基準と、こうした「キヨキココロ」「アカキココロ」とむすびついた「心情の純粋性」という価値基準との相反と結合という問題である。

〔共同体的功利主義は〕農耕団体の小単位のレヴェルにも、くにレヴェルにもあてはまる（situation の複合性）。……〈……共同体的功利主義の基準は、その共同体にとっての福祉・災厄であり、特別主義（particularlism《ママ》）である。これにたいして心情が純か不純かは、普遍的基準である。しかるに記紀神話では、共同体の功利主義と心情の純粋性（きよき心）とが結合している。このため日本では、〉キヨキココロ、ウルハシキココロという絶対的基準が、共同体的功利主義の相対性と特別主義に制約されるので、共同体的規範から、特定の共同体や具体的人間関係をこえた普遍的な倫理規範〈超越的な唯一神の命令とか、超越的な天道とか、普遍的なダルマ〔dharma〕とかいう「自然法観念」を基礎におく〉への昇華がはばまれることになる。〈これが儒教、仏教の受容形態を制約する。〉ただ「感覚美」の閉鎖的コスモスがつくられれば、〈もともと心情の純粋性を絶対的基準として受け入れる基盤があるから〉それだけが絶対的価値をもつ傾向がある。(76)

もとよりこの『講義録』の「原型（プロトタイプ）」論で丸山が強調するのは、この両者の結合という側面である。「古層＝執拗低音」論の段階で、丸山が「キヨキココロ」「アカキココロ」を「断片的な発想」として単離・抽出しようとする時、この結合の側面以上に、相反の側面が重視されることとなっていくのだが、これについては、本書第Ⅱ部で詳細に検討することとしたい。いずれにせよ、「キヨキココロ」「アカキココロ」という『原型』における行動の根源的な価値基準」が、農耕・祭祀共同体とむすびついた「集団的功利主義」ないしは「共同体的功利主義」とは、明確に異質なものとしてとらえられていたということが確認できれば、それで充分であろう。結合が語られる以上は、両者は別のものとして把握されているということにほかならないからである。ここでも「古層＝執拗低音」を水稲生産様式や村落共同体の「固有信仰」等と単純に同一視することの誤りが明らかになったのではなかろうか。

ただここで丸山が、日本では「キヨキココロ、ウルハシキココロという絶対的基準が、共同体的功利主義の相対性と特別主義に制約されるので、共同体的規範から、特定の共同体や具体的人間関係をこえた普遍的な倫理規範……への昇華がはばまれることになる」として、両者の結合にこそ、「キヨキココロ」「アカキココロ」という絶対的基準の「普遍的倫理規範」への昇華をはばむ要因がもとめられていることに注目すべきではあろう。

この両者の結合から解き放たれたとき、「キヨキココロ」「アカキココロ」という普遍的基準が「普遍的な倫理規範」へと昇華する可能性を、丸山が認めていたのではないかとも考えられるからである。このことは、「文字のこころもしらず、あさましき愚痴きはまりなき」「いなかのひとびと」「いし、かはら、つぶてのごとくなる」「れふし、あき人」などのなかに「まことのこころ」を見出した親鸞の「回心」[77]を、「飛礫」に象徴される「未開の野性」とのかかわりでとらえようとしていた網野の議論に通ずるものであるかもしれないからにほかならない。

　さらに加えて丸山が、「原型的思考にとって重要な第三の契機」として、活動作用そのものが神化されるという傾向をあげ、「超人的なエネルギーがまさにその能力において神化されることからして、荒ぶる神は、一方では呪術的克服ないし追放の対象とされながら、他方では英雄神的崇敬と祭祀の対象となる二重性が賦与される」とし、さきに見たような、天皇のイキホヒに「徳」という漢字があてられ、エネルギーが徳とみなされるという問題をとりあげるとともに、「こうした二重性は、〈のちの軍記物における〉悪源太義平とか、悪七兵衛〔景清〕というような後世の名称における価値意識にも尾をひいている」と論じていることも[78]、蛇足ながら指摘しておこう。こうした「悪」をめぐる問題についても、丸山の「原型（プロトタイプ）」とその成熟形としての「古層＝執拗低音」とは、網野の「飛礫」というモチーフと共鳴しあっていたのである。

　なお、この「キヨキココロ」「アカキココロ」という「古層＝執拗低音」の諸範疇が、古代諸天皇の即位時の「宣命」等にも見いだされるものの、なによりも『古事記』および『日本書紀』におけるスサノオとアマテラスのウケヒ〈宇気比／誓約〉をめぐる神話から抽出されたものであることはいうまでもなかろう。

　しかし、この神話は――水林彪「『神夜良比』と『神逐』――スサノオ神話の記紀比較研究」[79]が正面から論じているように――『古事記』の「須佐之男命」が「宇気比」に勝ってその「心の清き明き」ことが知られるのに対して、『日本書紀』（の「一書」＝異伝ではなくその「本文」）の「素戔嗚尊」は「誓約」に敗れてその「濁心」が暴かれるというかたちで、まったく異なった展開をとげることとなる。『古事記』と『日本書紀（本文）』のあいだのこうした相違は、水林の『記紀神話と王権の祭り』や神野志隆光の『古事記の達成』[80]『古事記の世界観』[81]『古事記――天皇の世界の物語』[82]等の一連の著作によって、つぎつぎと明らかにされてきているように、両書それぞれの神話に表現された世界観そのものの異質性に基づいている[83]。

ここで注目しておきたいのは、「宇気比」によりその「心の清き明き」ことが知られることとなる『古事記』の「須佐之男命」が、そもそも「根之堅州国」にいる母神イザナミを恋い慕い「八拳須心の前に至るまで、啼き伊佐知伎」とされる無邪気な子供ないしは赤子のごとき存在として描かれつつ、同時に「其の泣く状は、青山は枯山の如く泣き枯らし、河海は悉に泣き乾しき」というほどの強大なエネルギーを発するものとされていることである。『日本書紀（本文）』の「此神、有二勇悍以安忍一。且常以二哭泣一為レ行。故令二国内人民、多以夭折一。復使青山変レ枯。故其父母二神、勅二素戔嗚尊一、汝甚無道」という描写とは対照をなす、こうした『古事記』の「須佐之男命」の姿にこそ、「キヨキココロ」「アカキココロ」という「古層＝執拗低音」が見いだされるべきなのであろう。

石母田正と「日本人論」

丸山の「古層＝執拗低音」と網野の「飛礫」が、「未開の野性」ともいうべき相通ずるものにかかわるモチーフなのではないかという本稿の議論を期せずして補強してくれるように思えるのは、さきに水林の「原型（古層）論と古代政治思想論」との関係でも触れた石母田正の「歴史学と『日本人論』[84]」という論考である。

いうまでもなく石母田は、その代表作であり、戦後歴史学の原点ともされる名著『中世的世界の形成』[85]において、東大寺領伊賀国黒田庄を舞台に「黒田悪党」と呼ばれた人々の姿を描き出したことでも知られる日本古代史および中世史の第一人者である。

同時に石母田は、丸山の親しい友人のひとりでもあり、『石母田正著作集』第一巻の月報には、「吉祥寺での付き合い」という表題で、「石母田正さんを偲ぶ会」での丸山の追悼の言葉が収録され、石母田と丸山との親しい交友の思い出が語られている。

他方で、網野はいうまでもなく、戦後歴史学の雄としての、また同じ中世史の研究者としての石母田の巨大な影響力のもとで、その学問形成を遂げてきた。現に網野の主著ともいえる『日本中世の非農業民と天皇』は「津田左右吉と石母田正」という一文から説きおこされている。そもそも網野の歴史学は、石母田という巨大な先駆者との学問的・思想的な格闘のなかからこそ生まれてきたのだといっても過言ではないだろう。(86)

丸山と網野との接点に位置するといってもよいこの石母田が、丸山の「歴史意識の『古層』」(一九七二年一一月)が発表された直後ともいってよいような時点(一九七三年六月)で、丸山の「古層＝執拗低音」と、のちに展開される網野の「飛礫」とを架橋するかのような講演をすでに行っていたのであった。

「歴史学と『日本人論』」で石母田は、当時の「日本人論」の流行とその玉石混淆ぶりを指摘したうえで、丸山の「歴史意識の『古層』」について、「こういう優れた業績というものを前提にして、それをわれわれの歴史学の問題に、どう受け止めることができるのだろうか」と問いかけ、(87)丸山の「古層＝執拗低音」論のエッセンスを適切に要約して示したのちに、つぎのように語るのである。

こういう古層の問題と申しますのは、誰しもが日本史をやればみんな感じているのでありまして、私自身も実はしょっちゅう日本史をやりながら、必ずしも丸山君のように思想史が専門ではありませんけれども、しかし日本史やっていれば誰しもこの問題を感ずるわけです。(88)

石母田は、日本の中世には単純な封建制というような理論では割り切れないさまざまな特徴が見いだされるとし、その例として「日本の法意識」の問題を採りあげる。石母田によれば、平安時代から鎌倉時代にかけて、中国から輸入した法律はだんだん解体して法としての機能を果たさなくなってしまい、戦国時代になると、法典としては、日本固有のもの――丸山のいう「古層」――が前面に出てきて、中国的なものは法律的な面からは消滅してしまうという。ここで石母田が挙げる中世法の特徴は、「理非を論ぜず」として行われるところの「喧嘩両成敗」「折衷の理」「神判」などの例であり、石母田はその根底に「相互主義ないしは等価主義の原則」があることを指摘するのである。そしてそのうえで、つぎのように論じている。

たとえばいま言ったような等価の原則ですが、喧嘩する両方のパワーから、一人ずつ殺すという等価の原則は、考えてみますと、実は日本だけではないのであります。ではなくて、もっともっと広い、言葉は正確ではありませんけれども、いわゆる未開社会と言われるような社会では、むしろこのほうが原則なんであります。そうしますと、日本の中世法、これは中国の影響と違う日本独自の法でありますが、これは考えによっては、未開社会の一つの法理、これの一つのバリエーションにすぎない。あるいはそれの発達した一つの形ではなかろうかというふうにだんだん考えるようになったわけです(89)。

こういうふうな等価の原則というふうに、抽象的に原理化すれば、まさにこれは未開社会の原理であります。したがって日本の中分とか、喧嘩両成敗というのは非常に発達した制度で、こういうものが一つの法典として制定されるということは、もちろん高い文明を持っているからでありますけれども、その原理、基礎にある原理というものは、われわれは未開社会において同じものを見出すことができる、というふうに私は思うのです(90)。

このように石母田は、丸山の「古層＝執拗低音」に――いうまでもなく網野の「飛礫」のモチーフとも重なり合う――「未開社会」的なるものを見いだしていたわけである。

なお、ここで石母田が「未開社会」の例として挙げているのが、ミクロネシアやポリネシア、メラネシアといった南太平洋諸島であり、「日本人は南から来たか、あるいは北からきたかという、日本人の起源の問題に転化する」のではなく、「日本以外の諸民族のなかに日本の固有の論理というものを説明すべき、そういう原理があるかないか、ということを明らかにする」目的で、「われわれが日本の固有のものを説明しようとすれば、単純にこれこそが日本独自だというのではなくして、もっと視野をわれわれは当面、南のほうに広げてみるということを考えてよろしかろうと思うのです[91]」と語っていることにも注目しておこう。

しかも、この「歴史学と『日本人論』」という論考の注目すべき点は、石母田がつぎのように語って、この「未開社会」性を肯定的にとらえようとしていることであろう。

こういうふうな未開社会というと、非常に反発を感ずる人があるのでありますが、私は未開社会を尊敬しておりますので、実はそう反発を感じないのであります[92]。

石母田は、当時の「高度成長」や「女房や娘の前でパンツ一枚でもってビールを飲む」ということを平気でやるといった例をあげて、日本人が持っている独特の「活力」は、それがいいか悪いかという価値評価は別にして、「一つの未開的な活力」ではなかろうかと語り[93]、また、『平家物語』に見られる「昔は昔、今は今」という言葉をあげながら、丸山が強調するように、日本人にとって、昔は何ら今に権威を持っておらず、「昔は昔で今こそがわれわれが生きている場なんであって」「観念の王国を地上に実現しようというふうな、そんなしち面倒くさいこと」や「煩わしいいろんな様々なシャッポや着物は脱いでしまおう」とする傾向があるとして、それもまた「一つの未開的な活力」であろうとするのである。[94]

さらに石母田は、『源氏物語』における光源氏の罪悪の意識をとりあげ、それが「未開社会」の相互主義、等価主義の原則に基づいた「負い目の意識」にすぎないことを指摘して、つぎのように語る。

特徴的なのは、罪というのは過失によるにしろ、落度によるにしろ、一つの偶然的にたまたま起きてくるものだ。こういう考えが基本であります。したがってそういう罪の観念からは、内面的な、主体的な罪の意識が出てくるはずはないわけですね。したがって倫理的な緊張がないのは当然であります。罪というのは人間によって犯される偶然の落度、過失である。これに対してそもそも人間というものは罪なんだというふうに言い切ったユダヤ教とは全然端と端の対極をなしております。[95]

石母田は、こうした光源氏の罪意識の歴史的源泉を『古事記』『日本書紀』や祝詞に見られる「祓いの儀式」にもとめるとともに、「かつて古代の一定の段階においては、……むしろ自然に対して挑戦する。一切の暗黒なものに対して、一切の罪、穢れを生むものに対して挑戦する。こういう意欲的な姿勢が日本の本来にあったのだ」とし、そこに「一国の国のなかに起こってくる罪、穢れを全部一掃しちゃおうという、マギッシュな手段による闘争の姿勢」を見いだして[96]肯定的に語り、そのうえで『源氏物語』の時代には、こうした「闘争の姿勢」が退化し儀礼化してしまったのだというのである。

最後に石母田は、つぎのように語って、この講演を終えている。

私どもが日本人論をやる場合に、どうも日本人は甘えの国だとか、恥の国だとか、そんなことを羅列することは、少しも日本人論の任務ではないのでありまして、日本人が自分自身をどう変えるか、どう変革させるか、どういう明日をつくるかという、そういうプランと予想のもとに、日本人における広範な古いもの、こういうものをわれわれが分析することが問題なんでありまして、学者が日本はこういう国である、ヨーロッパと違う、日本はこういうパターンだということを、なにくれとあげつらったところで、私はあまり意味がないことであると思います。

そうではなしにわれわれに課せられた基本的な任務は大きくいうと民主主義なんですよ。民主主義というのが深くどれだけ深刻に日本の古いものと対決しなければいけないかと。またそれがヨーロッパやその他、他の民族とどう違うのかいうことに視点を合わせて、私どもがもしやるならば、やるならば、展開する必要があるのではなかろうか、とかねがね考えております。[97]

さて、石母田の議論の紹介が長くなった。この論考における石母田の議論をどう評価すべきかという問題は、本稿の課題ではあるまい。ただこうした石母田の議論が、丸山の「古層＝執拗低音」と網野の「飛礫」とが何らかの共鳴関係をもっているのではないのかという本稿の課題にとって、重要な手がかりをあたえてくれるものとなっていることを確認することができれば、それだけで十分だとすべきであろう。

石母田が、丸山の「古層＝執拗低音」に重ね合わせて見たものは、水稲生産様式や村落共同体を基盤とするものなどではなく、むしろ南太平洋諸島[98]に例をもとめるような意味での「未開社会」性なのであり、しかもこの「未開社会」性に根ざした「未開的な活力」は、石母田にとって必ずしも否定・克服の対象なのではなく、「尊敬」すべきものですらあったのである。それは、『中世的世界の形成』で、東大寺の支配と対決し、東大寺領黒田庄に「中世的世界」を形成しようと努力しつつ、最後には敗北していく黒田悪党に歴史的発展の担い手を見いだし、共感を込めて描き出した石母田ならではの視点であったのだろう。そして、網野の「飛礫」と「悪党」というモチーフが、こうした石母田の視点を継承するものであったことはいうまでもあるまい。

ただ、マルクスの「資本制生産に先行する諸形態」に言及しつつ、こうした「未開社会」的なるものの根拠を、あくまでも「アジア的共同体が頑固に残る」ということにもとめている石母田[99]——アジア的・古典古代的・ゲルマン的という共同体のタイプの問題として類型論的にとらえられてはいるものの[100]——と、「飛礫」に象徴される「未開の野性」の問題を「古代・中世・近世・近代という社会構成の問題のみに還元しがたい要素[101]」に関わる問題として考えようとしている網野とのあいだには、マルクス主義の公式的な「発展段階論」への距離のとり方において、かなりの開きがあることもまた疑うべくもない。

この両者のマルクス主義に対するスタンスの相違という問題は、本稿の考察の範囲を大きく超えていよう。しかしここで留意しておくべきは、中沢新一が、網野の「飛礫」というモチーフについて、「網野さんはそれが、アジア的生産様式よりもさらに始原的な人類の文化に根ざしたものである、という視点から出発している[102]」とのべている点である。次節では、こうした中沢の議論にも目をむけていかなければなるまい。

「トランセンデンタル」なもの

網野の「飛礫」というモチーフについて、網野の義理の甥であり、網野史学の展開に身近に立ち会っていたという中沢新一は、吉本隆明の「アフリカ的段階」という概念との類似性を指摘しつつ、つぎのように論じている[103]。

歴史の意識は、アジア的生産様式の誕生とともに発生する。それまで人々が語ってきたのは神話だった。ところが文字がつくられ、それによる記録がはじまると、神話は歴史につくりかえられてくる。そう考えてみると、飛礫も博打も道祖神も、網野さんが『蒙古襲来』の冒頭に掲げている「人類の原始」を体現する文化のどれもが、アジア的生産様式には組み込まれないもの、それ以前からあったもの、歴史意識の外に根ざしているものであったことがわかってくる。つまり『蒙古襲来』を書く主体は、飛礫・博打・道祖神をとおして立ち上がってくる、歴史意識の外に置かれてきたものに立脚して、歴史を記述する行為をおこなおうとしていることになる。そうやって網野さんは、これまで「歴史を書く」という行為の中で無意識に前提とされてきた、思考の制度のようなものを解体してしまおうとしたのである。

吉本隆明が、それとよく似た思考をおこなっている。こちらはヘーゲルの歴史哲学を深遠に読み解くことによって、アジア的生産様式の以前に広がる「アフリカ的段階」という概念を取り出してきた。ヘーゲルは「アフリカ的段階」などは、取るに足らないものだと考えた。ところが吉本隆明は逆に、今まで世界史の意識の外に捨てられてきた「アフリカ的段階」を出発点にすると、今人間のおこなっていることのすべてが、意味を変えたり、失ったりしてくることを見出したのだ。今までは無だと考えられてきた、歴史意識の外に立つわけであるから、これはある意味では、ヘーゲルにおいては失われているトランセンデンタルな思考を歴史的思考の中に注意深く取り戻そうとしているのだと言ってもいい(104)。

さらに中沢は、こうしたトランセンデンタルな思考を歴史的思考のなかに注意深く取り戻そうとしている網野が『蒙古襲来』をとおして見出したとされる新しい「民衆」の概念についても、つぎのように語る。

親鸞の魂が到達していた深さにたどり着くためには、近代人の「底」を突き抜けた「まことの心」のレベルにまで、達していくことができなければならない。ところが実証主義的な歴史学のよりどころとしている「民衆」からは、そのような創造力は原理的に発生してこられない。

網野善彦が『蒙古襲来』に展開した歴史叙述の出発点にすえた「民衆」は、ひとつの概念としてそれとは違う構造をしている。この「民衆」はアジア的生産様式の向こう側に広がる「人類の原始」にまで根を下ろしたものとして、国家の意識と結合した歴史記述そのものの外に向かって、自分の「底」を抜いてしまった概念なのである。この概念から出発する歴史記述は、言わば「アフリカ的段階」という人類的普遍に立って、そこから歴史の展開の多様性のすべてを包み込んでいくようなものになっていくだろう。

……この意味で、網野さんが創造した「民衆」の概念は、ドゥルーズ＝ガタリによって創造されて、今日ではネグリによって新しい展開が試みられている「マルチチュード」の概念にきわめて近いところにいるわけだ。[105]

中沢は、この「トランセンデンタル Transcendental」という言葉について、「今では『超越的』とか『超越論的』と翻訳するようになっているが、それ以前の時代には『先験的』と訳されていた。『経験に先んじている』とか『経験が触れることのできない』というような意味合いであろう。人間の心の中に、現実の世界での五感からの影響や経験の及ぼす働きから完全に自由な領域が開かれており、この自由な領域こそが、人間の本質をつくっているのだという思考法のもとになっているのが、この言葉である」[106]としており、さらには、「あらゆる真の宗教は、トランセンデンタルに触れる体験から生み出されてくるが、網野史学の根底にすえられることになるこの『民衆』という概念は、それ自体が上からの超越とは正反対の、大地性への内在によって超越を果たしていく親鸞のような宗教思考を、自分にふさわしい思想として迎え入れることができる」[107]のだという。

こうした中沢による網野史学の解読は、「トランセンデンタル」なものに憑かれるようにして、チベット密教の修行と研究へとすすみ『チベットのモーツァルト』[108]を著した彼自身の志向性や、「文化」――社会的規則がつくりあげている領域――と「自然」――動物や植物の生命を生み出しているトランセンデンタルな力の支配する領域――との二項対立によって、ものごとの意味を思考しようとする人類学的な思考の枠組み[109]にとらわれた過剰な読み込みにすぎないのではないかという疑問も生じよう。[110]

たしかに、中沢の「縁を断ち切った無縁を原理にすえても社会はつくれるのか」という問いに、「ああそうだ。無縁になってしまった人間たちを集めて、権力によらない自由な関係だけでつくられた社会空間というものは、実際に存在できるはずなのさ。失うものは鉄鎖しかない人間だけが、今日ではそういう社会をつくることが可能だ、というマルクスの発想の根源も、そこにあると思うな」と答えたという網野の姿、[111]メラネシアの男性秘密結社の組織とよく似た八重山群島の「アカマタクロマタ」という特殊な集団の年齢階梯制組織にこうした「無縁」の組織原理を見いだそうとしていたという網野の姿、[112]さらには、中沢の父、中沢厚に「兄さんはマルクスのザスーリッチへの手紙から、農業的な日本という地層の表面をめくってみると、原始・未開の人類的な普遍があらわれてくる、その野性的な普遍の中から未来の社会形態を取り出してくるのがコミュニズムの思想なのだとおっしゃったでしょう。ぼくはあれは、じつに正しい考え方だと思っています。ぼくはその考えを、歴史学の中で立証しようとして悪党の研究なんかをしているわけです」と語ったという網野の姿[113]――中沢が回想するこうした網野の姿は、アジア的生産様式を突き抜けた向こう側に広がる、人類の「原始の野性＝まことのこころ」が、巨大な規模で社会の表面に浮上してきた時代にこそ、真実の社会の転換がもたらされるという確信と主張が、網野にはあったのではないかという中沢の読み[114]にある種のリアリティーを与えていよう。ただ、そもそもマルクスの共産主義の展望と構想が「原始共産制の高次回復」をめざすものにほかならなかったという、ある意味常識的な理解に基づいても、中沢が描いているような網野の言動は了解可能なのではあるが。

しかし、網野史学の展開に最も身近なものとして立ち会ったものとしての中沢の読解が正しいものなのだとすれば、彼が読み解いたような網野の「トランセンデンタル」なものについての思考と、「古層＝執拗低音」を「普遍者」ないし「超越者」の意識との対において措定し、インド的涅槃、中国的天道、ユダヤ教的・キリスト教的な神――そして現代に生きる一人の人間としては――西欧近代に生まれ「人類普遍の遺産」だと自らが考えるところの自由や民主主義の理念という「普遍者」ないし「超越者」の思想にコミットしつづけたとされる丸山(115)とは、いったいいかなる関係に立つと考えればよいのであろうか。

もちろん、丸山と網野は、それぞれ「古層＝執拗低音」ないしは「飛礫」として、「未開の野性」ともいうべき共通のなにものかをとらえつつも、一方の丸山は「古層＝執拗低音」を、あくまでも自らのコミットする「普遍者」ないしは「超越者」に相対立するものとして、もっぱら否定と克服の対象としてのみとらえていたのに対して、それとは対称的に網野の方は、「飛礫」の側にこそ「トランセンデンタル」なものを見いだし、それに深くコミットしていたのだと答えることは簡単である。しかし、ことはそれほど単純ではあり得まい。本稿に残された課題は、こうした問いに答えるための幾許かの手がかりをつかむことにむけられなければなるまい。

「古層」／「飛礫」／「超越者」

丸山門下のひとりである飯田泰三は、『丸山眞男講義録［第四冊］』の「解題」で、丸山の「古層＝執拗低音」論に関してつぎのように論じている。

> 丸山の親鸞論が「超越的普遍者の自覚」という観点から論じられたこと、これまで見てきたとおりである。パ

ティキュラリスティックな「集団的功利主義」と、その集団にたいする「無私」の忠誠を中核とする「心情の純粋性」（清き明き心）とが結合しているところに、この国の「倫理意識の古層」を見いだした丸山であったが、その「古層」を内発的に突破する「超越的普遍者の自覚」が、普遍宗教としての仏教との文化接触のなかで深まっていくのであった。しかもこの普遍者の自覚が、十一――十二世紀の巨大な社会的転換期（「転形期」）を背景に起こっていることをも、丸山は指摘していた。……

そして親鸞の場合、いわば時代の崩壊そのものを内面化し、自らの人格の崩壊として深めていくなかから、「罪悪深重、煩悩熾盛」の「凡夫」としての痛切な自覚の上に、絶対「他力」の信仰に辿り着く。いわば下方への〝没落〟の道を徹することによって再生し、普遍へと突き抜けていったと言ってもよい。……

丸山が関心を示す思想形象は、それ以外の場合でも、「転形期」すなわち旧秩序の崩壊期にあって「古層」を突破して何らかの「普遍」に到達したものだったように思われる。「武士のエートス」や「御成敗式目」の世界は、上記の鎌倉仏教と同様、古代律令国家が解体・崩壊・没落し「中世的世界」が隆起しようとする時代の産物である……。

その点で、丸山の「古層」論を、さらに修正・発展（?）させることができないかと考える。すなわち、〈体制の下部構造〉としての「〈天皇制的〉古層」のさらに深層に、いわば〈人類史的〉下部構造として「太古の祖型」（ベンヤミン）が想定できないかということである。解体期において、その解体（→自己解体）を徹することによって、「日本的古層」（による惑溺）を否定し突き抜け、さらに下降してゆくことで、或る普遍的で原理的な基層（いわば〝原初的普遍性〟）に到達できるのではないか。いいかえれば、原初の混沌、ないしは「自然状態（タブラ・ラサ）」に帰り、そこから或る原理的なものを捉え直してきて「再生」「蘇生」してくるということが、「転形期」においては可能なのではないか……。[116]

ここで飯田が要約している『丸山眞男講義録〔第四冊〕』における丸山の親鸞像が、網野の『蒙古襲来』が描き出した親鸞像――「文字のこころもしらず、あさましき愚痴きはまりなき」「いなかのひとびと」「いし、かはら、つぶてのごとくなる」「れふし、あき人」などのなかに「まことのこころ」を見出し、「回心」したあの親鸞の姿、そして中沢が、「上からの超越とは正反対の、大地性への内在によって超越を果たしていく」ものと表現した親鸞の宗教思考――と瓜二つであることに注目しよう。そして、それは決して偶然ではないはずなのである。[117]

本稿のこれまでの考察をふまえれば、飯田の「古層＝執拗低音」論に対する理解は、それを「体制の下部構造」としての「(天皇制的) 古層」ないしは「日本的古層」ととらえている――すなわち、丸山の「古層＝執拗低音」を水稲生産様式や村落共同体(網野のいう「文明の世界」)とむすびついた「固有信仰」や、あるいは『古事記』『日本書紀』が編纂された時点の古代「日本」の思惟と同一視している――点において、重大な誤りを免れていない。

それは、飯田がこの『講義録』の段階の「原型(プロトタイプ)」論とその後の「古層＝執拗低音」論とを同一視しようとしていることからもたらされた誤りなのかもしれない。そのことは、丸山が「パティキュラリスティックな『集団的功利主義』と、その集団にたいする『無私』の忠誠を中核とする『心情の純粋性』(清き明き心)とが結合しているところに、この国の『倫理意識の古層』を見いだした」のだとする飯田の「原型(プロトタイプ)」論に過度に引きずられた理解にもしめされていよう。

すでに筆者が論じたように、丸山は――『講義録』〔第七冊〕においてではあるが――「キヨキココロ、ウルハシキココロという絶対的基準が、共同体的功利主義の相対性と特別主義に制約されるので、共同体的規範から、特定の共同体や具体的人間関係をこえた普遍的な倫理規範……への昇華がはばまれることになる」[118]としていたのであった。すなわち、「心情の純粋性」(＝「キヨキココロ」「アカキココロ」／「古層＝執拗低音」／「未開の野性」)と「集団的功利主義」(＝水稲生産様式／村落共同体／「文明の世界」)という両者の結合こそが、「キヨキココロ」「アカキココロ」という絶対的基準――それは親鸞の「まことのこころ」にも通ずるのだが――の「普遍的倫理規範」への昇華をはばんできたとされていたのであって、そうであるならば丸山は、当初から両者の結合が解体する時――まさに「転形期」において――、前者が「普遍的な倫理規範」へと昇華する可能性を認めていたとも考えられるはずである。

このことは、丸山の「古層＝執拗低音」が、網野の「飛礫」と相通ずるなにものか、すなわち「未開の野性」をこそ表現するものだったのではないかという本稿の考察によっていっそう明確になったのではなかろうか。

そうであるとすれば、丸山の「古層＝執拗低音」は、飯田のいう「修正・発展」を経ずしても、すでに「太古の祖型」と相通ずる――「未開の野性」という〈人類史的〉下部構造として――ものだったのであり、飯田の見いだした「原初の混沌、ないしは『自然状態(タブラ・ラサ)』に帰り、そこから或る原理的なものを捉え直してきて『再生』『蘇生』してくるということ」の「転形期」における可能性は、当初から「古層＝執拗低音」論に内包されていたというべきなのはあるまいか。

これと同様の指摘は、飯田による『丸山眞男講義録［第五冊］』の「解題」における「武士のエートス」の位置づけに対しても行なえよう。

飯田は、「ところがこの『武士のエートス』は、その構図とは様相を異にし、むしろそれ自身、底辺的・土着的な世界に根ざしながら、そこから新たに内発的に……形成されてきて、独自の『普遍者の自覚』への回路を作りだしていく可能性をはらんだものとしても、とらえうるものであった。……このとき丸山は、『原型』と『普遍者の自覚』との二項対立的な葛藤・絡み合いを中軸に据えた、六三・六四年度講義の際の構図とは別の可能性を、日本思想史の中に探っていたともいえようか[119]」と論じているが、本稿の考察を踏まえれば、『講義録』の［第四冊］の構図と［第五冊」の構図は、必ずしも「別の可能性」と考える必要はないことになる。丸山の「古層＝執拗低音」論はこの二つの構図をともに内包していたからである。

さらには、水林の「原型（古層）論と古代政治思想論」における「後期の丸山には、わが国固有の原型（古層）的意識と舶載の普遍意識の対抗、前者による後者の日本化という思想史の構想（原型（古層）論＝A構想）とは別に、原型（古層）的なものからの普遍思想的契機の自生的な成長とその挫折という思想史の構想（B構想）が存在した[120]」という議論に対しても、同様の指摘ができよう。すなわち、ここでも「A構想」と「B構想」は決して別のものなのではなく、これもまた丸山の「古層＝執拗低音」論にともに内包されていたものとすべきなのである。

このように考えてみれば、丸山の「古層＝執拗低音」と網野の「飛礫」の、「超越者」ないしは「普遍者」、さらには「トランセンデンタル」なものとの関係も、決して対立・矛盾するものではないことが明らかとなったように思われる。飯田の見いだしたような「原初の混沌、ないしは『自然状態（タブラ・ラサ）』に帰り、そこから或る原理的なものを捉え直してきて『再生』『蘇生』してくるということ」の可能性を、丸山が——少なくとも「転形期」においては——認めていたとするならば、むしろ両者はきわめて近いところで思考を展開していたと考えるべきなのかもしれないからである。

「日本的なるもの」、そして「天皇制」

しかし、もし本稿の考察のとおり、丸山の「古層＝執拗低音」というモチーフが網野の「飛礫」というモチーフと相通ずるものであり、ともに「未開の野性」ないしは「太古の祖型」ともいうべき「〈人類史的〉下部構造」を指ししめすものなのだとしたら、あのいわゆる「日本的なるもの」はどうなってしまうのであろうか。

丸山こそ、「古層＝執拗低音」論によって、「日本的なるもの」を実体化し、日本民族の一貫性と等質性（いわゆる「単一民族神話」）という近代日本の「つくられた伝統」に与するにとどまらず、それを現代において再生産する張本人なのではなかったのか。そして網野こそ、こうした「単一民族神話」を解体し脱構築する知の営為の旗手のひとりなのではなかったのか。議論はこうした問題に舞い戻ることになろう。

たしかに、丸山は「日本文化と日本思想史を『特殊性』ではなくて、『個体性』の相においてとらえ[121]」ることをめざしていたのであり、そういった意味で、「日本的なるもの」の解明をその学問的・思想的課題としていたのは事実である。しかし、ここで丸山のいう「個体性」とは、それぞれをとってみれば日本に特有とはいえない個々の要素であっても、それらの個々の要素がある仕方で相互に結び合わされて一つの「ゲシュタルト」――全体構造として把握されたときに、はじめて立ち現れるような「個体性」のことなのである。

丸山は、こうした「個体性」の問題を積み木にたとえて、つぎのように語っている。

積み木というのは個々の要素に分析しますと、正方形の木、細長い木、三角形の木など、形はだいたい共通に決まっています。個々の要素は全部共通しているわけです。ところが、そこからいろいろな組合せをして、いろいろな形の家とか細工を組み立てることができます。積み木は、もし材料が非常にたくさんあるとしたら、さまざまなヴァリエーションのものができます。ところがそれを個々の要素（材料）に分解したら、三角形の木とか平行四辺形の木とかみな同じもの――つまり普遍的なものからできていて、ある形をもった積み木細工の「個性」はなくなります。「個性」は全体構造としてのみ語りうるのです[122]。

日本文化や日本思想史を「個体性」の相においてとらえようとする丸山にとって、「日本的なるもの」とは、まさにこのようなものだったのであり、そうであるとすれば、「古層＝執拗低音」として抽出された諸範疇でさえ、そもそもそれ自体が「日本的なもの」である必要もなく、またそうであるはずもなかったのである。

このように考えれば、丸山が「古層＝執拗低音」として抽出した「断片的な発想」が——網野の「飛礫」のモチーフとも相通ずる——「未開の野性」ないしは「太古の祖型」ともいうべき〈人類史的〉な基層に位置づけられるべき普遍的要素であったとしても、それ自体、何ら驚くべきことなどではない。むしろ、丸山がそこに、水稲生産様式や村落共同体などとむすびついた「固有信仰」などといったものを見いだしていたのではないかと——米谷のように——疑い、丸山が「古層＝執拗低音」という「日本的なるもの」を実体化してしまっているのではないかと非難するものの方こそが、自らが無意識のうちに実体化した「日本的なるもの」に足元をすくわれているのではないかとさえ思われるのである。

しかし、それ自体としては何ら特有なものではない「古層＝執拗低音」の諸範疇は、これまたそれ自体何ら特有なものではない道教、儒教、仏教、西欧近代思想など、大陸ないしは西欧由来の主旋律と響き合い、「ゲシュタルト」＝全体構造としての日本のカルチュアに「日本的」としかいいようのない「個体性」をもたらすのである。そして、こうした「個体性」こそが、まさに「古層＝執拗低音」論と「文化接触と文化変容の思想史」の描き出そうとしたものだったのである。

今一度、丸山自身の言葉でそれを確認しておこう。

日本の多少とも体系的な思想や教義は内容的に言うと古来から外来思想である、けれども、それが日本に入って来ると一定の変容を受ける。それもかなり大幅な「修正」が行なわれる。……そこで、完結的イデオロギーとして「日本的なもの」をとり出そうとすると必ず失敗するけれども、外来思想の「修正」のパターンを見たらどうか。そうすると、その変容のパターンにはおどろくほどある共通した特徴が見られる。そんなに「高級」な思想のレヴェルでなくて、一般的な精神態度としても、私たちはたえず外を向いてきょろきょろして新しいものを外なる世界に求めながら、そういうきょろきょろしている自分自身は一向に変らない。そういう「修正主義」がまさに一つのパターンとして執拗に繰り返されるということになるわけです。[123]

なお、なぜこのような「個体性」がもたらされるのかという理由については、丸山はあくまでも、日本列島の地理的な位置の問題――地政学的要因――をあげることによって、条件依存的に説明しているのであり、これもまた「固有信仰」といった「日本的なるもの」の実体化とは程遠いことを、念のためにつけくわえておこう。すなわち、

そうすると、日本はかつてのミクロネシア群島、メラネシア諸島たるべくあまりに中国大陸に近く、朝鮮の運命を辿るべくあまりに中国に遠いという位置にある、ということになります。そびえ立つ「世界文化」から不断に刺激を受けながら、それに併呑されない。そういう地理的位置にあります。私は朝鮮型を洪水型といい、日本を雨漏り型というのです。洪水型は、高度の文明の圧力に壁を流されて同じ文化圏に入ってしまう。ところが、逆にミクロネシア群島になると、文化の中心から「無縁」もしくはそれに近くなる。日本はポツポツ天井から雨漏りがして来るので、併呑もされず、無縁にもならないで、これに「自主的」に対応し、改造措置を講じる余裕をもつことになる。これがまさに「よそ」から入って来る文化に対して非常に敏感で好奇心が強いという側面と、それから逆に「うち」に自己同一性というものを頑強に維持するという、日本文化の二重の側面の「原因」ではないにしても、すくなくもそれと非常に関係のある地政学的要因なのです。[124]

さて、網野が『蒙古襲来』で、「私には、日本民族はきわめて早熟に文明の世界にはいりこんでいったのではないか、と思われてならない。とすれば、未開の野性が、その素朴さとともに、日本の社会のいたるところに、なお長くいきいきとした生命力をもって、躍動しつづけていたと考えるほうが、むしろ自然なのではあるまいか」と論じ、さらに、「もとより未開のエネルギーは激しい反撃をこころみ、文明の世界のいたるところに、さまざまな刻印をのこしてやまなかったのであるが」と論じていたことはすでに見た。[125]

このとき網野は、なぜ「日本民族」が「早熟に文明の世界にはいりこんでいった」のかという理由については語っていない。しかし、それが丸山のいう「文化接触」によるものであったことは、いうまでもないことであろう。そうであれば、網野のいう「未開のエネルギー」の反撃による「文明の世界」への「さまざまな刻印」もまた、丸山のいう「文化変容」ないしは「修正」と、かなりの程度まで重なり合うものであったと見てさしつかえないのではなかろうか。

さらにいえば、赤坂憲雄が『網野善彦を継ぐ。』で語っているような「網野さんが浮き彫りにした天皇制の基盤としての農業民的な世界と非農業民的な世界、その二元的な構造」[126]もまた、こうした「刻印」そのものであったと考えてまちがいあるまい。

現に網野自身、『蒙古襲来』の最末尾において、「しかし、この転換、日本における文明世界の確立は、われわれの前に、重大な問題を未解決のままにのこした。天皇と『差別』の問題がそれである。もとよりそれはここで論じきれる問題ではない。しかし現在のわれわれの前にあるこの二つの問題のありかたが一三世紀以降の社会の転換のしかたに規定されていることはまちがいない」[127]と論じていたのである。

網野が一方では、中沢のいうとおりに、アジア的生産様式を突き抜けた向こう側に広がる、人類の「原始の野性＝まことのこころ」が、巨大な規模で社会の表面に浮上してきた時代にこそ、真実の社会の転換がもたらされるという確信と主張を抱いていたことは事実であろう。

しかしその一方で、こうした「未開のエネルギー」の「文明の世界」への「刻印」としての「天皇」と「差別」という――まさに「個体性」としての「日本的なるもの」に深く根ざした――問題に、網野もまた、その生涯をかけて格闘しつづけたことを忘れてはなるまい。網野の『蒙古襲来』が、「この二つの克服されるべき問題が、われわれの前には厳然と存在している。それから目をそむけることは、だれにもゆるされない。それは歴史そのものがわれわれのすべてに課した課題だからである」[128]という一文をもって閉じられていることの意味はきわめて重いといわなければならない。

こうして見れば、「古層＝執拗低音」の抽出と日本文化の「個体性」の探求を通じて、「これまでいわば背中にズルズルと引きずっていた『伝統』を前に引き据えて、将来に向っての可能性をそのなかから『自由』に探って行ける地点に」[129]立とうと格闘しつづけた丸山と、「飛礫」「悪党」「無縁」「異形異類」の世界を描きだすことを通じて、天皇制の基盤としての農業民的な世界と非農業民的な世界との二元的な構造を浮き彫りにし、「天皇」と「差別」という二つの問題の克服という「歴史そのものがわれわれのすべてに課した課題」と格闘しつづけた網野とは、こうした面においても、大きく強く響きあう思想と学問を奏でてきたといってよいのではなかろうか。

むすびにかえて

中沢新一は、網野史学に「飛礫」というモチーフが芽生えたとされる一九六八年一月の「佐世保事件」をめぐるエピソードを、つぎのように印象ぶかく回想している。

うまい具合に網野さんが山梨の家に遊びにやってきた。話題はとうぜんのように佐世保でおこった事件のことに集まった。……しかし、父がつぎのようなことを語り出すや、網野さんの顔がみるみる青ざめていくのに、私は気がついた。父はそのときこう言ったのである。

「網野君、権力に向かって礫《つぶて》を飛ばす、という話はどこかで聞いたことはないかなあ。佐世保で三派全学連が機動隊にぶつかっていくときに、さかんに投石をしていただろう。ぼくはあれを見て、すぐに自分たちが子供の頃に笛吹川の土手でやった、石投げ合戦を思い出したんだ。民俗学のほうでは、それを『菖蒲きり』という五月の男子の節句の行事だということですませてしまうんだけど、ぼくにはどうもそんな説明ではおさまりのつかないものがひそんでいるような気がするんだよ。もっともっと深い、人類の根源的な衝動がそこで働いているように思うんだ」

するとと網野さんはすぐにこういう返事をした。

「中世にはたしか『飛礫《ひれき》』という言葉があったように思います。そうですよ、悪党たちが闘うときには、まず飛礫を飛ばして、相手をひるませてから、飛び出していくというような記事をどこかで読んだことがあります。飛礫を飛ばす専門的な連中もいたんじゃなかったかなあ。そうだ、そうですよ。あれは悪党の闘い方ですよ[130]」

「佐世保事件」と「新左翼」系学生たちの投石をめぐって、交わされた中沢家での中沢厚と網野善彦のこうした対話が、網野の『飛礫』というモチーフを芽生えさせたのだった。

同じ時期、東京大学本郷キャンパスで吹き荒れた「新左翼」系の「全共闘」による「東大紛争」の渦中にさらされていた丸山は、彼の没後に公表されたノート[131]に、つぎのように書きしるしていた。

祭祀行事と文学（的）情念の日本における政治的なるものとの関連。
この二つからのアプローチが日本の政治を解く鍵であり、それは古代天皇制から三派全学連にまで共通する特質である。私のこれまでの日本政治の歴史的研究にしろ、現状分析にしろ、この二つの面からのアプローチにおいてはなはだ不十分であったことを、私は自認せざるをえない。民俗学的な訓練を受けた、少なくもかじった文学者ないし、文学的評論家が、私の評論に何か生理的に我慢ならないものをかぎつけるのは、おそらく、私のこれまでの評論におけるこの両者の契機の意識的な無視を直感するからだろう。文学的美意識のほうは、ともかくも国学研究以来取り扱って来た。しかし祭祀の行動に表現されたイデオロギーについては、せいぜい、おみこしの理論、ウェーバーに依拠した「オルギー」、和辻理論の継承としての祭祀共同体の理論を雑すいにしたにすぎない。むろん私は「現代流行の」柳田民俗学へのもたれかかりを依然として拒否するだろう。しかし少なくも民俗学から素材として、中央と地方の祭祀の社会学的構造と精神構造を学び、方法的には、比較的考察――たとえばクーランジュから構造主義にいたるまでの「未開社会」研究――にとりくまなければ、古代についても現代についても私が数年来講義で言及して来た日本思想の「原型」の問題は、これ以上進まないだろう。それは気の遠くなるような課題だ。このことを考えただけでも、東大教官としての「義務」と私の学問的エゴイズムとは、もはや決定的に相容れない。(132)

丸山が、素材としては、民俗学から中央と地方の祭祀の社会学的構造と精神構造を学び、方法的には、たとえばクーランジュから構造主義にいたるまでの「未開社会」研究との比較的考察を行うという「気の遠くなるような課題」を掲げてまで、その「原型（プロトタイプ）」の問題についての考察を進めていこうという「学問的エゴイズム」に駆られていたのは、彼の目の前で吹き荒れる「全共闘」の行動に、「キヨキココロ」「アカキココロ」という「古層

＝執拗低音」の隆起を見いだしていたからではなかろうか。

『自己内対話』に収録された「春曙帖」というノートには、内容的には「全共闘」の姿にも重ね合わすこともできる、つぎのような断章がそれ以前（一九五六年）のポケット帖から抜き書きされている。

日本人の行動評価

うつくしき心、きよき心、あかき心←→きたなき心

ピュリティの尊重から、正反対の行動様式がでて来る。

ⅰ　あるイデーや目的意識をもって対象をコントロールする努力、操作の意味、結果への顧慮と責任、手段の較量、そこから出て来る現実との「妥協」がけいべつされる。「純粋な動機」をもって行なわれた行動は、その目的やイデーの内容評価をこえて賞賛される。ここからは心情的ラヂカリズムとマキアヴェリズムの同居がでて来る。なぜなら手段の軽蔑はどんな手段をも是認させることになる。

ⅱ　目的意識をもって系統的に出来事を組合せ、価値判断をすること、――つまりあらゆるイデオロギー的判断をすることはすなおでないとして排斥される。ここからは逆に主体的な決断のない、現実の流れのままにという機会主義がでてくる。[133]

一九六八年頃の「新左翼」系の学生運動に、「飛礫」に象徴される「たくましくも素朴な野性の躍動」と、その社会の表面への巨大な規模での浮上による社会の転換――「転形期」の到来――の予兆を感じとったのか、それとも現代日本社会においてもなお執拗に響きつづける「古層＝執拗低音」の隆起を聴きとったのか。丸山と網野との（――ましてや吉本隆明との！）相違は決して小さなものではなかったのかもしれない。

飯田泰三は、『丸山眞男講義録［第四冊］』の「解題」で、丸山の「一種絶望をこめた、うめきのごときもの」について、つぎのように語っている。

丸山は何度か、「近代の疎外」とは「関係の実体化」を根本とするといっているが、マルクスのいわゆる「商品の物神的性格」をいわば頂点として、諸関係の「物象化」（ルカーチ）が、新たなる「マーギッシュ」な相貌を伴って、われわれを囲繞しつくそうとしているのである。それにたいして、vertical に「なりゆき」の世界を断ち切るものとして、「超越的普遍者」への内面的コミットメントが民衆レベルで登場し、それによって「古層」を引きずる呪術的世界と重畳して現れている「商品の物神性」の世界が、根底から entzaubern され breakthrough されていく事態などは、とうてい望むべくもない。――そうした状況の中で、一種絶望をこめた、うめきのごときものとして、丸山の「何をしたらいいか、わからなくなった」という言葉は発せられたのではなかったろうか。[134]

いうまでもなく今日の日本においては、「自由な市場」「自由な競争」を標榜する「グローバル・スタンダード（＝アメリカン・スタンダード）」の名のもとに「市場原理主義」が席捲するなかで、「古層＝執拗低音」の呪術的世界と「商品の物神性」の世界――「物象化」された世界――との重畳は、ますます徹底的にわれわれを囲繞しつくそうとしているといわなければならないだろう。こうした状況のなかで、この重畳を根底から突破する展望は、もはや完全に失われてしまったのであろうか。

しかし他方で、「貨幣は交換の道具であるだけじゃなくて、原初的には魔術的存在だった」ということに注目し、「マルクスが『資本論』でやっている貨幣の分析にも、ぼくはどうもそういうことをマルクスは嗅ぎ取っていたんじゃないかということをかんじるなあ」と語っていたという[135]――そして『無縁・公界・楽』でも、「市」が「無縁」

の場であったことをくりかえし論じていた――網野にしたがうならば、こうした「市場」と「貨幣」という「トランセンデンタル」なものの席捲と、社会の表面への巨大な規模での浮上――現に日本社会、とりわけ「企業社会」に蔓延していたパティキュラスティックなさまざまな要素が「市場」の破壊力の前に一掃されつつあるように――こそが、真実の社会の転換――「転形期」の到来――を準備しつつあるのかもしれないと見ることもできるのではあるまいか。

そして、飯田泰三が論じていたように、「転形期」においては、原初の混沌、ないしは「自然状態（タブラ・ラサ）」に帰り、そこから或る原理的なものを捉え直してきて「再生」「蘇生」してくるということが可能なのだとすれば、丸山の「古層＝執拗低音」論からもまた、その可能性を引きだすことができるのではあるまいか。

いずれにせよ、このような問いに答えることは、本稿の課題をはるかに超えている。丸山の「古層＝執拗低音」というモチーフと網野の「飛礫」というそれとのあいだに響きあう共鳴関係を聴きとろうとしてきた筆者としては、もはや語るべきことは十分に語りつくしたとせねばなるまい。いまの筆者としては、ここで筆を置く以外ないであろう。

注

（1）網野善彦、平凡社、一九七八年。増補版、平凡社、一九八七年。平凡社ライブラリー版、一九九六年。

（2）同、岩波書店、一九八四年。

（3）同、平凡社、一九八六年。平凡社ライブラリー版、一九九三年。
（4）同、講談社、二〇〇〇年。
（5）筆者の丸山眞男研究については、拙著『丸山眞男――「近代主義」の射程』、関西学院大学出版会、二〇〇一年を参照されたい。
（6）なお、丸山と網野の関係を物語るひとつのエピソードとして、『丸山眞男手帖』第二九号（丸山眞男手帖の会、二〇〇四年四月）の「編集後記」において、川口重雄が次のように記している。「『私には限られた時間しか残されていませんから』。二〇〇一年二月、肺癌の手術をおえ死の淵から甦った網野善彦氏が行った、ある講演会終了後に演壇に近づいて本誌への寄稿を求める小生に対する網野氏の返事です。本紙元編集委員の安東仁兵衛氏らと共に学生運動をにない、後には中世史家として、そして本会設立以来の会員として、網野史学に占める丸山の位置をきくことは永遠にできなくなりました」。川口の求めた寄稿がついに実現しなかったことはきわめて残念なことであったと、筆者も心より思う次第である。
（7）『丸山眞男集』（以下『集』と略す）第十巻、岩波書店、一九九六年、七頁。
（8）米谷「丸山真男の日本批判」（『現代思想』第二二巻第一号、一九九四年、所収）などを参照。
（9）こうした批判は、丸山の「古層＝執拗低音」論に対して、早い段階から多くの論者により繰り返し寄せられてきたものであり、丸山門下で丸山ときわめて親しい関係にあった石田雄からさえ、「それにしてもこの一節は、近代日本における、つくられた伝統としての等質性の神話というものを後期古墳時代まで遡らせたという点で、明らかに丸山にとって勇み足だったと私は思います」（石田雄『丸山眞男との対話』、みすず書房、二〇〇五年、一七一頁）と批判されることともなった。
　こうした批判のうち管見のかぎりもっともまとまった形でなされているものは、米谷前掲論文であると思われるが、米谷の議論への批判は、本書第Ⅱ部を参照。

　最近では、大隅和雄・平石直昭編『思想史家丸山眞男論』（ぺりかん社、二〇〇二年）所収の末木文美士「〈原型＝古層〉から世界宗教へ――『丸山眞男講義録［第四冊］』を読む」などにおいても、こうした論点があらためて問題とされている。

なお、日本民族の一貫性・等質性という「神話」が近代日本における「つくられた伝統」にほかならないという問題に関しては、小熊英二『単一民族神話の起源――〈日本人〉の自画像の系譜』（新曜社、一九九五年）、同『〈日本人〉の境界――沖縄・アイヌ・台湾・朝鮮 植民地支配から復帰運動まで』（新曜社、一九九八年）、石田雄『記憶と忘却の政治学――同化政策・戦争責任・集合的記憶』（明石書店、二〇〇〇年）が詳しい。さらに、こうした「単一民族神話」の形成との関係で柳田国男の著作を精緻かつ批判的に読み直す試みとして、赤坂憲雄の『山の精神史――柳田国男の発生』（小学館、一九九一年）、同『漂白の精神史――柳田国男の発生』（小学館、一九九四年）、同『海の精神史――柳田国男の発生』（小学館、二〇〇〇年）をはじめとする「一国民俗学」批判の一連の著作がある。

(10) 網野、そしえて、一九八二年。講談社学術文庫版、一九九八年。

(11) 同、小学館、一九九〇年。小学館ライブラリー版、一九九三年。

(12) 中沢、集英社新書、二〇〇四年一一月。なお、中沢はこれに先立って、赤坂憲雄との対談『網野善彦を継ぐ。』（講談社、二〇〇〇年六月）を刊行している。

(13) 中沢前掲書、五四頁。

(14) 網野、小学館、一九七四年。小学館文庫版、二〇〇一年。なお、以下本稿での引用は小学館文庫版による。

(15) 同前、一八頁。

(16) 中沢前掲書、四三頁以下。

(17) 網野『蒙古襲来』、一三頁以下。

(18) 同前、二八―二九頁。

(19) 同前、二二―二三頁。なお、親鸞の思想と「飛礫」さらには「古層」との関わりは、重要な論点をはらむものであり、本稿の後の部分であらためて立ち返ることになろう。

(20) 同前、三九頁。

(21) 同前、九八―九九頁。

(22) 同前、一〇〇頁。

(23) 同前、五九三―五九四頁。

(24) 同前、五九四―五九五頁。
(25) 同前、五九八頁。もちろんこのくだりは、一九七三年の執筆当時のものであり、「民族」という概念をめぐって議論の喧しい現在においては、より慎重な表現が用いられるべきであろう。
(26) 同前、五九六―五九七頁。なお、『無縁・公界・楽』で強調されたように、後の網野は貨幣のもつ「無縁性」＝「呪術性」にも注目するようになる。その時、貨幣は「文明」の側だけではなく、「野性」の側にも立つアンビバレントな存在と見なされることとなろう。
(27) 中沢前掲書、四三頁以下。
(28) 網野『蒙古襲来』、五九七―五九八頁。
(29) 同『無縁・公界・楽』、平凡社ライブラリー版、一二二頁。なお、以降も引用は平凡社ライブラリー版による。
(30) 『集』第十巻、所収。
(31) 同前、六―七頁。
(32) 同前、三一頁。
(33) 拙著、第三章を参照されたい。
(34) 『集』第十二巻、一三七頁。
(35) 同前、一三八頁。
(36) 同前、一四六頁。
(37) 同前、一四九頁。
(38) 同前、一四七頁。
(39) 倫理意識の「古層＝執拗低音」については、「歴史意識の『古層』」に一言だけ触れられており（『集』第十巻、五六頁）、また、これに関する論考は、英文原稿しかないと丸山自身が語っている（『集』第十二巻、一五五頁）。ただ、東大法学部での講義を復元した『丸山眞男講義録』（全七冊、東京大学出版会、一九九八年―二〇〇〇年、以下『講義録』と略す）の［第四冊］から［第七冊］に収録されている一九六四年から六七年の講義の冒頭において、丸山は、くり返し「古層＝執拗低音」論の展開の起点となった「原型（プロトタイプ）」論を講じており、そこには、この「キヨキココロ」

「アカキココロ」についてのかなりまとまった言及が見られる。また、この「キヨキココロ」「アカキココロ」についての断片的考察は、丸山の没後に発見されたノートをまとめて公刊された『自己内対話』（みすず書房、一九九八年）のなかにも散見される。

(40) 政治意識の「古層＝執拗低音」に関しては、一九八四年一一月に「百華会」の年次シンポジウムにおける講演にもとづく記録が、「政事の構造」として、『集』第十二巻に収められている。また、これとは別稿として、The Structure of Matsurigoto と題された英文論文が、オクスフォード大学のG・R・ストーリ教授の追悼論文集 Sue Henny and Jean-Pierre Lehmann eds.,*Themes and Theories in Modern Japanese History Essays in Memory of Richard Storry*,The Athlone press,1988. に寄稿されている。

(41) 石田『丸山眞男との対話』、一七二頁。

(42) 同報告を元にした論稿は、『思想史家丸山眞男論』に「〈原型＝古層〉から世界宗教へ――『丸山眞男講義録［第四冊］』を読む」として収められるとともに、末木『近代日本の仏教――近代日本の思想・再考Ⅱ』（トランスビュー、二〇〇四年）にも再録されている。

(43) 大隅・平石編『思想史家丸山眞男』、三八五頁。なお、同書に収録された末木自身の論稿には、このままの表現は見当たらない。

(44) 「原型」から「古層」さらには「執拗低音」へという用語の変化については、さしあたり、丸山「原型・古層・執拗低音」（『集』第十二巻、所収）を参照されたい。

(45) 米谷、前掲、一四八―一四九頁。こうした米谷の丸山批判が重大な誤解・誤読に基づくものであること、それを解く鍵が、丸山の「古層」と網野の「飛礫」の交錯にあることを示すことが本稿の課題であることはいうまでもない。

(46) 網野も指摘するように、「国制」としての「日本」は、『古事記』や『日本書紀』の編纂と同時期に成立する（網野『日本とは何か』を参照）のであるが、それは丸山的にいえば、「日本」という国号と『記』・『紀』という史書の編纂もまた、「天皇」という称号の成立、律令の制定、平城京の建設等々と並んで、七世紀から八世紀にかけての隋・唐帝国とのあいだの巨大な「文化接触」と「文化変容」の産物にほかならないことになる。

(47) 水林、岩波書店、一九九一年。新訂版、岩波書店、二〇〇一年。なお、以下の引用は新訂版による。

(48)『石母田正著作集』第八巻、岩波書店、一九八九年、所収。
(49)水林は、「原型（古層）論と古代政治思想論」（『思想史家丸山眞男論』所収）では、「大化前代の国制（古層）」と「律令国家体制（新層）」の連続と断絶という視点から、独自の「古層・新層論」を提起しており、この議論の成否はともかくとして、少なくとも「古層＝執拗低音」と『古事記』の世界観を同一視するという誤解からは免れている。
(50)水林前掲書、一一一―一一二頁。
(51)そもそも『古事記』が漢字という外来の文字を用いて表記されているということ自体からして、これが中華帝国との「文化接触」の産物であることの証しである。漢字という「他者」との文化接触により、はじめて「日本語」という書き言葉が成立するという問題については、子安宣邦『漢字論――不可避の他者』（岩波書店、二〇〇三年）に詳しい。なお、子安は周知のとおり丸山に対する激烈な批判者（たとえば、子安「『近代』主義の錯誤と陥穽」、『現代思想』第二二巻第一二号、所収を参照）ではあるが、その思想史研究の各所には、丸山の「文化接触と文化変容の思想史」に相通ずる論点が散見される。
(52)『集』第十二巻、一四九頁。
(53)『集』第十巻、一二頁。
(54)同前、一八―一九頁。
(55)同前、三六頁。
(56)同前、三八頁。
(57)石田雄『日本の政治と言葉 上――「自由」と「福祉」』、東京大学出版会、一九八九年、六三頁。
(58)京極純一、東京大学出版会、一九八三年。
(59)同前、一六四―一六五頁、および一七六頁。
(60)同前、一七〇―一七一頁。
(61)このことは、さきに見た末木／平石や米谷の丸山批判が「古層＝執拗低音」論への重大な誤解・誤読にもとづくものであることをも、あらためて物語っているといえよう。
(62)『集』第十巻、三一―三二頁。

(63) 網野『蒙古襲来』、九八頁。
(64) 「キヨキココロ」「アカキココロ」という倫理意識の「古層＝執拗低音」の問題に関しては、本書第Ⅱ部においてヨリ詳細な検討を行っている。それゆえ、ここでの考察は概括的なものにとどめたい。
(65) 『集』第十巻、五六頁。
(66) 京極前掲書、一七〇―一七一頁。
(67) この段階の丸山の「原型（プロトタイプ）」に関する考察は『講義録』の［第四冊］［第六冊］［第七冊］に復元されている。
(68) 『講義録』［第七冊］、五〇頁。
(69) 「原型（プロトタイプ）」論から「古層＝執拗低音」論への内容的な発展がいかなるかたちでなされたのかは、本書第Ⅱ部でヨリ詳しく検討したい。
(70) もっともこの『講義録』は、丸山が遺した講義準備資料や草稿・ノート類、聴講学生の筆記ノート、東大生協・出版会教材部が聴講学生に委嘱してつくった講義録プリントなどから復元されたものであり、丸山が講義において語った内容が完全に記録されている訳ではない。
(71) 『講義録』［第七冊］、五三―五四頁。
(72) 同前、五四―五五頁。
(73) 同前、五五頁。
(74) 同前、五六頁。
(75) 『講義録』［第四冊］、五六頁。
(76) 『講義録』［第七冊］、六五―六六頁。
(77) 網野『蒙古襲来』、二二一―二二三頁。
(78) 『講義録』［第四冊］、六一―六二頁。
(79) 水林『記紀神話と王権の祭り』、所収。
(80) 神野志、東京大学出版会、一九八三年。

(81) 同、吉川弘文館、一九八六年。

(82) 同、NHKブックス、一九九五年。

(83) 「歴史意識の『古層』」における丸山の考察にも、『記』・『紀』の相違に対する配慮が見られないわけではないが、神野志や水林のように『古事記』と『日本書紀（本文）』との異質性を明確に対象化するまでにいたっていないことは否定できまい。しかし、『古事記』『日本書紀』という両書の表記法やその成立の経緯――とりわけ『日本書紀』が中華帝国の「正史」を模して編纂され、唐帝国の皇帝を読者に想定するかのようにほぼ完全な漢文によって記されているという事実や、白村江の敗戦以来の対外的危機意識に基づいた急激で大規模な中国大陸との文化接触（「日本」という国号や「天皇」という称号の登場、律令の制定、都城の建設、「正史」としての『日本書紀』の編纂等々）の展開という歴史的背景――を踏まえれば、神野志や水林の提示した『記』・『紀』の世界観の相違という視点は、むしろ丸山の提起した「文化接触と文化変容の思想史」と「古層＝執拗低音」論をいっそう豊かなものとする多くの論点の導出につながるのではないかと筆者は考える。こうした問題についても、本書第Ⅱ部にて論じたい。

(84) 『石母田正著作集』第八巻に収められているこの論考は、同巻の解説によれば、一九七三年六月に金沢で行われた岩波書店主催の文化講演会での講演の記録であるとされている。なお、この論考に関しては、さきに触れた水林「原型（古層）論と古代政治思想論」だけでなく、『集』第十巻の「解題」において、飯田泰三もくわしく言及している。

(85) 『石母田正著作集』第五巻、岩波書店、一九八八年、所収。本書の初版は一九四六年に伊藤書店から刊行され、のちに一九五〇年に同書店から増補版が、さらに一九五七年に東京大学出版会から改訂版が刊行されている。

(86) 網野は、石母田が指導した「国民的歴史学運動」に積極的に参加した若手研究者のひとりであり、石母田とのあいだには、単に学問的なものにとどまらない、思想的・人格的な深いつながりがあった。この点については、さしあたり小熊英二『民主と愛国――戦後日本のナショナリズムと公共性』、新曜社、二〇〇二年、第8章を参照されたい。

(87) 『石母田正著作集』第八巻、二八七頁。

(88) 同前、二九一頁。

(89) 同前、二九七頁。

(90) 同前、二九九頁。

(91)　同前、二九八頁。
(92)　同前、二九九頁。
(93)　同前。
(94)　同前、三〇〇頁。
(95)　同前、三〇七頁。
(96)　同前、三〇九頁。
(97)　同前、三一二頁。
(98)　南太平洋諸島の神話と日本の「記紀神話」との関係に関しては、さしあたり、大林太良『日本神話の起源』（徳間文庫、一九九〇年）、同『神話の系譜――日本神話の源流をさぐる』（講談社学術文庫、一九九一年）、後藤明『ハワイ・南太平洋の神話――海と太陽、そして虹のメッセージ』（中公新書、一九九七年）などを参照。
(99)　『石母田正著作集』第八巻、三〇〇―三〇一頁。
(100)　マルクスのアジア的、古典古代的、ゲルマン的という概念を、原始共産制的、奴隷制的、封建制的、資本制的といった概念とパラレルに段階論的にとらえるべきなのか、それともそれとは別な概念体系として類型論的にとらえるべきなのかについては、周知のとおりの激しい論争があった。類型論的把握の古典的な議論は、いうまでもなく大塚久雄の『共同体の基礎理論』（岩波書店、一九五五年。『大塚久雄著作集』第七巻、岩波書店、一九六九年、所収）であり、こうした類型論的把握をより徹底し洗練したものとしては、芝原拓自『所有と生産様式の歴史理論』（青木書店、一九七二年）があげられる。また、原始共産制と古代的奴隷制との中間段階としてアジア的段階を位置づける段階論的な把握の代表的な議論としては、塩沢君夫『アジア的生産様式論』（御茶の水書房、一九七〇年）がある。また、丸山が「思想史の方法を模索して――一つの回想」（『集』第十巻、所収）を贈って追悼し、『東洋政治思想史研究』（未来社、一九六七年）、『日本思想史の課題と方法』（新日本出版社、一九七四年）等の著作を遺した守本順一郎は、塩沢とも通ずる段階論的理解に基づいて、アジア的思惟、古代的思惟、封建的思惟という概念を駆使し、体系的な思想史の展開を試みた。ちなみに塩沢（経済学部）、守本（法学部）は、学部は異なるものの名古屋大学における網野の同僚であった。
(101)　網野『蒙古襲来』、五九四頁。

（102）中沢『僕の叔父さん 網野善彦』、六〇頁。
（103）吉本『アフリカ的段階について』、春秋社、一九九八年、参照。
（104）中沢前掲書、六二―六三頁。
（105）同前、六四―六五頁。なおネグリの「マルチチュード」については、もはやあまりにも有名となったM.Hardt&A. Negri, *Empire*, Harvard U.P., 2000. マイケル・ハート、アントニオ・ネグリ『〈帝国〉――グローバル化の世界秩序とマルチチュードの可能性』、水島一憲他訳、以文社、二〇〇三年、を参照されたい。
（106）同前、三三頁。
（107）同前、六四―六五頁。
（108）中沢新一、せりか書房、一九八五年。講談社学術文庫版、二〇〇二年。
（109）いうまでもなくクロード・レヴィ＝ストロースの『野生の思考』（大橋保夫訳、みすず書房、一九七六年）に代表される構造主義的人類学のそれである。こうした人類学的な思考の枠組みによる日本論としては、前掲『網野善彦を継ぐ。』で中沢と対談している赤坂憲雄の『異人論序説』（砂子屋書房、一九八五年。ちくま学芸文庫版、一九九二年）、同『王と天皇』（筑摩書房、一九八八年。ちくま学芸文庫版、一九九三年）、同『境界の発生』（砂子屋書房、一九八九年。講談社学術文庫版、二〇〇二年）がある。また、山口昌男『文化と両義性』（岩波書店、一九七五年。岩波現代文庫版、二〇〇〇年）、小松和彦『異人論』（青土社、一九八五年。ちくま学芸文庫版、一九九五年）、同『悪霊論――異界からのメッセージ』（青土社、一九八九年。ちくま学芸文庫版、一九九七年）、同『神々の精神史』（福武書店、一九九二年。講談社学術文庫版、一九九七年）などもある。
（110）中沢と対談した赤坂でさえ、網野史学と吉本の「アフリカ的なもの」をめぐる思考の類似性を主張する中沢に対して、「吉本さんの天皇論というのは、稲の祭りとしての大嘗祭に絞り込むかたちで、その本義を読み抜くことができるというスタンスですから、網野さんが浮き彫りにした天皇制の基盤としての農業民的な世界と非農業民的な世界、その二元的な構造のひとつの側面にかかわっていると思うんです。それがいったい『アフリカ的なるもの』とどのように交差するのか、ぼくには了解しがたいところがありますね」（前掲『網野善彦を継ぐ。』、七八頁）とのべている。
（111）中沢『僕の叔父さん 網野善彦』、九七頁。

(112) 同前、九八頁。
(113) 同前、一四一—一四二頁。
(114) 同前、五九頁。
(115) 水林「原型（古層）論と古代政治思想論」、一一頁。
(116) 『講義録』［第四冊］、三四四—三四六頁。
(117) 末木文美士は、前掲「〈原型＝古層〉から世界宗教へ——『丸山眞男講義録［第四冊］を読む』」において、こうした丸山の親鸞像に対して、「古層＝執拗低音」論に反するものとして、違和感を表明しているが、本稿の考察は、そうした末木の丸山理解への批判ともなっていると思う。しかし、末木の論稿の検討は、本書第Ⅱ部においてあらためて論ずることとしたい。
(118) 『講義録』［第七冊］、六六頁。
(119) 『講義録』［第五冊］、三一七頁。
(120) 大隅・平石編前掲書、三五頁。
(121) 『集』第十二巻、一三六—一三七頁。
(122) 同前、一三八頁。
(123) 同前、一四六頁。
(124) 同前、一四一—一四二頁。なお、丸山は、こうした議論が地理的決定論と誤解されることを恐れてか、「むろんこういう『型』は大体の傾向に着目して区別するので、歴史的現実をくまなく説明するものではありません。念のために申し上げておきます」と言い添えることを忘れていない。
(125) 網野『蒙古襲来』、五九六—五九七頁。
(126) 中沢・赤坂『網野善彦を継ぐ。』、七八頁。
(127) 網野『蒙古襲来』、五九七頁。
(128) 同前、五九八頁。
(129) 『集』第九巻、一一五頁。

（130）中沢『僕の叔父さん 網野善彦』、四八―五〇頁。
（131）丸山『自己内対話』、みすず書房、一九九八年。
（132）同前、一一九―一二〇頁。
（133）同前、一四五頁。この断章は、（昭三十一）と附記されているため、一九五六年のポケット帖から抜き書きであることがわかる。したがって、この断章は直接には、「全共闘」に言及して書かれたものではない。
（134）『講義録』［第四冊］、三四四頁。
（135）中沢『僕の叔父さん 網野善彦』、一五〇頁。

第Ⅱ部

「キヨキココロ・アカキココロ」考

——倫理的価値意識の「古層＝執拗低音」をめぐる一考察

はじめに

筆者はすでに拙著『丸山眞男――「近代主義」の射程』[1]や本書の第I部などを通して、「文化接触と文化変容の思想史」という日本思想史への新たなアプローチを提起した後期丸山の思想的・学問的営為に注目し、とりわけそこにおける「古層＝執拗低音」論の思想的・学問的意義を明らかにしようと試みてきた。

丸山の没後に公表されたノート[2]には、この「古層＝執拗低音」論が形成されていく過程における感慨が、つぎのように記されている。

> 祭祀行事と文学（的）情念の日本における政治的なるものとの関連。
>
> この二つからのアプローチが日本の政治を解く鍵であり、それは古代天皇制から三派全学連にまで共通する特質である。私のこれまでの日本政治の歴史的研究にしろ、現状分析にしろ、この二つの面からのアプローチにおいてはなはだ不十分であったことを、私は自認せざるをえない。民俗学的な訓練を受けた、少なくもかじった文学者ないし、文学的評論家が、私の評論に何か生理的に我慢ならないものをかぎつけるのは、おそらく、私のこれまでの評論におけるこの両者の契機の意識的な無視を直感するからだろう。文学的美意識のほうは、ともかくも国学研究以来取り扱って来た。しかし祭祀の行動に表現されたイデオロギーについては、せいぜい、おみこしの理論、ウェーバーに依拠した「オルギー」、和辻理論の継承としての祭祀共同体の理論を雑すいにしたにすぎない。むろ

ん私は「現代流行の」柳田民俗学へのもたれかかりを依然として拒否するだろう。しかし少なくも民俗学から素材として、中央と地方の祭祀の社会学的構造と精神構造を学び、方法的には、比較的考察――たとえばクーランジュから構造主義にいたるまでの「未開社会」研究――にとりくまなければ、古代についても現代についても私が数年来講義で言及して来た日本思想の「原型」の問題は、これ以上進まないだろう。それは気の遠くなるような課題だ。(3)

このように「古層＝執拗低音」論の展開は、かの丸山をしても「気の遠くなるような課題」だと言わしめるほどのものだったのであり、それが丸山自身の手によっては、必ずしも果たし切られることなく、未完のままに遺された課題であることは言うを俟たないであろう。本稿における筆者の課題は、丸山によっては果たし切られることなく遺されたこの「古層＝執拗低音」論の展開に、筆者なりにささやかながらも幾許かの寄与をなそうと試みることにある。ところで、「古層＝執拗低音」論のエッセンスを「歴史意識の『古層』」(4)における丸山の言明によってあらためてしめせば、それはつぎのようなものであった。

ここでは、記紀神話の冒頭の叙述から抽出した発想様式を、かりに歴史意識の「古層」と呼び、そのいくつかの――これまた平凡な――基底範疇をひろってゆくが、それは歴史にかんする、われわれの祖先の文字通り「最古」の考え方を指すわけではむろんない。そうした「最古」なるものはどの分野でもそもそも検出不可能であるが、とりわけ「書かれた歴史」を素材にするこの稿では、一層無意味である。それどころか、ここでの「論証」は一種の循環論法になることを承知で論がすすめられていることを、あらかじめ断っておきたい。というのは、右にいう「古層」は、直接には開闢神話の叙述あるいはその用字法の発想から汲みとられているが、同時に、その後長く日本の歴史叙述なり、歴史的出来事へのアプローチの仕方なりの基底に、ひそかに、もしくは声高にひびきつづけてきた、執拗な持続低音（basso ostinato）を聴きわけ、そこから逆に上流へ、つまり古代へとその軌跡を辿《たど》ることによって導き出されたものだからである。こういう仕方が有効かどうかは大方の批判に俟つほかないが、少なくともそれを可能にさせる基礎には、われわれの「くに」が領域・民族・言語・水稲生産様式およびそれと結びついた聚落と祭儀の形態などの点で、世界の「文明国」のなかで比較すればまったく例外的といえるほどの等質性《ホモジエニティ》を、遅くとも後期古墳時代から千数百年にわたって引き続いて保持して来た、というあの重たい歴史的現実が横たわっている。[5]

日本の歴史意識の古層をなし、しかもその後の歴史の展開を通じて執拗な持続低音《バッソ・オスティナート》としてひびきつづけて来た思惟様式のうちから、三つの原基的な範疇を抽出した。強いてこれをひとつのフレーズにまとめるならば、「つぎつぎになりゆくいきほひ」ということになろう。念のために断っておくが、筆者は日本の歴史意識の複雑多様な歴史的変遷をこの単純なフレーズに還元しようというつもりはないし、基底範疇を右の三者に限定しようというのでもない。こうした諸範疇はどの時代でも歴史的思考の主旋律をなしてはいなかった。むしろ支配的な主旋律として前面に出て来たのは——歴史的思考だけでなく、他の世界像一般についてもそうであるが——儒・仏・老荘など大陸渡来の諸観念であり、また維新以降は西欧世界からの輸入思想であった。ただ、右のような基底範疇は、こうして「つぎつぎ」と摂取された諸観念に微妙な修飾をあたえ、ときには、ほとんどわれわれの意識をこえて、旋律全体のひびきを「日本的」に変容させてしまう。そこに執拗低音としての役割があった。[6]

丸山によれば、日本は古代から圧倒的に大陸文化の影響にさらされてきたのであり、日本の文化や思想を個々の要素に分解すれば、そこには日本に特有なものは何もないといってもよいほどである。しかし、その個々の要素がある仕方で相互に結びあわされて一つのゲシュタルトをなしている点に着目すると、それがきわめて個性的なものであるということが問題なのだという。[7]

こうして、丸山は、全体構造としての日本精神史における「個体性」を、外来文化の圧倒的な影響と、いわゆる「日本的なもの」の執拗な残存という矛盾した二つの要素の統一として把握し、[8]そこから日本の多少とも体系的な思想や教養を内容的に構成する外来思想が日本に入ってきたときにかなり大幅な「修正」というかたちで受ける「一定の変容のパターン」のおどろくほど共通した特徴に着目することとなったのである。[9]

もっとも、周知のとおり丸山は「古層＝執拗低音」論を、（イ）歴史意識（あるいはコスモスの意識）、（ロ）倫理意識、（ハ）政治意識という三つの領域に便宜上分けて考えていたのであり、ここで引用した「歴史意識の『古層』」という論文は、いうまでもなく（イ）の領域に該当するものに過ぎないことは、丸山自身が「原型・古層・執拗低音」[10]で明らかにしているとおりである。

ただ、この「歴史意識の『古層』」の一節において丸山は、歴史意識の「古層＝執拗低音」にとどまらず、倫理的価値意識におけるそれについても、つぎのように一言だけ触れている。すなわち、

　したがって血縁的系譜の連続性に対する高い評価にしても、一方ではたしかにいわゆる祖先崇拝としてあらわれるけれども、それは尚古主義に傾くよりはむしろ赤子《あかご》の誕生の祝福に具体化される。生誕直後の赤子は「なりゆく」霊《ひ》のポテンシャリティが最大であるだけでなく、キヨキココロ・アカキココロという（本稿では主題の関係上ふれなかったが）、倫理的価値意識の古層からみても、もっとも純粋な無垢性を表現しているからである。[11]

このように丸山が、歴史意識（あるいはコスモスの意識）の「古層＝執拗低音」として抽出した「つぎつぎ」「なりゆく」「いきほひ」という基底範疇とならんで、倫理的価値意識の領域においても、それらに相当するものとして「キヨキココロ・アカキココロ」という基底範疇を聴きわけていたことについては、疑う余地がないように思われる。しかし、この倫理的価値意識の「古層＝執拗低音」としての「キヨキココロ・アカキココロ」に関する丸山自身による考察は、歴史意識（あるいはコスモスの意識）についてのように、まとまったものとしては遺されてはいない。[12]

もっとも、「古層＝執拗低音」論への展開の起点となった「原型（プロトタイプ）」論の段階における丸山の考察は、東京大学法学部での講義を復元した『丸山眞男講義録』[13]の〔第四冊〕〔第六冊〕および〔第七冊〕の講義冒頭にかなりまとまったかたちで収録されており、それらが倫理的価値意識の「古層＝執拗低音」としての「キヨキココロ・アカキココロ」について考察する手がかりを与えてくれることは言うまでもない。ただし、本稿で詳細に論じるように、『講義録』の時点での「原型（プロトタイプ）」論と「古層＝執拗低音」論とを――「変えたのにはたいした理由はないのです。実質的に考えが変わったというのではありません」[14]という丸山自身の言明にもかかわらず――単純に同一視してしまうことはできないようにも思われる。

というのは、すでに本書第Ⅰ部でも指摘したように、この「原型（プロトタイプ）」論の段階における丸山の議論は、「日本人」の古代以来の「民族的同質性」や水稲生産様式とそれにむすびついた農耕・祭祀共同体の持続性を過度に強調するきらいがあり、また、「原型的世界像」（『講義録』〔第四冊〕）ないしは「思考様式と世界像の『原型《プロトタイプ》』」（『講義録』〔第七冊〕）として描き出されたもの自体も、「古層＝執拗低音」として抽出された諸範疇のような「断片的な発想」[15]としてではなく、古代以来持続したとされる水稲生産様式や農耕・祭祀共同体とのむすびつきを意識しつつ、一定のまとまりをもった世界像として仮説的に「再構成」されたもの[16]となっているからである。この点で、丸山の「原型（プロトタイプ）」論は、のちの「古層＝執拗低音」論と比して未成熟なものといわざるを得ないであろう。

筆者が本書第Ⅰ部で明らかにしようとしたのは、丸山により「古層＝執拗低音」として抽出された「断片的な発想」とは、水稲生産様式や農耕・祭祀共同体という「文明の世界」よりもはるか以前にまで遡ることのできる――網野史学の「飛礫」のモチーフとも相通ずるような――「未開の野性」ないしは「太古の祖型」ともいうべき〈人類史的〉な基層に位置づけられ得る普遍的要素にほかならないのではないかということであった。本稿の課題は、筆者が本書第Ⅰ部を通じて得るにいたった視点から、「キヨキココロ・アカキココロ」という倫理的価値意識の「古層＝執拗低音」について、筆者なりのささやかな考察を加えてみようとするところにある。

さて、この問題の考察にあたって避けて通ることのできないのは、日本倫理思想史における学問的巨人ともいうべき和辻哲郎の「清明心」をめぐる議論であろう。『人間の学としての倫理学』[17]にはじまる壮大な倫理学の体系を打ち建てた和辻哲郎は、同時に日本倫理思想史の分野においても膨大な諸研究を著わしており、その「集大成の意味をもっている記念碑的著作[18]」とみなされるのが、『日本倫理思想史』[19]であることはいうまでもない。和辻はこの『日本倫理思想史』の上巻・第一篇「神話伝説に現われたる倫理思想」において、いわゆる記紀神話の記述から「清明心の道徳」なるものを抽出し、これについて詳細に論じるとともに、この「神話伝説のなかに現われている倫理思想は、ただ第一期の原始時代の倫理思想であるのみならず、また後々の時代に顕著な形に展開されて行く倫理思想の萌芽でもあると位置づけていたのであった[20]。すなわち、

清さの価値の尊重は、律令制の時代の政治において「正直」として自覚されて来たのみならず、さらに戦国時代を絶頂とする武士たちの気節を尚び廉恥を重んずる高貴道徳としても華を開き、君子の理想と武士の道との密接な結合を導き出した。この大勢は時代を風靡し、ついに町人の間にさえも、「正直」を生活の原理とする思想を生み出すに至っている。[21]

こうした和辻の議論が、古代の「清き明き心」、中世の「正直の心」、さらには近世以降の「誠」ないし「誠実」へという変化のなかに貫かれた「誠実」の伝統に注目する相良亨の『誠実と日本人』[22]における議論などへと批判的に継承されてきたばかりではなく、近年においても、清水正之の『国学の他者像――誠実《まこと》と虚偽《いつわり》』[23]における和辻・相良両者の議論への批判的検討にも見られるように、今日もなお日本倫理思想史の領域におけるひとつのスタンダードでありつづけていることは否定できないように思われる。

さらに和辻の「清明心」をめぐる議論は、和辻門下の一人であるとともに、ユング派心理学に依拠した歴史心理学の立場を標榜する湯浅泰雄の『日本古代の精神世界――歴史心理学的研究の挑戦』[24]や、南島（琉球諸島）の民俗研究を踏まえた民俗学者・荒木博之の『日本人の心情倫理』[25]、さらには土居健郎の「甘え」理論の批判的乗り越えを目指す精神医学者・長山恵一の『依存と自立の精神構造――「清明心」と「型」の深層心理』[26]などの議論に見られるように、学問領域を超えて広範な影響力を及ぼしてきたのであった。

丸山もまた、本稿の冒頭で引用したように、和辻の「祭祀共同体の理論」――のちに論ずるように、これが和辻の「清明心の道徳」をめぐる議論の前提となっているのだが――への依拠を否定してはいないのであるが、倫理的価値意識の「古層＝執拗低音」として「キヨキココロ・アカキココロ」という基底範疇を抽出せんとしていた丸山の試みと、こうした和辻の「清明心の道徳」をめぐる議論とは、果たしていかなる関係に立つと考えたらよいのであろうか。

かくして、本稿は、「キヨキココロ・アカキココロ」＝「清明心」をめぐる丸山眞男と和辻哲郎との交錯という問題に光をあてざるを得ないこととなるであろう。

本稿におけるこうした試みは、和辻と丸山の「清明心」＝「キヨキココロ・アカキココロ」への理解とその位置づけの重大な相違を明らかにすることを通じて、「最終的には『国体』的なるものを支え続けてきたメタ歴史学的な『古層』あるいは『原型』の地政学的および『民族的な個別性』に辿り着[27]」くことによって、「あれほど『国体』の生理と病理を完膚無きまでに批判しながら、『虚構のエスニシティ』としての『日本人』の歴史的アプリオリを不問に付[28]」すことで、「ポストコロニアルとしての『戦後』という問題をわがものにすることはできなかった[29]」のだといった丸山の「古層＝執拗低音」論への――いわゆるポスト・コロニアル的な立場からの――批判に対する反批判のための素材を提供することにもつながろう。

注

(1) 関西学院大学出版会、二〇〇一年。
(2) 丸山『自己内対話』、みすず書房、一九九八年。
(3) 同前、一一九―一二〇頁。
(4) 『集』第十巻、所収。
(5) 同前、六―七頁。
(6) 同前、三一頁。
(7) 『集』第十二巻、一三七頁。
(8) 同前、一三八頁。
(9) 同前、一四六頁。
(10) 『集』第十二巻、所収。

(11)『集』第十巻、五六頁。
(12)丸山は「原型・古層・執拗低音」のなかで、倫理意識の「古層＝執拗低音」を論じた英文原稿の存在に言及している（『集』第十二巻、一五五頁）が、いまだ公開はされていない。
(13)全七冊、東京大学出版会、一九九六―二〇〇〇年。
(14)『集』第十二巻、一五〇頁。
(15)同前、一四九頁。
(16)『講義録』［第七冊］、五〇頁。
(17)『和辻哲郎全集』第九巻、岩波書店、一九六二年、所収。
(18)古川哲史、同第十三巻「解説」、四九八頁。
(19)和辻哲郎、岩波書店、一九五二年。『和辻哲郎全集』第十二巻、第十三巻、所収。
(20)『和辻哲郎全集』第十二巻、九四頁。
(21)同前。
(22)相良亨、ぺりかん社、一九八〇年。
(23)清水正之、ぺりかん社、二〇〇五年。
(24)湯浅泰雄、名著刊行会、一九九〇年。
(25)荒木博之、講談社現代新書、一九七六年。
(26)長山恵一、法政大学出版局、二〇〇一年。
(27)姜尚中『思考のフロンティア ナショナリズム』、岩波書店、二〇〇一年、一四三頁。
(28)同前、一四六頁。
(29)同前。

第一章　和辻哲郎と「清明心の道徳」

『日本倫理思想史』と「清明心の道徳」

和辻哲郎の古典的名著『日本倫理思想史』（一九五二年）の上巻第一篇は、「神話伝説に現われたる倫理思想」と題されている。そのうち「祭祀的統一にもとづく道徳（清明心の道徳）」と銘打たれた第三章が本稿の検討の中心的な対象となろう。

この第一篇「神話伝説に現われたる倫理思想」は、もともと一九四〇年刊行の岩波講座『倫理学』に発表された後、一九四三年に岩波書店から単行本として刊行された『尊皇思想とその伝統』（『和辻哲郎全集』第十四巻、所収）の前篇に加筆・修正を加えた上で、『日本倫理思想史』に組み込まれたものである。(1)

和辻の「清明心」をめぐる議論が、もともと一九四〇年代の時代状況のなかで、しかも「尊皇思想」というテーマをめぐる問題史の叙述の一環として著わされたものであり、また、それがほとんどそのままのかたちで、戦後の著作である『日本倫理思想史』に組み入れられているという事実に注意を喚起しておこう。

しかし他方で、『日本倫理思想史』はきわめて体系的に構想された著作であり、「清明心の道徳」なるものが、和辻の日本倫理思想史の体系全体のなかで、最も重要な契機のひとつとして位置づけられていることにもまた注目しなければなるまい。

和辻は、『日本倫理思想史』の「序」をつぎのように書き起こしている。

> この書は、緒論において述べたように、人間の普遍的な倫理が、歴史社会的な特殊条件のもとで、どういう倫理思想として自覚されてくるかを、特に日本の場合について叙述しようと試みたものである。それぞれの時代は、その独特な社会構造の形成を縁として、それに即した倫理思想を生み出すものであるが、しかしかつて自覚したものを捨て去りはしない。従ってそれぞれの時代は、その時代の創造的な面と伝統的な面とを重層的に持っている。その両面の区別とからみ合いとを明らかにすることが、著者の特に意を用いたところであった。(2)

和辻によれば、「個人にして同時に社会であるところの人間の存在の理法(3)」である倫理は本来普遍的なものである。しかし、この本来普遍的なものである倫理も、「それが実現されて一定の社会構造となるときには、必ず時と処とによって制約された特殊の姿を取る」のであり、「従ってそれに媒介されて成立する行為の仕方もまた特定の形を取り、その時と処とに固有な倫理思想として現われてくる(4)」という。すなわち、

> およそ人間の存在するところ、従って人間関係の成り立っているところには、その理法としての倫理が働いており、また何らかの程度に客観的な形にまでその倫理が実現せられている。ところでその倫理は、実践的行為的連関としての動的な人間関係の理法なのであるから、絶えず新しく歴史的に実現されなくてはならない。とともに、それは人と人との間に形成される人間関係の理法なのであるから、一定の風土に根をおろした特定の社会として実現

されなくてはならない。従って、倫理そのものは普遍的であるにかかわらず、その実現は、常に歴史的風土的に限定された社会構造として、特殊な形を持ちつつ変遷するものになるのである。(5)

かくして『日本倫理思想史』は、「人類全体に通用し得る普遍的な倫理が、特に日本において歴史的にいかに特殊な形態をもって自覚せられたかを理解(6)することを目指し、「日本における社会構造の変遷を取り上げ、そこから倫理思想の分析や把握に入り込んで行くこと(7)」となるのである。

これに際して和辻があらためて強調するのは、「日本民族が、原始時代以来一つの連続した歴史を形成し、そうしてその原始以来の伝統をなおおのれのうちに保持している」という「一つの知れわたった、しかもその意義の充分に理解せられていない事実(8)」である。和辻によれば、「現在の世界の文化国」のなかで、こういう例はほかにはなく、「日本においてのみは、原始時代以来の社会構造の変遷が、他民族の侵入や支配や干渉を受けることなしに、二千年にわたって行なわれた」のであって、日本における「社会構造の変遷」は、「同一の国民の内部における原因により内部でのみ遂行された変革として、あたかも蝶や蛾の変態と同じような観を呈している」というのである。(9)

たしかに和辻は、「日本文化の華」が「インド文化」や「シナ文化」という先進文化の地盤において開いたものであり、それらの先進文化が日本文化にとって血肉となっていることを認めている。(10)しかし日本においては――キリスト教もギリシア文化も決して「外来文化」と見なすことのないヨーロッパとは違って――「過去十幾世紀にわたって仏教の地盤の上で生活しながら、インドをおのれの文化的祖先と感ぜず、過去十数世紀にわたってシナ文化をおのれの血肉としながら、そのシナ文化を外来文化と感ずる、という事態が起こっている(11)」のであり、「外来文化のなかにおのれを没入したにもかかわらず、その外来性の意識を保持」し、「日本文化から外来文化を取り去れば、あとにはほとんど何物も残らないにもかかわらず、日本人はおのれの文化の中身に対して摂取者・加工者としての独立性を持ち続けた」[12]というのである。

もっとも和辻は、こうしたかたちで「インド文化」や「シナ文化」を「外来文化」として強く意識させはじめたのは、江戸初期以来の儒学者の排仏運動や、江戸中期以来の国学者の排外運動などがもたらした「鎖国時代の現象」にすぎないとしており[13]、このように「外来文化がいつまでもその外来性の意識から脱却し得なかった」ということもまた、「日本民族が、原始時代以来一つの連続した歴史を形成し、そうしてその原始以来の伝統をなおおのれのうちに保持している」ことと連関した問題だろうというのである。[14]

こうした和辻の課題設定が、すでに本稿の「はじめに」において見たような丸山による文化接触と文化変容の思想史の問題意識——すなわち、日本は古代から圧倒的に大陸文化の影響にさらされてきたのであり、日本の文化や思想を個々の要素に分解すれば、そこには日本に特有なものは何もないといってもよいほどであるが、その個々の要素がある仕方で相互に結びあわされて一つのゲシュタルトをなしている点に着目すると、それがきわめて個性的なものであるということが問題なのだとし[15]、全体構造としての日本精神史における「個体性」を、外来文化の圧倒的な影響と、いわゆる「日本的なもの」の執拗な残存という矛盾した二つの要素の統一として把握しようとするそれ[16]——とは大きく食い違うものであることを、ここであらためて確認しておこう。

それはそれとして、そもそも「尊皇思想」の伝統という問題史の叙述において摘出された「清明心の道徳」をめぐる議論はいまや、「日本民族が、原始時代以来一つの連続した歴史を形成し、そうしてその原始以来の伝統をなおおのれのうちに保持している」ということを前提とし、その前提のもとに、他民族の侵入や支配や干渉を受けることなく展開した「原始時代以来の社会構造の変遷」を明らかにし、そこから倫理思想の分析や把握へと進んでいこうとする和辻の壮大な構想の始点に据えられることとなったのである。そしてそこにおいて、「清明心の道徳」こそは、日本人がなお、おのれのうちに保持している原始以来の伝統にほかならないこととなるであろう。

かくして和辻は、日本における「原始時代以来の社会構造の変遷」を、①われわれが学問的にたどり得る最も古い時代における国民的統一の成立、②大化の改新やその後の法制の整備を絶頂とする国家的組織の完成、③土地国有主義による私有否定の制度に対する反動、④建武の中興、南北朝の対立によって導き出された武士社会の組織の変化、⑤戦国時代に行なわれた支配階級の実質的な入れ替わり、⑥開国によってひき起こされた明治維新という六つの変革をメルクマールとして時期区分し、この時期区分にしたがって、『日本倫理思想史』の叙述を展開していくのである。(17)

和辻によれば、こうして区分されたそれぞれの時代の絶頂は、「変革によってもたらされた新しい社会構造が完成する時期であり、またそれを媒介としてその時代の特性を示す倫理思想が現われてくる時代」として、見まごうことのできないように、はっきりと顕われていると述べ、(18)それぞれの時代の特性をしめす倫理思想として摘出されるべきものをつぎのように提示した。すなわち、

第一の時代、清明心の道徳。
第二の時代、人倫国家の理想。
第三の時代、献身の道徳。
第四の時代、古代精神の復興。
第五の時代、高貴の道徳。もしくは君子道徳。
第六の時代、東洋道徳と西洋道徳との統一。(19)

かくして和辻の『日本倫理思想史』における「清明心の道徳」の位置づけは、ここに明らかとなったはずである。つまりそれは、「最も古い時代における国民的統一の成立」という変革によって画された一時代の特性をしめす倫理

思想として、すなわち、「最も古い時代における国民的統一の成立」というこの「変革によってもたらされた新しい社会構造が完成する時期」に、まさにそれを媒介としてその時代の特性を示すがごとき倫理思想として、和辻によって摘出されたものだったのである。

しかしその内実は、はたしていかなるものとして把握されていたのであろうか。次節以下において概観してみることとしたい。

「祭り事の統一」としての国民的統一

和辻によれば、「清明心の道徳」は、「最も古い時代における国民的統一の成立」という変革によって画された一時代の特性をしめす倫理思想にほかならなかった。それでは、この「最も古い時代における国民的統一の成立」という変革とは、はたしていかなるものであり、またこの変革によってもたらされた「新しい社会構造」とは、いったいどのようなものだとされているのであろうか。

和辻によれば、この変革によってもたらされた「新しい社会構造」が完成する時期――すなわちその時代の絶頂――は、「エジプトのピラミッドにさえ比せられている壮大な古墳の築造せられた時期」にこそ求められるという[20]。和辻はこの問題について、「三つ源泉」による[21]考察を展開するのであるが、それを簡潔に整理すれば以下のようになる。すなわち、

①考古学的研究からの知見

イ．弥生式土器の文化圏においては、銅鐸を聖物（近畿中心の祭り事）とするか、銅鉾銅剣を聖物（筑紫中心の祭

り事）とするかという二つの祭り事の対立をはらみながらも、銅の器具をその有用性のゆえにではなく聖なるものとして尊崇したという一つの特徴が認められ、この文化圏の祭事的同質性が立証されていること。(22)

ロ．一〜二世紀から五世紀の初めに絶頂に達した高塚式古墳が、畿内を中心として関東から九州にいたるまで隈なく分布し、その遺物はほとんど地方的差異を示さず、同一の様式をもって同一の意義を表示しており、鏡玉剣に表示せられた聖なる儀式によって全国的な祭り事の統一が成就したことをしめしていること。(23)

②漢書地理誌、後漢書、魏志倭人伝などの文献の解釈にもとづく知見

イ．漢書地理誌では、倭人は百余国に分かれているとのみ記され、その統一については何事も記されていないこと。(24)

ロ．後漢書の永初元（一〇七）年に朝貢の記述のある倭（倭面土）国王師升等は、人皇三代目・師木津日子（安寧天皇）と同一視しうる可能性があり、そうであるとすれば、二世紀初めには、銅鐸文化圏と銅鉾銅剣文化圏との相対立した文化圏が、祭り事のうえですでに一つに合一していたと考えなくてはならないこと。(25)

ハ．著名な魏志倭人伝の記述については、そのままに三世紀のヤマト国を示すものでないものの、三世紀のヤマト国について実に多くの報告を与えるものであり、それによれば、三世紀の日本はすでに大和朝廷の下に統一されており、日の女神の神話や日御子の権威もすでにそこに成立していたと見られること。すなわち、魏人は筑紫地方において、接触した官吏たちのなかに日御子の権威が生きて働いているのを見たし、その権威がきわめて神聖なものとして語られるのを聞き、そこから「日御子は鬼道を事とし衆を惑わす」と記すこととなったと解釈しうること。これは大和より筑紫を統御していた日御子の権威が、超人間的、宗教的なものであったことを雄弁に物語っているということ。(26)

③神話伝説のなかから記録以前の古い記憶を取り出そうとする試みによる知見

イ．記紀の神話伝説は一定の時代に定位されるべき明白な主題をもっており、それは宗教的権威についての物語、すなわち神聖な権威による国家的統一の物語であること。そのことを顕著にしめしているのは、神代の物語全体を統括するところの主題がこの国土の統治者がいかにして定められたかという問題におかれていること[27]。

ロ．そこにおいては、国土の生産とその統治者の生産が同一の生産神の働きに出づるものとされ、「統治者の生産は国土生産の仕事の絶頂なのであり、天照大御神の出現は大八島国が一つの統一的な国土であることの中枢的な意義なのである」ということ[28]。

ハ．国土生産に用いられた「天の沼矛」、大己貴神の杖つく「広矛」、化して天照大御神となった「白銅鏡」、天孫降臨に際して天照大御神が己と同じきものとして天孫に与えた神鏡など、矛や鏡の取り扱いにおいて、祭り事の統一の古い記憶が見いだしうること[29]。

ニ．国譲り、天孫降臨、神武東征といった対立と統一の物語は、ただ架空に想像し出され得たものとは考えられず、何らかの仕方で古い時代の祭り事の対立とその対立の克服というごとき大きい事実の記憶が核となっていると考えられること[30]。

こうした「三つの源泉」による考察から、和辻が導きだす結論はつぎのようなものである。すなわち、

西暦紀元前一二世紀のころから、日本の中部以西には二つの祭り事の統一が成立し、その一つは筑紫地方を中心として鏡玉剣の尊崇を形成した。それは日本全体を一つの文化圏としてその内部に発生した対立であって、人種的

あるいは民族的な対抗なのではない。この対立は紀元後一二世紀のころに消滅し、その以降には鏡玉剣の尊崇を特徴とする古墳時代の文化が迅速に全国に広まった。三世紀には少なくとも中部以西が緊密に統一されており、やがて関東地方や北越地方もこの統一に入ってくる。これらの地方のいずれの部分にも存する古墳も同じように鏡玉剣の尊崇を示し、また同じ工芸の様式や同じ風習を見せている。すなわち一つの地方において統率の地位に立っている者は、その尊さを大和朝廷から分与せられているのである。それは大和朝廷の神聖な権威が全国に行きわたっていたことの明らかな証拠である。[31]

このような和辻の結論の学問的な当否をここで問う必要はあるまい。確認しておきたいことは、和辻の「清明心の道徳」なるものがその時代の特性をしめす倫理思想として位置づけられたのは、まさにこのようなものとして理解された「最も古い時代における国民的統一の成立」によって画された一時代にほかならなかったのだということである。

和辻のいう「最も古い時代における国民的統一」とはこうして、なによりも神聖な権威の下に行なわれた「国民的統一」にほかならなかった。したがって、和辻の議論はここから、この神聖な権威とは何であったのか、すなわち「上代において神と呼ばれたものが何であったか」[32]という問題へと展開していくこととなるのである。

上代において神と呼ばれたものは何であったのかという問題を問う和辻は、記紀の物語に現われる神のあり方をつぎの四種類に区分することから議論を展開しはじめる。すなわちそれは周知の如く、①祀る神、②祀るとともに祀られる神、③単に祀られるだけの神、④祀りを要求する神という区別である。[33]

和辻によれば、「神代史の物語において主要な役をつとめる神々は、すべて第二類の神々であって、たといそれらが日の神、海原の神などと呼ばれるとしても、……特にこれらの神々は祀られるとともに自らもまた祀る神であって、決して単に祀られるのみの神ではない」[34]という。そして、こうした祀るとともに祀られる神は、ここで問題とされている「最も古い時代における国民的統一の成立」という変革によって画された時代に次ぐつぎの時代――すなわち「大化の改新やその後の法制の整備を絶頂とする国家的組織の完成」という変革によって画された時代――の絶頂期における「あきつみかみ」(現神、明神、現御神)としての天皇(「あきつみかみと大八島国知らしめす天皇」)という思想に表現されるような神のあり方とも通ずるのであり、その活動は現人神の活動と変わりがないとするのである。[35]

和辻は、息長帯姫(神功皇后)や倭迹迹日百襲姫の神がかりのあり方を例に挙げ、そこに「神命の通路がきわめて具体的に限定されているにかかわらず、その命令を発する神々が漠然として不定である、という顕著な事実」[36]、もしくは、「神命の通路が前景に出で、その命を発する神々が後ろに退いている」[37]という事実が見られることに注目する。和辻によれば、こうした前景に現れる「神命の通路」としての性格こそが、まさに祀るとともに祀られる神の特性にほかならない。すなわち、

この視点をもって記紀における神々を考察すると、われわれは一つの驚くべき事実に衝き当たる。神代史において最も活躍している人格的神々は、後に一定の神社において祀られる神であるにもかかわらず、不定の神に対する媒介者、すなわち神命の通路、としての性格をもっている。それらは祀られるとともにまた自ら祀る神なのである。そうしてかかる性格を全然持たない神々、すなわち単に祀られるのみである神々は、多くはただ名のみであって、前者ほどの崇敬をもって語られていない。[38]

こうした祀るとともに祀られる神の特質を最も顕著にしめしているのは、和辻によれば、まさに神代史の主神たる

天照大御神にほかならないのであるが、それは単にアマテラスのみの性格ではなく、イザナギ・イザナミの二神をはじめとする他の天つ神たちにも、またスサノオの尊や大国主の神にも通ずる性格である。こうした神々の性格について、和辻はつぎのように論ずる。すなわち、

　これらの神々が尊貴であるのは、その蘇りのゆえでもなくまた死の国の支配のゆえでもない。さらにまたその創造のゆえでもない。その尊貴性は常に背後から与えられる。しかもその背後には究極的な神があるわけではない。ただ背後にある無限に深い者の媒介者としてのみ、神々は神々となるのである。これは言いかえれば、神々は祀られるとともに常に自ら祀る神である、ということにほかならない。しからばその神々は、祀る神としての現御神と本質において異なるものではないのである。[39]

さらに換言すればそれは、こうした祀るとともに祀られる神の本質は祭祀を司どることに存する[40]ということにほかならない。このことは第四類の神、すなわち御諸山の大物主神をはじめとする祀りを要求する祟りの神が、祭祀の要求以外に何の活動もせず、祭祀が充分に行われさえすれば神はその神秘的な力を振るおうとはしないということにもよく現れていると、和辻は主張するのである。[41]すなわち、

　重大なのは祭祀そのものであって、祀られる神自身ではない。祭祀の持つ呪力は祀られる神よりは強い。……祀られる神の力として感ぜられるものは、実は祭祀そのものの呪力であったのである。祭祀は神秘な力をもって人間の生を守る。従ってまた祭祀の不足は祟りとして生を脅かす。だからこそ祟りの神は祭祀を要求するのである。[42]

第二類の神々の本質は祭祀を司どることに存するのである。祭祀の呪力は、ノエーマ的には山川の神神《ママ》に投影され、ノエーシス的には祭祀を司どる者としての神々となる。前者はある山、ある川に位置づけられながら、しかも神としては漠然として取りとめのないものである。それに反して後者は、主体的なるがゆえに、人格的な神々にならざるを得ない。従ってこれらの神々は活動するに従って「歴史」を作る。それが神代史なのである。[43]

重大なのは祭祀そのものであって祀られる神自身ではなく、祭祀の持つ呪力は祀られる神よりは強いという事実は、そこにおける「究極者」ないしは「絶対者」のあり方と深くかかわる問題である。和辻によればそれこそが、記紀神代史の「神話伝説における神の意義に関して最も注目せらるべき点[44]」であるという。

すなわちそこでは、「究極者は一切の有るところの神々の根源でありつつ、それ自身いかなる神でもない。……すなわち神聖なる『無』である」ということなのであり、それは換言すれば、「根源的な一者を対象的に把握しなかったということ」を意味する。しかし和辻によれば、「絶対者を一定の神として対象化することは、実は絶対者を限定することにほかならない」のであり、それは宗教の発展段階としては原始的ではあるものの、「絶対者に対する態度としてはまことに正しい」ものなのだとされるのである。[45]

こうして「究極者」ないしは「絶対者」を一定の神として把握しなかったがゆえにこそ、「多数の神々に対する祭祀が相互に対抗せず、しかもまたその独立を失うこともなく、鏡玉剣の崇拝に統一せられながら生き続けて行った[46]」のであり、記紀の神代史の主題である「祭り事の統一」は、「皇祖神以外の神々の祭祀を排除することによってではなく、逆にその祭祀を現つ御神の権威によって行なわしめることによってなされたのである[47]」。

かくして和辻はつぎのような結論にいたることになる。すなわち、以上によってわれわれは、記紀の神話的伝説に現われる神々の特殊な意義をほぼ明らかにし得たと思う。それはノエーマ的に把握した意味での神ではなく、ノエーシス的な絶対者がおのれを現わしてくる特殊な通路としての神なのである。従ってそれは祭り事と密接に連関する。祭り事の統一者としての天皇が、超人間的超自然的な能力を全然持たないにもかかわらず、現神として理解せられていたゆえんは、そこにあるであろう。天皇の権威は、日本の民族的統一が祭祀的団体という形で成立したときにすでに承認せられているのであって、政治的統一の形成よりもはるかに古いのである。[48]

和辻によれば、「清明心の道徳」とは、「最も古い時代における国民的統一の成立」という変革によって画された一時代の特性をしめす倫理思想にほかならなかった。そしてその国民的統一の内実とは、なによりもこのような意味での「祭り事の統一」にほかならないのであった。それではほたして、「清明心の道徳」とはいかなる内容をともなった倫理思想だったとされていたのであろうか。和辻の議論をさらに追っていくこととしよう。

倫理思想としての「清明心の道徳」

「最も古い時代における国民的統一の成立」を「祭り事の統一」ないしは祭祀的統一として把握した和辻は、こうした変革によってもたらされた新しい社会構造を、「単なる生活共同体ではなくして精神的共同体であり、また単階的な集団ではなくして複階的団体、すなわち祭祀的統一たる地方団体をさらに祭祀的に統一せる高次の団体である」と特徴づけた。[49] それゆえこのような社会構造の自覚として現れてくる倫理思想は、祭事的統一者の権威を承認し、それへの衷心からの帰属を核とするものになるのであって、[50] それは「まず何よりも、天皇尊崇を中心とすることは当然であろう」[51]とするのである。

和辻は、記紀における神話伝説の核心をこうした天皇尊崇の倫理的な自覚にもとめ、それを①「神話伝説における善悪の価値と清さ穢さの関係」、②「心の清さにともなう人間の慈愛の尊重」、③「慈愛の尊重の反面としての社会的正義の尊重」の三点から把握しようとするのである。いうまでもなくこの①こそが「清明心の道徳」の核心をなすこととなろう。

「清明心の道徳」の核心である①「神話伝説における善悪の価値と清さ穢さの関係」に関して、和辻は以下のように論じていく。

まずはじめに和辻は、ヨシ・アシという日本語が善悪という漢字によって現わされることもあるが、また吉凶とも書かれ、善悪と吉凶が同義である場合が少なくないことに注意を喚起する。この場合、「人の生を利する一切のものはヨキモノであって善という漢字で現わされ、人の生を害し脅かす一切のものはアシキモノであって悪の字によって示される」[52]こととなり、それは善を有用性に帰着せしめる立場にほかならないものの、このような善悪観も確かに一つの道徳思想を示してはいるのだろうと和辻はいう。この問題については、「吉凶観と善悪観の重畳」のそれとして、丸山の『講義録』における「思考様式と世界像の『原型《プロトタイプ》』」をめぐる議論で重要な位置をあたえられることとなるのだが[53]、和辻自身はこの吉凶観と重畳した善悪観の問題に重きを置くことはない。

和辻によれば、このような立場から「人の欲するものが利福すなわち善と呼ばれ、人の避けるものが害禍すなわち悪と呼ばれるのであるならば、人は必ず善を欲し悪を避けるのであって、悪を欲し善を避けるなどということはあり得ない」のであり、したがって「人の心にはただ一つ善を求める心のみが認められる」[54]こととなってしまう。ところが記紀には善心悪心という文字がしばしば用いられているのである。これに対して本居宣長は、「心は総じて善即利福を欲するが、その欲し方にウルワシサとキタナサとがある」と解釈することで、「善心悪心をウルワシキ心キタナキ心と訓ませた」のであるが、(55) 和辻はこうした宣長の解釈も採ることはできないという。なぜなら、「もし日本語のヨシ・アシが吉凶利害をしか意味し得ぬとすれば、この解釈は動かすことのできないものとなる」ものの、ヨシ・アシや善悪の語には「利福禍害以上の意味」があるからにほかならない。(56)

和辻は、こうしたヨシ・アシや善悪の「利福禍害以上の意味」の例として、高天原におけるアマテラスとスサノオの誓約＝宇氣比《うけひ》をめぐる神話を取りあげて、つぎのように論ずる。すなわち、

> 天照大御神がスサノオの尊の「不善心」を問題としたのは、「欲レ奪二我国一」こと、すなわち、「奪レ国之志」を推測したからであった。それは天照大御神に、従って高天原の国に害悪を加えようとする意志であるがゆえに悪心なのであって、自らの害悪を欲する心ではない。すなわち他者の利福あるいは全体性の安全を害うものが悪なのである。そうすればヨキ心もまた利福を欲するがゆえにヨシと言われるのではなくして、他者の利福、全体性の利福を欲するがゆえにヨシとせられるのである。かく他者あるいは全体性の利害が心のヨシ・アシ、善悪を規定するとすれば、このヨシ・アシ、善悪の意義は、利害にかかるのではなくして、他者との関係、全体性との関係にかかると云わざるを得ない。他者の利害を害えば、たといおのれの利福を保持しても、悪心と呼ばれる。この悪をきめるものは利福を保つか害うかではなくして、他者との関係である。(57)

アマテラスとスサノオとの誓約＝宇氣比の場面は「清明心」もしくは「キヨキココロ・アカキココロ」という本稿の主要な対象について考察するうえで決定的なものである。この場面には再び舞い戻り、『古事記』と『日本書紀』の各々のテクストに即して詳細に検討することとなるであろう。さしあたりいまは、和辻がこの場面からこのような議論を展開していたことを確認しておくにとどめよう。

さて、和辻にとって重要なことは、このようなヨシ・アシ、善悪の意義が明らかに道義的なものであるという点と、それ以上に、「かかる道徳的な価値の別を、必ずしも善心悪心の文字によって現わさず、むしろ一層多くアカキ心キタナキ心という言表によっている点」にほかならないのである。[58] いよいよ「清明心の道徳」が問題とされる時がおとずれたようである。

和辻にとって問題は、「ヨキ心、アシキ心というごとく道徳的なヨシ・アシ、善悪の価値をすでに認めながら、何ゆえにその同じ心をキヨキ心・キタナキ心、アカキ心・クラキ心として把捉したかという点に集中する」[59]ことになるのである。そしてこの問題を解決する鍵は、「祭事的団結」ということのほかにはないであろうという。[60] すなわち、

> 祭事による宗教的団結は、精神的共同体であるとともに感情融合的な共同体である。かかる共同体においては、「私」の利福のゆえに他の利福を奪おうとする者は同時に全体の統制にそむく者であり、従って全体性の権威にそむく者であった。かかる者はその私心のゆえに他と対抗し、他と融け合わず、他者より見通されない心境に住する。このように何人にも窺知することを許さない「私」を保つことは、その見通されない点においてすでに清澄でなく濁っており、従ってキタナキ心クラキ心にほかならないが、さらにそれは全体性の権威にそむくものとして、当人自身にも後ろ暗い、気の引ける、曇った心境とならざるを得ないのである。[61]

ここで問題としているのは、感情融合的な精神共同体の立場である。ここでは私を抱く者は何らか危険な、気味の悪い、従って排除せらるべきものとして感ぜられる。人は私を保つとともにこの排除の鋒先を身に感じ、後ろ暗い、陰鬱な心境に陥らざるを得なくなるのである。このように他者から見ても透明でなく、当人においても暗鬱な心境を、古代人はクラキ心、キタナキ心として把捉したのである。かかる心境と反対に、私心を没して全体に帰依

するとき、人は何の隠すところもなく人々と融け合い、人に何らの危険も感じさせず、従って他からの排除の鋒先を感ずることもなく、朗らかな、明るい、きしみのない、透き徹った心境に住することができる。これを古代人はキヨキ心、アカキ心として把捉したのである。[62]

和辻によれば、こうした全体性の権威に帰依するか否かは、祭事的団結の社会にあってはこの権威を具現する統率者に帰服するか否かということにほかならず、究極においては皇祖神の権威に服するか否かに、さらには天皇の神聖な権威に帰依するか否かに帰するということになる。すなわち天皇の神聖な権威への帰依こそがまさに「清明心」にほかならないのであり、「私」を捨てて「公」に奉ずるところに――まさに「滅私奉公」に――こそ、「清さ」の価値が見いだされていたのだと和辻は結論づけるのである。[63]

さらに和辻よれば、「清さ」の価値が「私」を去ること、特に私的利害の放擲にこそ認められるものであり、また私的利害が「おのれの生の利害」であるのだとすれば、それは生命に根ざす価値ではなく、生命を超えた価値である。ゆえに「清さ」は、「一面において生命への恬淡であるとともに、他面においては勇気」であり、この「勇気の本質は死を怖れずしておのれの持ち場を守ること」にほかならないこととなるというのである。[64]

和辻の議論は、さらに②「心の清さにともなう人間の慈愛の尊重」、③「慈愛の尊重の反面としての社会的正義の尊重」という問題へと展開する。とりわけ③の「社会的正義の尊重」は、ユダヤ・キリスト教的な「絶対性と唯一性を主張して他の神を排斥する神」への批判である。和辻は、こうした「私」をもって世界を支配しようとする神の非正義性に対して、アマテラスやオオクニヌシのような「悪事を詔り直す寛容」や「復讐しようとしない忍従」を表現する「慈愛の神」、すなわち「私を没して公の立場に立つ神」によってこそ立てられる「社会的正義」を対置して見せようとしたのである。[65]　しかしこうした議論に立ち入ることは、もはや必要ではあるまい。和辻にとっての「清明心の道徳」がはたしていかなるものであったのかは、すでに十二分に明らかにし得たのではないかと思われるからである。

すでに見たように和辻にとって、この「神話伝説のなかに現われている倫理思想は、ただ第一期の原始時代の倫理思想であるのみならず、また後々の時代に顕著な形に展開されて行く倫理思想の萌芽」[66]でもあるとされていたのであり、まさにそのようなものとして、その体系的な大著『日本倫理思想史』の冒頭に位置づけられたのであった。「清明心の道徳」をかくなるものとして摘出した和辻の議論とあい通じるかのように、「キヨキココロ・アカキココロ」を日本思想史における「古層＝執拗低音」として抽出せんと試みていた丸山は、はたしてそこに何を見いだそうとしていたのであろうか。この問題へと論を転じていく前に、いま少しの紙数をさいて、こうした和辻の「清明心」論を批判的に継承しようとした幾人かの議論にも目を向けてみなければなるまい。

注

(1) 古川哲史による『和辻哲郎全集』第十三巻及び第十四巻の「解説」を参照。
(2) 『和辻哲郎全集』第十二巻、三頁。
(3) 同前、七頁。
(4) 同前、一四頁。
(5) 同前、一八頁。
(6) 同前、二〇頁。

（7）同前。
（8）同前。
（9）同前、二〇一二一頁。
（10）同前、一三頁。
（11）同前。
（12）同前、一三一一四頁。
（13）同前、一三頁。
（14）同前、二一頁。
（15）『集』第十二巻、一三七頁。
（16）同前、一三八頁。
（17）『和辻哲郎全集』第十二巻、二一一一二六頁。
（18）同前、二六頁。
（19）同前、二七頁。
（20）同前、五五頁。
（21）同前、五三頁。
（22）同前、三〇一三三頁。
（23）同前、三三頁。
（24）同前、四五一四六頁。
（25）同前、四四一四五頁。
（26）同前、四四頁。
（27）同前、四七一四八頁。
（28）同前、四八頁。
（29）同前、四九一五一頁。

(30) 同前、五一―五三頁。
(31) 同前、五三―五四頁。
(32) 同前、五五頁。
(33) 同前、五七頁。
(34) 同前、五六頁。
(35) 同前、五五―五六頁。
(36) 同前、五八頁。
(37) 同前、五九頁。
(38) 同前。
(39) 同前、六三頁。
(40) 同前、六七頁。
(41) 同前、六五―六六頁。
(42) 同前、六六頁。
(43) 同前、六七頁。
(44) 同前。
(45) 同前。
(46) 同前、六八頁。
(47) 同前。
(48) 同前、七三頁。
(49) 同前、七四頁。
(50) 同前。
(51) 同前、七七頁。
(52) 同前、七九頁。

(53)『講義録［第七冊］』、五三頁以下。なお『講義録［第四冊］』においても「災厄観と罪観念」の重畳の問題として、［第七冊］と同様の議論が行なわれている。
(54)『和辻哲郎全集』第十二巻、八〇頁。
(55) 同前。
(56) 同前。
(57) 同前、八一頁。
(58) 同前。
(59) 同前、八二頁。
(60) 同前。
(61) 同前。
(62) 同前、八二—八三頁。
(63) 同前、八三頁。こうした「滅私奉公」の論理の現代における展開を、真正面から批判しようとしたものこそ、丸山「超国家主義の論理と心理」(『集』第三巻、所収）であることは、あえて指摘するまでもあるまい。
(64) 同前、八四頁。
(65) 同前、八九頁。
(66) 同前、九四頁。

第二章　「清明心」論の展開

相良亨と「誠実」の問題

すでに第一章でも見たように、和辻は「清明心の道徳」をその体系的な『日本倫理思想史』の記述の冒頭に位置づけ、それを「ただ第一期の原始時代の倫理思想であるのみならず、また後々の時代に顕著な形に展開されて行く倫理思想の萌芽」[1]でもあるとしていたのであった。すなわち、

> 清さの価値の尊重は、律令制の時代の政治において「正直」として自覚されて来たのみならず、さらに戦国時代を絶頂とする武士たちの気節を尚び廉恥を重んずる高貴道徳としても華を開き、君子の理想と武士の道との密接な結合を導き出した。この大勢は時代を風靡し、ついに町人の間にさえも、「正直」を生活の原理とする思想を生み出すに至っている。[2]

こうした和辻の議論を批判的に継承しつつ、むしろこうした「清さ」―「正直」の系譜をめぐる問題を「誠実」を

めぐるそれとしてとらえ直し、この「誠実」の克服を自らの日本倫理思想史の課題として追究したのは、周知のように和辻の門下に学び、東京大学の倫理学担当者として和辻の後継者の一人でもあった相良亨であった。

相良は、その名著『誠実と日本人』(3)をつぎのように説き起こす。すなわち、

私は日本人の倫理思想の歴史的研究を専攻してきたが、脳裏にこびりついて離れない問題が一つある。それは、一言でいえば「誠実」の問題である。少しく言葉をおぎなっていえば、「誠実であればよいのか」という問題である。「誠実」は、批判的に吟味されなければならないのではないかという思いである。これは研究者としての私の問題であるが、同時にまた研究者以前の、日本人として育った一人の人間としての思いである。私には、「誠実」を問題にしてこれを批判的に吟味することが、私の生き方を止揚して、それをより高められたものにするための核心にかかわることのように思われる。(4)

相良を「誠実」の批判的吟味とその克服(5)へと駆り立てるものは、現代日本人における①「絶対的規範」の不在と、②「真の他者性の無自覚」(及びそのコインの裏にある「真の自己性の無自覚」)に対する批判的な問題意識であった。すなわち、

ところで、私をふくめた現代の日本人は、いついかなる場合においても絶対にしたがわなければならないという規範をもっているであろうか。いかに追いつめられても、絶対にこれだけはという規範がわれわれの内にあるであろうか。思うに、そのような絶対的な規範をわれわれは何ももっていない。……ところが、このようなわれわれにとっても、ここで私がそれが問題であるとしてとり上げている「誠実」だけは別である。……絶対的規範がないと

ころ、この「誠実」だけがよりどころであり、それは切り札的な権威をもっている。私はこのような仕方でわれわれの内にある「誠実」が、批判的に問題にされなければならないと思うのである。(6)

私が「誠実」は克服されなければならないと思うに至ったのは、私にとって他者とは何かということがはっきりと問題とされはじめた時からであった。伝統的な「誠」「誠実」、あるいは「誠心誠意」には、真の他者性が自覚されていないのではないかと思いはじめた時からであった（それまた真の自己性の無自覚につながる）。……ところで、日本においてのみ、この母子の道連れ心中がしばしばおこるということは、日本人には、極限的な場合には人が人を殺してもよいという哲学があるからだろうか。私はそうは思わない。日本人にはそのような哲学はない。ただあるのは、わが子を思う切なる心情だけである。このまま生かしておいてはかわいそうだという心情がすべてである。この心情には、子供が人間であるという自覚がふまえられていない。……

道連れ心中……の話をもち出したのは、日本人が自分の心情の世界に生きて、他者の他者性をはっきり自覚していないということをいいたいためである。それは畢竟、自己の自己性を自覚していない、自他の関係性を問題にしていないということを意味する。「誠実」が、今なお絶対的に肯定されるのも、現代の日本がなおこのような精神風土の内にあるからであろう。(7)

さて、「誠実」をめぐる①「絶対的規範」の不在と、②「真の他者性の無自覚」という相良の批判的問題意識は、一、いい、いい、一見したところ丸山眞男のそれと大きく重なり合い、響き合うものであるように見える。

周知のように丸山は、そのあまりにも著名な論文「超国家主義の論理と心理」(8)において、「私事」の倫理性が自らの内部に存在せずして、国家的なるものとの合一化に存するという超国家主義の論理は裏返しにすれば国家的なるものの内部へ、私的利害が無制限に侵入する結果となるということ、[9] 国家主権が倫理性と実力性の究極的源泉であり両者の即時的統一であるところでは、倫理の内面化が行なわれぬために、それは絶えず権力化への衝動をもっているということなど、[10] 超国家主義の論理をあざやかに剔抉するとともに、自由なる主体的意識が存せず各人が行動の制約を自らの良心のうちに持たずして、より上級の者（したがって究極的価値に近いもの）の存在によって規定されていることからして、独裁観念にかわって抑圧の移譲による精神的均衡の保持とでもいうべき現象が発生するとして、[11] そのグロテスクな病理を克明に描きだして見せたのであった。

　すなわち丸山は、内面的規範により自己規律する主体的個人の欠如にこそ、超国家主義の「対外膨張乃至対内抑圧の精神的機動力[12]」の特質を見いだしたのであり、まさにこの地点から戦後における学問的・思想的営為を開始したのである。こうした丸山にとって、自らが直面する課題は、なによりも「明治維新が果すべくして果しえなかつた民主主義革命の完遂」にほかならず、「その際においても問題は決して単なる大衆の感覚的解放ではなくして、どこまでも新らしき規範意識をいかに大衆が獲得するかということにかかつている」とされていたのであった。[13]

　他方、その没後に公刊された『自己内対話[14]』に収められている、「他者を他在において把握する能力の衰退と欠如のうちに、マンハイムはナチズムの精神史的背景をみた。こうした自己中心的な世界像が、あたかも『自我意識』の目覚めであるかのように錯覚されているのが、戦後の日本である。三派全学連とその追随者たちに共通した『客観性』や概念的定義や『コミュニケーション』への軽蔑――自己の情念の燃焼のみに生きがいを見出す精神的態度は、どんなに『イデオロギー』においてはなれているように見えても、奥深い時代精神の鉱脈においてナチズムに通じている[15]」といった断章にも見られるように、丸山もまた戦後日本における「他者感覚の欠如」という問題に注目していたことを忘れてはなるまい。「他者を他在として理解すること」の必要性を――「文化接触と文化変容の思想史」という新たなアプローチを通して導出された「開かれている精神[16]」の形成という課題にとって不可欠なものとして

——丸山もまた重視していくこととなったのである。

さらに注目すべきは、相良の「誠実」をめぐる日本倫理思想史へのアプローチには、一見したところ、丸山の「文化接触と文化変容の思想史」と共通の方法が見られるように思われることである。こうした相良の日本倫理思想史へのアプローチは、『誠実と日本人』に収められた、「誠実」をめぐる日本倫理思想史の概観ともいうべき「日本人の理法のとらえ方」[17]において明確に展開されている。

「日本人の理法のとらえ方」において相良は、先に見た①「絶対的規範」の不在と、②「真の他者性の無自覚」という「誠実」をめぐる問題を、「心情を重視する伝統」と「規準への関心」——大陸から流入した道・理・法・道理・ことわりといった「理法」と総称すべきものへの関心——との関係をめぐる問題ととらえ返すとともに、つぎのように説き起こす。すなわち、

日本人の伝統的な倫理観といっても、その内容は様々であり、必ずしも一筋にしぼることはできない。しかし、今、その主軸をなしてきたものを指摘するとすれば、それは心情の純粋性・真実性・美しさの尊重であろう。伝統的倫理観に今日に生かすべき可能性を求めれば、この心情の追求がまずとり上げられるであろう。しかしまた、われわれが今日もっとも克服すべきものを求めるとすれば、その時もまた、この心情重視の傾向が基本的な問題としてとり上げられなければなるまい。たとえば、誠心誠意であることは、それ自体すばらしいことであるが、また誠心誠意に安住することには躊躇を感じざるをえない。[18]

心情を重視する伝統との対決が、われわれの今日の課題であるとすれば、心情重視の基本の上に立ちつつも、なおもたれてきた規準への関心のあり方をわれわれは問わないではおられない。道・理・道理・ことわりという表現

で、われわれの祖先たちも、規準的なものを問題にしてきた。これらを理法と総称して、これらが心情の純粋性の尊重といかなるかかわりあいにおいて捉えられてきたか、またその道・理等々がいかなる性格をもつものとして捉えられてきたかを考察することにしたい。[19]

相良によれば、日本人の「心情重視の伝統」――「心情の純粋性の尊重」の伝統――は、古代の日本人の「清き明き心」の重視にさかのぼるものだということになる。すなわち、

古代の日本人は清き明き心を重視した。須佐之男命が高天原で天照大神とうけいをする『古事記』の一段は、神話の中でもっともよくこの清明心を語る一段である。……なお『日本書紀』にはここに「清」「赤」「明浄」・「黒」「濁」の文字が用いられているが、このように神話の世界においてヨキ心とは清き明き心であり、それはキタナキ心クラキ心あるいはコト心ならざる心であった。本居宣長の『古事記伝』に「明きも即ち清きこと」とあるが、この清明とはいわば底までもすいて見える清流の透明さにもたとえられよう。それは曇りかくされるところのない心、二心のない心であろう。感情融合的な共同体において、他者より見通されない、したがって後ろぐらいところのない心の状態、換言すれば私のない心の状態、それが清明心なのである。

わが国の古代宗教においてもっとも細かく分化した部門神は、農耕に関する神と祓除潔斎を掌る神であったという。古代の日本人が強く清さを求めたことを、ここにも知ることができよう。清き明き心の標榜もこのことと別のことではなかろう。また『万葉集』は特に「清」なるものに深い関心を示している。……『万葉集』における清なるものへの関心もまた、このような神話における清明心の重視と関係があろう。

このように、古代の日本人は、清明なる心、先にも述べたような私のない心、さらにいえば心情の純粋さを求め

たのであった。彼らの倫理的努力はこの清明心の実現に向けられていたのである。(20)

「感情融合的な共同体」において、他者より見通されない、したがって後ろぐらいところのない心の状態、換言すれば私のない心の状態という相良の「清明心」理解は、基本的には和辻のそれと変わるところはないように思われる。ただこうした「無私性＝全体性への帰依」を「清明心」の本質ととらえる和辻的理解と、相良のいう「心情の純粋性の尊重」という「清明心」の特質の理解とのあいだには、微妙なズレがあるようにも思われる。少なくとも、相良が「清明なる心、先にも述べたような私のない心、さらにいえば心情の純粋さ」と並列するほど、この三者の等号関係は自明のものではないはずである。この点に関しては、後にあらためて立ち返り、さらにくわしく論じられなければなるまい。

いずれにせよ「日本人の理法のとらえ方」における相良の議論は、こうした「清明心」にまでさかのぼる「心情重視の伝統」――「心情の純粋性の尊重」の伝統――と「理法」への関心との関係という問題へと展開する。しかもここで重要な点は、相良の「誠実」をめぐる日本倫理思想史のアプローチにとって、この「理法」とはあくまでも大陸から流入した外来思想にほかならなかったということである。すなわち、

世界の代表的な諸民族は、その古代から何らかの仕方で客観的な行為の規準を問題にしていた。旧約の律法、ギリシャのロゴス、インドの法、中国の道がそれである。この間にあって古代の日本人が、このように、規範に対する心情の純粋性ではなく、心情の純粋性自体を重視していたことは注目に値いする。

日本人の精神の歴史はこのようにして出発した。勿論、この古代の日本人の姿勢が今日のわれわれの姿勢のすべてであるわけではない。われわれの中には古代的なるもののほとんどそのままの持続も発見されないわけではない

が、われわれのすべてがそうであるわけではない。特に注目すべきことは、大陸からの思想の流入である。心情の純粋性自体を重視した日本人に、中国大陸から儒仏の思想が流入した。したがって心情の純粋性をひたすら追求した日本人が、この大陸の道・法・道理を説く思想にふれた時、どのような反応を示したかが次の問題である。(21)

こうした問題意識にしたがって相良は、①奈良・平安時代の即位宣命で百官に求められた徳目が桓武帝を境にして「清明」から「正直《せいちょく》」へと移行したこと、②中世を代表する徳目である「正直」が、「一面において清明心の伝統を受けつぎつつ、他面において道理などに対応するものであることにおいて清明心と異なる」(22)ものであること、③慈円の『愚管抄』、「貞永式目」、道元の『正法眼蔵随聞記』などに見られる「道理」は、「境々」における特殊な道理であり、状況をこえた普遍的なものではないこと、④近世においては客観的な規範が存することについての自覚が強められたかに見えるが、その代表的思想家である林羅山の窮理思想は、大陸の朱子学がより生の形で理解されたものにすぎなかったこと、⑤近世の日本人の思索が深まるにしたがい、山鹿素行、石田梅岩、中江藤樹らを経て、羅山の窮理思想を正面から否定する動き――一方では伊藤仁斎の儒学、他方では荻生徂徠の儒学・本居宣長の国学として――があらわれたことへと議論をすすめ、そのうえでつぎのように結論づけたのであった。すなわち、

日本人の理法のとらえ方について、まず第一に基本的にいいうることは、日本人には普遍的な規範の意識が形成されなかったということである。なんらかの規範意識がもたれる時にも、それはその状況における道理であるか、その人倫的・社会的立場における道であり、いずれも個別的な規範は、多くその事態に虚心に対するときに感格されるもの、つまり直覚的に捉えられてくるものであり、これを理性的に追究する姿勢は形成されなかった。したがって、われわれの祖先は、規範自体よりも主体の姿勢、心情のあり方を重視した。彼らの倫理的努力の焦点は、

一般的にいえば、この心情の純粋性真実性の追求に向けられていた。心情が純化されれば、その個別的規範はおのずから明らかになると理解されていた。清き明き心に出発したわれわれの精神の歴史には、このように強く心情を重視する傾向が流れつづけてきたのであった。[23]

「日本人の理法のとらえ方」における議論はさらに、こうした「心情の純化によって規範を捉えうるとする立場」ないしは「主観の純化の中に真実にせまろうとする姿勢」をさらに深い層において理解しようとする試みへと転じられていくのであるが、[24]そこにおける内村鑑三、道元、親鸞、さらには徂徠、宣長らをめぐる相良の議論はきわめて興味深いものではある。しかし本稿において、これを詳細にフォローする暇はない。ただ相良が、こうした「心情の純化によって規範を捉えうるとする立場」ないしは「主観の純化の中に真実にせまろうとする姿勢」の背後に、〝自他人倫の和合〟への配慮というより究極的な価値の存在を見いだすこととなったということを確認するにとどめよう。すなわち、

他者にかくすところのない清明心の強調、聖徳太子以来の和の強調、無私の正直の強調、慈悲の強調、他者に対する誠の強調などをふりかえる時、好さには自他人倫の和合の契機が強く一本流れていたことだけは認めることができよう。[25]

即ち、道理真理を主張する時にも、底辺にさらにこの好さへの配慮が、今これを仮りにいえば自他人倫の和合への配慮がより究極的な価値として働いていたということである。有効性を問題とすること（徂徠、宣長――引用者）と寛大さを説くこと（内村、道元――引用者）はあらわれ方がちがう。しかし両者には同質的な発想が流れ

ているように思えてならない。……つまり規範を説き真理を説いても日本人の心の底辺において支配していたのは〝自他人倫の和合〟ではなかったかということである。[26]

こうして相良は、「心情重視の伝統」――「心情の純粋性の尊重」の伝統――と大陸から流入した外来思想としての「理法」への関心との関係という問題をめぐる日本倫理思想史の展開のなかに、①「心情の純化によって規範を捉えうるとする立場」ないしは「主観の純化の中に真実にせまろうとする姿勢」と、②さらにその底辺に働く「自他人倫の和合」というより究極的な価値とを見いだしたのであった。

ここまで論じ進めた相良は、最後に「道徳を、神と神の前に一人立つ人との関係において、したがって神のロゴスとして捉える立場と、人間共同体の組織法則として捉える二つの立場があることを示した[27]」とされる和辻倫理学にあらためて立ち返り、「超越的なるものの否定は、その対極である人倫重視の方向をとってあらわれざるをえない。それはまず神あるいは個人ありきに対して、まず人倫ありきである[28]」と喝破し、つぎのような和辻倫理学への評価を語ることとなるのである。すなわち、

教えの権威の保証として、〝自他人倫の和合〟への有効性をもちだした日本人のものの考え方への反省として、われわれが第一に挙げなければならないことは、〝自他人倫の和合〟の内実の追究がほとんどなされていないことである。……日本人は、あるべきあり方としての〝和〟の内実を積極的に問うことなく、ただ、のぞましいのは〝和〟であると考えてきた。……　〝人倫の和合〟の内実の追究がなかったところに、和への有効性という発想が生まれたのである。

このように見てくると、和辻倫理学は、日本の伝統をもろにになないつつ、その伝統が内包する弱点の克服を和辻

なりに試みたものといえよう。倫理を神や理性のロゴスとしてではなく、人間共同体の組織法則として捉える和辻の試みは、日本の伝統を生かしつつ、普遍的な理法を考えていく確かに有力な一つの試みであったと思われる。(29)

さて、こうして（イ）「絶対的規範」の不在と「真の他者性の無自覚」を問題視するという点では、一見したところ丸山とも共鳴しあうがごとき課題意識にしたがって「誠実」の克服をめざし、（ロ）「心情重視の伝統」——「心情の純粋性の尊重」の伝統——と大陸から流入した外来思想としての「理法」への関心との関係という、これまた一見したところ丸山の「文化接触と文化変容の思想史」と相通ずるがごとき日本倫理思想史へのアプローチを採り、なおかつ（ハ）倫理を神や理性のロゴスとしてではなく、人間共同体の組織法則として捉える和辻倫理学の可能性を高く評価する立場にたつ相良の議論は、「キヨキココロ・アカキココロ」ないしは「清明心」をめぐる和辻と丸山の交錯という問題に光をあてながら、丸山が解明しようと試みた倫理的価値意識の「古層＝執拗低音」の問題にせまっていくことをめざす本稿の課題にとって、いかなる意義をもつことになるのだろうか。次節以降において、さらなる検討を進めたい。

「清明心」と「誠実」——和辻／相良の連続と断絶

前節において筆者は、「感情融合的な共同体における、他者より見通されない、したがって後ろぐらいところのない心の状態」、すなわち「無私性＝全体性への帰依」をその本質ととらえる和辻の「清明心」理解と、「心情の純粋性の尊重」をその特質ととらえる相良のそれとのあいだには、微妙なズレがあるのではないかと指摘した。「清明なる心、……私のない心、さらにいえば心情の純粋さ」と、相良が何等の説明も加えることなく並列するほどには、この三者の等号関係は自明のものではないのではないかということである。この問題にいま少しこだわることからはじめて、日本倫理思想史を代表する両者の「清明心」をめぐる議論と丸山のそれとの関係を明らかにするための手がかりを得ていくこととしよう。

さて、和辻と相良の「清明心」をめぐる議論の異同については、「日本の倫理思想史の中に持続して流れるものとして『誠実』をもって機軸と見る見方」――「誠実の伝統」――に対して、「国学には自己と他者との関係を『偽り』あるいは〈虚偽〉をもってとらえ、そこを基盤に人と世界をとらえようとする流れがある」とし、これを「偽り」をめぐる思想史として対置せんと試みる清水正之が、その『国学の他者像――誠実《まこと》と虚偽《いつわり》』において指摘するところでもあった。[30]

清水によれば、「そもそも『日本倫理思想史』において、清明心―正直―誠と定式化された図式を和辻の中に明確に見出すことはむずかしい」のであって、「わずかに戦国武士を扱った部分で、かれらの倫理思想に『正直、慈悲、知恵の理想』を個人の気構えとして貫徹しようとする『自敬の道徳、高貴性の道徳』を見る部分に『無私の心にとどまらず慈愛の尊重、社会的正義ともなって』あらわれた『清明心』の伝統に連なるものが描かれている」に過ぎないのであり、「古代論としての和辻の議論は、古代におけるあくまでも『祭事的統一』という視点から説かれたものであるということ」が問題なのだという。[31] これに対して、「国学に影響をあたえたとされる近世の儒学の一潮流、古学を評価する立場からは、和辻の議論をこえて一層つよく『誠実』をもって日本的倫理思想の流れの中核とみる視点が提出される」のであり、その代表が相良亨なのだというのである。[32]

清水がまさに指摘する通り、和辻の「清明心の道徳」は、「古代におけるあくまでも『祭事的統一』という視点から説かれたもの」にほかならない。筆者が前章で多くの紙面をさき、和辻の『日本倫理思想史』の議論の全体像をあえて提示したのは、まさにこのことを確認したかったからである。

くり返すまでもなく、和辻の「清明心」をめぐる議論は、本来普遍的なものである倫理は、「それが実現されて一定の社会構造となるときには、必ず時と処とによって制約された特殊の姿を取る」のであり、「従ってそれに媒介されて成立する行為の仕方もまた特定の形を取り、その時と処とに固有な倫理思想として現われてくる[33]」という和辻一流の「社会構造」論に基づくものにほかならない。そこにおいては、他民族の侵入や支配や干渉を受けることなく展開したとされる、日本の「原始時代以来の社会構造の変遷」を明らかにし、そこから倫理思想の分析や把握へと進んでいこうとする和辻の一貫した方法がつらぬかれていたのである。

そして「清明心の道徳」とは、こうした日本の「原始時代以来の社会構造の変遷」の第一の時期区分として画された時代――「最も古い時代における国民的統一の成立」という変革によって画された一時代――の特性をしめす倫理思想として、和辻によって摘出されたものにほかならなかった。ここで和辻のいう「最も古い時代における国民的統一」とは、なによりも神聖な権威の下に行なわれた「国民的統一」――すなわち「祭り事の統一」ないしは祭祀的統一――だったのであり、この変革によってもたらされた新しい社会構造は、「単なる生活共同体ではなくして精神的共同体であり、また単階的な集団ではなくして複階的団体、すなわち祭祀的統一たる地方団体をさらに祭祀的に統一せる高次の団体である[34]」と特徴づけられるものであった。

和辻によれば、こうした祭事による宗教的団結は、精神的共同体であるとともに「感情融合的な共同体」にほかならない。かかる「感情融合的な共同体」においては、「『私』の利福のゆえに他の利福を奪おうとする者は同時に全体の統制にそむく者であり、従って全体性の権威にそむく者[35]」である。こうした全体性の権威に帰依するか否かは、この権威を具現する統率者に帰服するか否かということにほかならず、究極においては皇祖神の権威に服するか否かに、さらには天皇の神聖な権威に帰依するか否かに帰するということになる。このような天皇の神聖な権威への帰依こそが「清明心」にほかならないのであり、「私」を捨てて「公」に奉ずるところに――まさに「滅私奉公」に――

こそ、「清さ」の価値が見いだされていたのだと和辻は結論づけたのである。[36]

このように和辻の「無私性＝全体性への帰依」をその本質ととらえる「清明心」理解は、その「社会構造」論、日本の「原始時代以来の社会構造の変遷」についての時期区分論、そこにおける「祭り事の統一」ないしは祭祀的統一という変革の位置づけ、さらにはかかる「感情融合的な共同体」における倫理思想の把握という一貫した論理によって導き出されたものにほかならないのであって、いわばその「社会構造」論と不可分一体のものとして提示されていたのである。

逆にいえば和辻の「清明心」理解は、必ずしも『古事記』『日本書紀』といった古代の文献のテクストに表わされた「清明心」ないしは「キヨキココロ・アカキココロ」そのものがもつ倫理内容に即した分析と検証から導出されたものではない。

確かに和辻は、『古事記』および『日本書紀』におけるアマテラスとスサノオとの宇氣比《うけひ》＝誓約《うけひ》の場面のテクストを引きつつ、つぎのように論じてはいた。

天照大御神がスサノオの尊の「不善心」を問題としたのは、「欲㆑奪㆓我国㆒」こと、すなわち、「奪㆑国之志」を推測したからであった。それは天照大御神に、従って高天原の国に害悪を加えようとする意志であるがゆえに悪心なのであって、自らの害悪を欲する心ではない。すなわち他者の利福あるいは全体性の安全を害うものが悪なのである。そうすればヨキ心もまた利福を欲するがゆえにヨシと言われるのではなくして、他者の利福、全体性の利福を欲するがゆえにヨシとせられるのである。[37]

スサノオの命は天照大御神より「不善心」の嫌疑をうける。それに対してスサノオの命は、古事記によれば、

「無二邪心一」と弁解する。不善心と邪心とに書きわけているにしても、とにかくここではヨシ・アシの価値でスサノオの命の心構えを規定している。しかるに同じ物語を描く書紀は、この個所で「無二黒心一」という表現を用いるのである。黒心はクラキ心キタナキ心であって、ヨシ・アシの価値とは把捉の仕方を異にする。不善心を黒心と呼び換えるのは二つの異なった把捉の仕方を交叉せしめることである。古事記自身もヨシ・アシの価値をもってこの描写を貫ぬいているのではなく、無邪心という弁解に対して、しからば「汝心之清明」を証せよという天照大御神の要求を掲げている。邪に対する価値を清明とするのは、右と同じき交叉である。こういう仕方で記紀の描写は、不善心を「黒心」「濁心」と呼びかえ、「善心」を「赤心」「明心」などによって代えているのである。これらの漢字の読み方は必ずしも一定してはいないが、大体においてアシキ心に代わるものは「キタナキ心」「クラキ心」であり、ヨキ心に代わるものは「ウルワシキ心」「キヨキ心」「アカキ心」であろう(38)。

にもかかわらず、和辻はこの神話のテクストのこれ以上の分析には立ち入ろうとはしない。端的にいえば、このアマテラスとスサノオの誓約＝宇氣比をめぐる『日本書紀』および『古事記』の物語において、はたしてスサノオの「清明心」（＝「赤心」「清心」）は証されたのか否か、すなわちスサノオは「清明心」の持ち主として描かれているのか否か、そしてその場合、スサノオのいかなる心のあり方が「清明」（＝「キヨキ」「アカキ」）と見なされていたのかという問題についてのより立ち入った分析と検証が、それぞれのテクストに即してなされているようには思われないということである。

『日本書紀』の「本文」において、「于時、天照大神復問曰、若然者、將何以明二爾之赤心一也。對曰、請與レ姉共誓。夫誓約之中、……必レ當レ生レ子。如吾所生、是女者、則可三以爲レ有二濁心一。若是男者、則可三以爲レ有二清心(39)一」と語られ、まさにスサノオの「清明心」（＝「赤心」「清心」）を賭した誓約が行われ、その結果、「又勅曰、其十握劒者、是素戔嗚尊物也。故此三女神、悉是爾兒、便授二之素戔嗚尊一(40)」と、彼の「黒濁心」が証せられることとなるこの場面は、「清明心」ないしは「キヨキココロ・アカキココロ」の倫理的な内容をテクストに即して検証するうえで避けては通ることのできない場面にほかならないはずである。

しかし、『日本書紀』の「本文」におけるこの場面については、第一の「一書」に、「於是、日神共二素戔嗚尊一、相對而立誓曰、若汝心明淨、不レ有二凌奪之意一者、汝所生兒、必當男矣(41)」と誓約し、その結果、「故素戔嗚尊、既得二勝験一。於是、日神、方知二素戔嗚尊、固無二悪意一(42)」という異伝、さらに第三の「一書」にも、「日神與二素戔嗚尊一、隔二天安河一、而相對乃立誓約曰、汝若不レ有二奸賊之心一者、汝所生子、必男矣(43)」と誓約し、その結果、「其素戔嗚尊所生之兒、皆已男矣。故日神方知二素戔嗚尊、元有二赤心一(44)」という異伝が伝えられている。すなわち、『日本書紀』の第一および第三の「一書」の二つの異伝では、「本文」とは明らかに反するかたちで、スサノオの「赤心」（＝「清明心」）こそが証されたということになっているのである。

さらにいえば、相良が「須佐之男命が高天原で天照大神とうけいをする『古事記』の一段は、神話の中でもっともよくこの清明心を語る一段である(45)」と述べて、その「心情の純粋性の尊重」を特質とする「清明心」理解の根拠としてあげる場面では、アマテラスとスサノオは、「爾天照大御神詔、然者汝心之清明、何以知。於レ是速須佐之男命答白、各宇氣比而生レ子(46)」と宇氣比して、その結果、「爾速須佐之男命、白二于天照大御神一、我心清明。故、我所レ生子、得二手弱女一。因レ此言者、自我勝云而、於二勝佐備一(47)」ことになり、これもまた『日本書紀』の「本文」とは対照的に、むしろスサノオの「清明心」が証せられたと読み得る記述となっている。

『日本書紀』の「本文」と「一書」、さらには『古事記』のテクストに即する限り、この誓約＝宇氣比の場面におけるスサノオが「清明心」の持ち主であるのか、はたまた「黒濁心」の持ち主であるのかは、それゆえそもそも「清明心」がいかなる倫理的な内容を表わしているのかは、必ずしも自明なことではないはずなのである。和辻ともあろうものが、このことに気づいていないはずはあるまい。にもかかわらず和辻は、この問題に立ち入ることはない。和辻にとって「清明心の道徳」の内容は、その「社会構造」論、および祭祀的統一と「感情融合的な共同体」の理論との関係において、すでに決定されているかのようであり、それゆえに、こうした『日本書紀』の「本文」と「一書」、さらには『古事記』のテクストの異同をふまえた「清明心」の、おそらくは煩雑をきわめざるを得ない内容的分析と検証の必要性はかえりみられることはなかったのではあるまいか。

この『日本書紀』と『古事記』のテクストの異同という問題と、それに即した「清明心」ないしは「キヨキココロ・アカキココロ」の内容的理解の試みという課題については、神野志隆光や水林彪の――『古事記』と『日本書紀』を別個のテクストとして読むことを提起した――議論をもふまえつつ、本稿の第六章において、あらためて立ち返ることとしよう。ここでは、「社会構造」論と不可分一体の形で提示され、「無私性＝全体性への帰依」をその本質ととらえる和辻の「清明心」理解にはらまれた重大な陥穽の指摘として、この問題を提起するにとどめよう。(48)

ところで、こうした和辻の議論に対して、「心情の純粋性の尊重」をその特質ととらえる相良の「清明心」理解をどのように見たらよいのであろうか。

すでに見たように相良は、「清明心」にまでさかのぼる「心情重視の伝統」――「心情の純粋性の尊重」の伝統――と大陸から流入した外来思想としての「理法」への関心との関係を問題とするという、一見したところ丸山の「文化接触と文化変容の思想史」と相通ずるがごときアプローチを採ることによって、日本倫理思想史の展開のなかに、①「心情の純化によって規範を捉えうるとする立場」ないしは「主観の純化の中に真実にせまろうとする姿勢」と、②さらにその底辺に働く「自他人倫の和合」というより究極的な価値とを見いだしたのであった。

こうした相良のアプローチには、日本の「原始時代以来の社会構造の変遷」を明らかにし、そこから倫理思想の分析や把握へと進んでいこうとする和辻の「社会構造」論の面影は、もはやないといってよい。したがって相良は「清明心」に、和辻がその「社会構造」論から不可分一体のものとして導出した「無私性＝全体性への帰依」――底までもすいて見える清流の透明さにもたとえ得るような、曇りかくされるところのない心、二心のない心、感情融合的な共同体において、他者より見通されない、したがって後ろぐらいところのない心の状態、換言すれば私のない心の状態(49)――という「本質」と並んで、必ずしも「社会構造」論から導きだされたものとはいえない――少なくとも和辻自身は見出していないように思われる――「心情の純粋性の尊重」という「特質」を見出すことができたのである。

相良が「清明心」に「心情の純粋性の尊重」の伝統の起源を見いだす根拠として言及するのは、『日本書紀』の「本文」――すなわちスサノオの「黒濁心」が証される物語――ではなく、もっぱらスサノオの「清明心」が証される『古事記』のそれであることにはすでに指摘した。すなわち、

古代の日本人は清き明き心を重視した。須佐之男命が高天原で天照大神とうけいをする『古事記』の一段は、神話の中でもっともよくこの清明心を語る一段である。つまり、須佐之男ののぼりくる態度が荒々しいため、天照大神は「必ず善《よ》きならじ」と疑ったが、この疑いに対して須佐之男は「僕は邪《きたな》き心無し」、「異心《ことごころ》無し」と弁明した。この弁明に対して天照大神はさらに「然らば汝の心の清く明きは何して知らむ」と問いかけ、うけいによって須佐之男の心はあかしされ、「我が心清く明し」と勝ちほこることになったという(50)。

この言明を見る限り相良は、スサノオの「清明心」を疑ってはいないように見える。すなわち相良は、この場面におけるスサノオの「心情の純粋さ」を認めていることとなろう。ただ相良も和辻と同様に、この宇氣比＝誓約をめぐる場面についての『古事記』と『日本書紀』の「本文」、さらには『日本書紀』の「一書」のテクストの異同をふま

えた分析や検証を試みたうえで、「清明心」に「心情の純粋さ」という「特質」を見いだしているわけではないように思われる。

むしろここでの相良は、近世儒学や国学の分析を通して自らが見いだした「心情の純粋性の尊重」という「特質」――「心情の純化によって規範を捉えうるとする立場」ないしは「主観の純化の中に真実にせまろうどする姿勢」――をひたすらに「清明心」に遡及させているに過ぎないのではないかという疑問すら禁じえない。すなわち、和辻における「清明心」の倫理的内容が、その「社会構造」論、および祭祀的統一と「感情融合的な共同体」の理論との関係において、『古事記』や『日本書紀』のテクストに即した分析を経るまでもなく、すでに決定されたものだったのではないかと疑われるのと同様に、相良の「清明心」のそれもまた、近世儒学や国学の分析から見いだされた「心情の純粋性の尊重」の伝統なるものによって、すでに決定されてしまっているのではないかという疑問を禁じえないのである。先にみた清水正之の「国学に影響をあたえたとされる近世の儒学の一潮流、古学を評価する立場からは、和辻の議論をこえて一層つよく『誠実』をもって日本的倫理思想の流れの中核とみる視点が提出される[51]」という批判も、こうした疑問に触れているものなのだと思われる。

ところで、丸山が自らの「古層＝執拗低音」論の方法に関して、つぎのように語っていたことはすでに見た。すなわち、

ここでの「論証」は一種の循環論法になることを承知で論がすすめられていることを、あらかじめ断っておきたい。というのは、右にいう「古層」は、直接には開闢神話の叙述あるいはその用字法の発想から汲みとられているが、同時に、その後長く日本の歴史叙述なり、歴史的出来事へのアプローチの仕方なりの基底に、ひそかに、もしくは声高にひびきつづけてきた、執拗な持続低音（basso ostinato）を聴きわけ、そこから逆に上流へ、つまり古

代へとその軌跡を辿《たど》ることによって導き出されたものだからである。こういう仕方が有効かどうかは大方の批判に俟つほかないが、少なくともそれを可能にさせる基礎には、われわれの「くに」が領域・民族・言語・水稲生産様式およびそれと結びついた聚落と祭儀の形態などの点で、世界の「文明国」のなかで比較すればまったく例外的といえるほどの等質性《ホモジエニティ》を、遅くとも後期古墳時代から千数百年にわたって引き続いて保持して来た、というあの重たい歴史的現実が横たわっている。[52]

このように丸山は、自らの方法が持つある種の危険性について十分に自覚的であった。にもかかわらず、たとえば彼の「古層＝執拗低音」論への執拗な批判者である米谷匡史らからのつぎのような批判にさらされてきたのである。すなわち、

現在の日本社会のあり方を批判しようとする丸山は、記・紀神話にまで遡及し、そこに見出された《日本的なもの》が現在も持続していることを批判的に描こうとしている。しかしそれは、記・紀神話から漢意を排して「原日本的」なものを構成し、それによって日本史を通じて伏流する《日本的なもの》を語ろうとした宣長の認識枠組に囚われたものであり、その《日本的なもの》を古代日本に投影して虚像の「古層」をつくりあげた結果なのである。「日本批判」を行なおうとする丸山は、《日本的なもの》を構成する循環の織り物にみずから引きこまれていったのであった。[53]

米谷の批判が丸山自身の方法的自覚にもかかわらず有効であるか否かについては、本書における筆者の考察全体によって、筆者なりの解答をしめすほかはないが、少なくとも相良の議論については、米谷の批判がそのままあてはま

る恐れなしとはしないということである。

米谷のいう《日本的なもの》を構成する循環の織り物に無自覚に引き込まれることを回避するためにも、少なくとも「清明心」ないしは「キヨキココロ・アカキココロ」の倫理的内容の理解とその「古層＝執拗低音」としての役割の検証にあたっては、『古事記』や『日本書紀』のテクストに即した分析を試みることもふくむ、より慎重な考察が求められていることだけは確かだといえよう。

「絶対者」の不在

前節で検討したように、和辻哲郎と相良亨の「清明心」をめぐる議論、とりわけその倫理的内容の理解には、和辻にはその「社会構造」論との関係において、相良には近世儒学や国学の分析から見出された「心情の純粋性の尊重」という伝統との関係において、それらが『古事記』や『日本書紀』のテクストに即することなく、すでに決定されてしまっているのではないかという方法的な疑念を禁じざるを得なかった。しかしそれにもかかわらず、両者の議論には看過することのできない重要な論点が共有されていたようにも思われる。それはいうまでもなく、両者がそれぞれの方法的相違にもかかわらず見いだしている「究極者」ないしは「絶対者」の不在、あるいはそれに由来する「絶対的規範」の不在という問題にほかならない。

すでに見たように和辻によれば、「無私性＝全体性への帰依」をその本質とする「清明心の道徳」は、「最も古い時代における国民的統一」である「祭り事の統一」ないしは祭祀的統一という変革によってもたらされた社会構造の自覚として現れてくる倫理思想にほかならなかった。そして、こうした「祭り事の統一」ないしは祭祀的統一が可能となったのは、「究極者」ないしは「絶対者」が一定の神として把握されなかったがゆえだとされていたのである。

すなわちそこでは、「究極者は一切の有るところの神々の根源でありつつ、それ自身いかなる神でもない。……すなわち神聖なる『無』[54]」だったのであり、それゆえにこそ、「多数の神々に対する祭祀が相互に対抗せず、しかもまたその独立を失うこともなく、鏡玉剣の崇拝に統一せられながら生き続けて行った[55]」のだとされていたのである。

しかも和辻によれば、「絶対者を一定の神として対象化することは、実は絶対者を限定することにほかならない」のであって、これに対して、「究極者」ないしは「絶対者」を一定の神として把握しないということは、宗教の発展段階としては原始的ではあるものの、「絶対者に対する態度としてはまことに正しい[56]」ものなのだという。すなわち、ユダヤ・キリスト教的な「絶対性と唯一性を主張して他の神を排斥する神」は、「私」をもって世界を支配しようとする神にほかならないのであり、こうした神の「非正義性」に対して和辻は、アマテラスやオオクニヌシのような「悪事を詔り直す寛容」や「復讐しようとしない忍従」を表現する「慈愛の神」――すなわち「私を没して公の立場に立つ神」――によって立てられる「社会的正義」を対置しようとすらするのである[57]。

こうして和辻は、「究極者」ないしは「絶対者」の不在という問題を、これへの肯定的な評価を表明しつつ、「ただ、第一期の原始時代の倫理思想であるのみならず、また後々の時代に顕著な形に展開されて行く倫理思想の萌芽[58]」である「清明心の道徳」と深く結びついたものとして提示していたのであった。

これに対して相良が、「絶対的規範がないところ、この『誠実』だけがよりどころであり、それは切り札的な権威をもっている。私はこのような仕方でわれわれの内にある『誠実』が、批判的に問題にされなければならないと思うのである[59]」とし、「思うに、そのような絶対的な規範をわれわれは何ももっていない。何ほどかそうであることが望ましいと思っていることでも、それが絶対的なものであるか否かを問う時、その絶対性を保証するよりどころをわれわれはもっていない。われわれの前に絶対的なものはないのである[60]」と、こうした「絶対者」（＝「絶対性を保証するよりどころ」）の不在をこそ、克服すべき「誠実」と深く結びついた問題として提起していたこともまたすでに見た通りである。

こうして「絶対者」の不在を問題視することから説きおこした相良は、「世界の代表的な諸民族は、その古代から何らかの仕方で客観的な行為の規準を問題にしていた。旧約の律法、ギリシャのロゴス、インドの法、中国の道がそれである」とするとともに、古代の日本人が「規範に対する心情の純粋性ではなく、心情の純粋性自体を重視していたこと」に注目して、「心情の純粋性をひたすら追求した日本人が、この大陸の道・法・道理を説く思想にふれた時、どのような反応を示したか[61]」を問うことから、「心情の純粋性の尊重」の伝統と大陸から流入した外来思想としての「理法」への関心との関係をめぐる思想史を展開しようと試みたのであった。

かくして相良は、一方では、①日本人には普遍的な規範の意識が形成されなかったということ、個別的な規範は事態に虚心に対するときに直覚的に捉えられてくるものだとされ、それを理性的に追究する姿勢は形成されなかったということ、したがってそこでは、規範自体よりも主体の姿勢と心情のあり方が重視され、倫理的努力の焦点は心情の純粋性真実性の追求に向けられてきたということ、他方では、②道理真理を主張する時にも、底辺に「自他人倫の和合」への配慮がより究極的な価値として働いていたということ、規範を説き真理を説いても日本人の心の底辺において支配していたのは「自他人倫の和合」であったということ等々を見いだすこととなるのである。

とりわけ後者の「自他人倫の和合」への配慮という問題について相良は、「道徳を、神と神の前に一人立つ人との関係において、したがって神のロゴスとして捉える立場と、人間共同体の組織法則として捉える二つの立場があることを示した[62]」とされる和辻倫理学にあらためて立ち返り、「超越的なるものの否定は、その対極である人倫重視の方向をとってあらわれざるをえない。それはまず神あるいは個人ありきに対して、まず人倫ありきである[63]」と喝破するとともに、「倫理を神や理性のロゴスとしてではなく、人間共同体の組織法則として捉える和辻の試みは、日本の伝統を生かしつつ、普遍的な理法を考えていく確かに有力な一つの試みであったと思われる[64]」と、結論的には和辻倫理学への回帰を表明することとなるのであった。

こうした相良の議論において、「究極者」ないしは「絶対者」の不在、あるいはそれに由来する「絶対的規範」の不在という問題についての評価は、和辻のそれほど明確ではないように思われる。相良が、「これを批判的に吟味することが、私の生き方を止揚して、それをより高められたものにするための核心にかかわることのように思われる」[65]とまで述べて、その克服をめざす「誠実」（＝「心情の純粋性の尊重」の伝統）は、「絶対的規範」の不在という問題に対して、同時にそのコインの裏にあるはずの「自他人倫の和合」への配慮という問題に対して、はたしていかなる関係に立つというのであろうか。相良の議論はアンビバレントであり、揺れ動いているようにも見える。

しかし和辻のそれと同様に、「誠実」とその源流としての「清明心」をめぐる相良の議論においてもまた、「究極者」ないしは「絶対者」の不在、あるいはそれに由来する「絶対的規範」の不在というモメントが重要な位置をしめていたということだけは疑うべきもないであろう。ここではさしあたり、このことを再確認しておくことにしたい。

和辻と相良の「清明心」についての議論についての検討は当面この程度にとどめることとして、丸山の『講義録』に著された「原型（プロトタイプ）」論の検討や『古事記』および『日本書紀』のテクストに即した「清明心」ないしは「キヨキココロ・アカキココロ」の倫理的内容の検討といった課題へと本稿の考察の歩みを進めていかなければなるまい。こうした検討をふまえたうえで、和辻と相良の議論から見いだされた①「感情融合的共同体」における倫理、②「無私性＝全体性への帰依」、③「心情の純粋性の尊重」、④「自他人倫の和合」への配慮、⑤「究極者」ないしは「絶対者」の不在、あるいはそれに由来する「絶対的規範」の不在といった諸モメントとそれらの相互関係といった問題へと再び立ち戻ることとなるであろう。

だがその前に次章以下では、歴史心理学を標榜する湯浅泰雄や民俗学の立場から南島（琉球諸島）の民俗をも視野に入れた議論を展開する荒木博之らの議論にも目をむけておかなければなるまい。

注

（1）『和辻哲郎全集』第十二巻、九四頁。
（2）同前。
（3）相良、ペリカン社、一九八〇年。
（4）同前、一頁。
（5）同前。相良の『誠実と日本人』の「まえがき」には周知のように「『誠実』の克服を求めて」という副題が与えられている。
（6）同前、一―二頁。
（7）同前、七―一〇頁。
（8）『集』第三巻、所収。
（9）同前、二三頁。
（10）同前、二五頁。
（11）同前、三二頁。
（12）同前、一九頁。
（13）同前、一六一頁。
（14）丸山、みすず書房、一九九八年。
（15）同前、二四二頁。
（16）同前、八六頁。なお「他者感覚の欠如」と「開かれている精神」をめぐる丸山の議論に関しては、前掲拙著『丸山眞男――「近代主義」の射程』の第五章及び終章、並びに拙稿「『第四の開国』と『開かれている精神』――グローバリゼーションと日本人の課題」（関西学院大学法政学会『法と政治』第五十三巻第三号）を参照されたい。
(17) 相良前掲書、三七頁以下。
(18) 同前。
(19) 同前、三八頁。
(20) 同前、三八―四〇頁。
(21) 同前、四〇頁。
(22) 同前、四二頁。
(23) 同前、五八―五九頁。
(24) 同前、五九頁。
(25) 同前、六四―六五頁。
(26) 同前、六五頁。
(27) 同前、六六頁。相良はここで、和辻の「普遍的道徳と国民的道徳」への参照を促している。
(28) 同前。
(29) 同前、六六―六七頁。
(30) 清水前掲書、二三二頁。
(31) 同前、二三六―二三七頁。
(32) 同前、二三八頁。
(33) 『和辻哲郎全集』第十二巻、一四頁。
(34) 同前、七四頁
(35) 同前。
(36) 同前、八三頁。
(37) 同前、八一頁。
(38) 同前、八一―八二頁。

(39)　日本古典文學体系『日本書紀　上』、岩波書店、一九六七年、一〇五頁。ただし、以下引用においては、一部旧字体を新字体に改める。
(40)　同前、一〇七頁。
(41)　同前。
(42)　同前、一〇九頁。
(43)　同前、一一一頁。
(44)　同前。
(45)　相良前掲書、三八頁。
(46)　日本古典文學体系『古事記　祝詞』、岩波書店、一九五八年、七四―七六頁。ただし、以下引用においては、一部旧字体を新字体に改める。
(47)　同前、七八頁。
(48)　さしあたり神野志隆光『古事記の達成――その論理と方法』（東京大学出版会、一九八三年）、同『古事記の世界観』（吉川弘文館、一九八六年）、同『古事記――天皇の世界の物語』（日本放送出版協会、一九九五年）、同『古事記と日本書紀――「天皇神話」の歴史』（講談社現代新書、一九九九年）、同『複数の「古代」』（講談社現代新書、二〇〇七年）、および水林彪『記紀神話と王権の祭り　新訂版』（岩波書店、二〇〇一年）などを参照。
(49)　相良前掲書、三九頁。
(50)　同前、三八―三九頁。
(51)　清水前掲書、二三八頁。
(52)　『集』第十巻、六―七頁。
(53)　米谷、前掲、一五四頁。
(54)　『和辻哲郎全集』第十二巻、六七頁。
(55)　同前、六八頁。
(56)　同前。

(57)　同前、八八―八九頁。
(58)　同前、九四頁。
(59)　相良前掲書、二頁。
(60)　同前、一―二頁。
(61)　同前、四〇頁。
(62)　同前、六六頁。
(63)　同前。
(64)　同前、六六―六七頁。
(65)　同前、一頁。

第三章　「清明心」論の継承

歴史心理学と「清明心」

和辻哲郎門下に学び、その後、ユングの深層心理学を導きにした西欧精神史の研究を経て、「古代から現代に至るまで日本の歴史の深層にたえることなく流れている日本人の心の世界のありようをたずねてみたい」という問題意識から『日本古代の精神世界――歴史心理学的研究の挑戦』を著わした湯浅泰雄[1]は、その師・和辻の「清明心の道徳」をめぐる議論を継承しつつ、自らの拠って立つ歴史心理学の視点から「清明心」に関する独自の議論を展開した。本章では、和辻の「清明心」論との異同に注目しながら、こうした湯浅の議論を検討することとしよう。

自らの拠って立つ「歴史心理学 psycho-history」とは、個々の思想家の思想や時代の思想傾向を内在的に分析し理解しようとする思想史研究の方法における「内からの見方」を掘り下げてゆくところから生まれてきたものなのだと湯浅はいう。すなわち、

歴史心理学 psycho-history は、内からの見方を掘り下げてゆくところから生まれてきたものということができ

る。心理学的視点を重んじるということは、さしあたっていえば、人間的主体の行動を規定する内面的動機を重くみることを意味する。心理的にいえば、行動への動機づけmotivationは知的思考による認識ではなく、感情（情動）と欲求の中に求められる。こういう観点から歴史――より限定していえば人間の歴史的生の様式――を見てゆこうとする態度は、ディルタイやウェーバーの精神史研究の中にその先駆的形態を見いだすことができる。……ただし彼らの研究は、心理学の理論や実証的成果をはっきりふまえて出てきたものではない。これに対して歴史心理学は、フロイトの精神分析学（一般的にいえば深層心理学depth-psychology）を導きにして生まれてきた歴史解釈の方法である。(2)

湯浅によれば、彼の師である和辻の日本思想史研究にも影響を与えているとされるディルタイや、ディルタイと同じ基調に立つウェーバーが、主体の行動様式の内面的動機を問題とする場合、その分析の対象とされるのが「知的に概念化されている思念」の内容であるのに対して、歴史心理学は、「主体の知的判断による自己認識をこえた深層にはたらきかけつつ、彼を無自覚の中に一定の行動へと突き進ませていく力」である「無意識下の情動の力」の作用をより重視するのだという。(3)

すでに検討した和辻の「清明心」論と本章で検討されるべき湯浅のそれとの異同は、和辻と湯浅とのこうした歴史解釈の方法的相違に根差したものだということになろう。

ところで、湯浅がその歴史心理学において依拠するのは、いうまでもなくユングの深層心理学にほかならない。すなわち、

筆者が、心理学は思想史研究にとって重要な方法的視点を提供すると考えるようになったのは西洋精神史に関す

るユングの諸研究にふれてからのことである。彼の心理学理論は神話や宗教経験に関係している点が多く、また東洋の宗教に対する関心も深いので、われわれの当面の研究には重要な示唆を与えてくれる。[4]

ユングは、フロイトが想定した個人的無意識領域の根底に、個体の生活史的条件をこえた超個人的な集合的無意識 collective unconsciousness の領域を認める。……そういう集合的無意識から発現してくるイメージを、ユングは元型、ないしは元型的心像と呼ぶのである。……神話のイメージは、その民族的多様性にもかかわらず共通した基本的主題や普遍的特性を示すことが多いものであるが、ユングはその心理学的理由を、魂の深層領域に潜在する、、、、、普遍人間的条件に求めるのである。[5]

ユングの「元型」論やこれに依拠した湯浅による「日本神話」の分析の紹介には立ち入る余裕も必要もあるまい。ただここでひとこと触れておかざるを得ないのは、こうした湯浅が依拠するユングの深層心理学と、丸山の「古層＝執拗低音」論との関係であろう。

一九八一年に国際基督教大学アジア文化研究所が開催した「日本文化のアーキタイプスを考える」をテーマとする連続講演会の記録は、周知のように『日本文化のかくれた形』[6]として刊行されており、そこには丸山の「原型・古層・執拗低音――日本思想史方法論についての私の歩み」[7]と題された講演録も収録されている。主催者である武田清子はこの連続講演会の趣旨をつぎのように語っていた。すなわち、

私どもがこの講演会（研究会）を計画したとき、私どもは、スイスの心理学者で精神医学者、カール・G・ユング（Carl G.Jung）の用語「アーキタイプス」……を、それに厳密に即して――というよりも、それをはみ出し

ても――思想史の研究、特に、日本文化、思想史が底ふかくに内包する、ある特質の考察を進める上に、一つのキー・ワードとして利用し、集団的無意識の領域にかかわる思考様式、価値意識についての考察のアプローチを探りたいと考えたのであった。そして、「日本文化のアーキタイプスを考える」の表現でテーマをかかげた。[8]

もっとも武田が、「この講演は、加藤周一、木下順二、丸山真男の三氏が、それぞれの問題意識や学問的、思想的歩みの途《みち》に沿いながら、『日本文化のかくれた形《かた》』について自由に語られたものである。ユングのアーキタイプスを前提として、それを日本文化に適用することを意図されたものではない」[9]としていることも忘れてはなるまい。

しかし武田が、『かくれた形《かた》』の模索、考察のプロセスにおいて、視点を、まず方法論の問題にむけよう。日本民族の文化・思想のふところ深くに内在する特定のパターン、ある特質を、思想史の方法論の課題として問う考察の一つに、丸山真男氏の『古層』の概念がある」[10]と論じているように、ユングの「元型＝アーキタイプス」論と丸山の「古層＝執拗低音」論になんらかの親和性をもとめていたことは疑うべくもないように思われる。

これに対して丸山自身も、「日本の思想のアーキタイプスということで話をしろという武田（清子）さんのご依頼だったわけです。私が、一九七二年に『歴史意識の「古層」』という論文を書いたので、そういう関係で恐らくそういうテーマを考えているとお思いになったのでしょう。それはそれでまったく見当違いとはいえません」[11]と応じているのである。

もちろん丸山は、自らの議論とユングの「元型＝アーキタイプス」論との関係については、つぎのように否定している。すなわち、

ここで私が使ったのは、「原型」という言葉であります。日本思想の「原型」というのを講義のはじめに論じま

した。外国語として念頭にあったのは、プロトタイプという言葉でした。そのころ私はもちろんユングはまったく読んでおりませんから、ユングのアーキタイプから暗示を受けたのではありません。ただ、さっきのような、私の体内に発酵してきた「開国」とか文化接触の在り方とか、日本文化と日本社会の変容性と持続性との逆説的な結合といったことからだんだん問題を煮詰めてきて、どうしても日本政治思想史の冒頭に「原型」ということを論ずる次第になったわけです。(12)

さらに丸山が「原型」から「古層」へとその用語を代えるにいたった理由について、「『原型』といいますと――prototype といってもarchitype といってもどちらにしても――なにか古代に日本人の世界像が決定的に定まってしまったというような非常に宿命論的な響きがするでしょ。古代に『原型』ができてしまって、後はいろいろ時代とともに変わるかもしれないけれど、結局それが歴史を通じて貫徹するということになれば、非常に宿命論的です。少なくともそういう誤解を招く(13)」と語っていたことをつけ加えることもできよう。

このように丸山が、ユングの「元型」論への依拠を明白に否定しながらも、ある種の共鳴関係を認めることには必ずしもやぶさかではなかったのではないかと思われることをここでは確認しておきたいのである。

「『つぎつぎ』と摂取された（外来の――引用者）諸観念に微妙な修飾をあたえ、ときには、ほとんどわれわれの意識をこえて、旋律全体のひびきを『日本的』に変容させてしまう。そこに執拗低音としての役割があった(14)」として、その無意識裡の拘束を問題とする丸山の「古層＝執拗低音」論と、「無意識下の情動の力」――とりわけ「集合的無意識」の領域におけるそれ――を重視するユングの深層心理学に自覚的に依拠しようとする湯浅の歴史心理学とのこうした微妙な距離感をふまえたうえで、本稿の議論を進めていくこととしたい。

同時にふまえておくべきだと思われるのは、湯浅の「周辺文明としての日本文化」という歴史理解の枠組みと、丸山の「文化接触と文化変容の思想史」との親近性である。湯浅は日本の文化を、中国を中心とする東アジアの「周辺文明」の一つであると位置づけ、つぎのように説き起こすのであった。すなわち、

日本の文化は、中国を中心とする東アジアの周辺文明の一つとして成立した。「周辺文明」という意味は、中国やインドのようないわゆる古高文明 old high culture のように、自己自身の内部から生まれた内発的発展によって未開から文明の段階へ進んだわけではない、ということである。つまり、日本人は外来文明を受容することを通じて文明社会の段階へと進んだのであるが、そこに生まれてきた文化は、その栄養素を与えた母胎である中国の文化とはいちじるしくちがった性格をもつものになった。したがって日本の文化について考える場合には、その受容あるいは変容のしかたについて検討することが重要になってくる。(15)

日本の伝統文化は、いうまでもなく、世界宗教と世界帝国を生み出した人類文明の「中枢」に位置してはいなかった。それは、東アジアにおける周辺文明の一つである。周辺文明というのは、中枢にある大文明（たとえば中国とかインドの古代文明）から一定の距離に位置すると共に、中枢文明の担い手とはちがった民族によって形成された文明のことである。未開民族の住む地理的位置が中枢文明に近すぎる場合には、中枢文明に吸収同化されてしまうために、周辺にある民族の文化は固有の発達をとげにくい。逆に中枢文明からあまりに遠い位置にある場合には、未開から文明へ進む時期が非常に遅れてしまう。ここで周辺文明というのは、中枢文明から一定の距離を保っているために、中枢から発する文化的影響力を受けとりながら、政治的には実質的な独立性、あるいは半独立性を保っているような文明である。思想史にとって重要なことは、周辺文明のもつそういう特殊性によって、それぞれの民族がもつ個性的特質によって色こく染めあげられた文化と思考様式がそこに生まれてくるという点である。(16)

日本は古代から圧倒的に大陸文化の影響にさらされてきたのであり、日本の文化や思想を個々の要素に分解すれば、そこには日本に特有なものは何もないといってもよいほどである。しかし、その個々の要素がある仕方で相互に結びあわされて一つのゲシュタルトをなしている点に着目すると、それがきわめて個性的なものであるということが問題なのだという丸山の議論[17]と、湯浅の「周辺文明としての日本文化」というそれには、もちろん微妙な——しかしおそらくは、ある決定的な——相違が存在するのだが、ここではさしあたり両者の親近性にこそ注目しておこう。とりわけ丸山がつぎのようにその「文化接触と文化変容の思想史」の「地政学的要因」について語るのと、湯浅のそれとは瓜二つであるといってもよいであろう。すなわち、

日本はかつてのミクロネシア群島、メラネシア諸島たるべくあまりに中国大陸に近く、朝鮮の運命を辿るべくあまりに中国から遠いという位置にある、ということになります。そびえ立つ「世界文化」から不断に刺激を受けながら、それに併呑されない、そういう地理的位置にあります。私は朝鮮を洪水型といい、日本を雨漏り型というのです。洪水型は、高度な文明の圧力に壁を流されて同じ文化圏に入ってしまう。ところが、逆にミクロネシア群島になると、文化の中心部から「無縁」もしくはそれに近くなる。日本はポツポツ天井から雨漏りがして来るので、併呑もされず、無縁にもならないで、これに「自主的」に対応し、改造措置を講じる余裕を持つことになる。[18]

一方では和辻門下として、その「清明心の道徳」をめぐる議論を継承しつつ、他方では丸山と多くを共有するかに見える方法論に立つ湯浅の「清明心」理解に本稿が注目する所以である。

ともあれこうした「周辺文明」という日本文化の理解枠組みに立つ湯浅にとって、日本の古代思想史研究の最も

中心的な課題のひとつは、「神道と天皇制の関係」という問題の解明であり、またその集合心理的条件の分析なのだということになる。[19] そしてそこにおいては、「清明心の観念に示されている考え方が、思想史的観点から古代の国家体制と神道の関係について考える場合に、一つの重要な手がかりを与える」[20] ものと位置づけられることとなるのである。

「周辺文明」という観点から「神道と天皇制の関係」という古代思想史研究の中心課題をとらえようとする湯浅にとって、その議論の起点となるのはつぎのような歴史認識であろう。すなわち、

> ヤマト王権は古墳時代末期（六世紀）のころから、地方の王たちに「国造《くにのみやつこ》」という称号を与え、また地方国家の支配地域の中にミヤケとよばれる中央からの直轄支配地をつくってゆく。この時代は日本が朝鮮半島の三つの国家（高句麗・新羅・百済）と外交的軍事的交渉をもっていた時期に当っており、その国際的緊張が中央集権化の勢いをつよめたのである。こうして歴史は、大王の時代から天皇の時代へと進んでゆく。
>
> 要するに、天皇を頂点におく中央集権的な政治支配の体制は、そうした国際的緊張に対応するために急速につくり上げられた、いわば急ごしらえの体制であった。思想史の立場からみれば、それは政治上の要求が先行することによって造られた権力システムであって、古高文明にみられたような、文明内部における長い思想的な変容から生み出されてきたものではない。したがって古い信仰習俗は、古代天皇制の下でもそのまま存続していった。[21]

湯浅によれば、「天皇と神道の歴史的関係」について考えるには、この点が重要なポイントになるというのである。[22]

こうした湯浅の歴史認識が、その師・和辻の――古墳時代から古代律令制国家の成立を（イ）他民族の侵入や支配や干渉を受けることなく展開した「原始時代以来の社会構造の変遷」を明らかにするというその「社会構造」論の立

場から、(ロ) ①われわれが学問的にたどり得る最も古い時代における国民的統一の成立、②大化の改新やその後の法制の整備を絶頂とする国家的組織の完成という二段階の発展段階の設定を通じて把握していた――認識とはまったく異質なものであることを、まずは確認しておかなければなるまい。

そのうえで問題となるのは、湯浅が「古代天皇制」の下でもそのまま存続していったという「古い信仰習俗」(＝湯浅が「古代神道」と呼ぶもの) とはいかなるものか、そして「清明心」の観念とこの「古い信仰習俗」＝「古代神道」との関係はいかなるものとされているのかという点であろう。

部族宗教としての「古代神道」

湯浅によれば、国際的緊張に対応するために急速につくり上げられた、いわば急ごしらえの体制であった「古代天皇制」の下では、「古い信仰習俗」＝「古代神道」がそのまま存続していったのだとされるのであるが、この「古代神道」の本質的性格は未開宗教としての「部族宗教」の性格を守ったままだったのだ――それどころか、この性格は近代にいたるまで基本的に変わることはなかったとまでされるのだが――ということになる。[23] すなわち、

われわれがここで注意しなくてはならないのは、古代神道がこのような地域共同体の信仰のレベルから脱却できなかったという点である。古代律令国家の統一的体制が確立すると共に、政治面では天皇制が形成され、これに応じて、宗教の面では、皇室の祖先神とされた天照大神の信仰が発達してくる。しかし伊勢神宮の宗教的権威は、他の神々の権威を否定するほど強力な地位に登ることはなかった。このことは、古代神道が律令国家の統一的政治体制ないし古代天皇制を支える精神的機能を十分に果たせなかったことを示している。……古代日本における天照大

神の信仰は、このような強い一神教的権威を欠いている。……言いかえれば天照大神の信仰は、統一的民族国家としての律令国家の精神的連帯性を保証する社会心理的機能を果たし得なかった。……しかし古代神道の祭儀や神観念は、統一国家形成以前の氏族的小国家つまり地域共同体の精神的連帯機能を果たしていたにすぎないので、統一国家の体制である律令的天皇制を直接に支持する心理的機能を果たすことはできなかったのである。古代神道と古代国家の体制の関係を考える場合には、この点が重要なポイントとなる。(24)

こうした湯浅の理解は、和辻の『日本倫理思想史』における「二重の祭事的統一」という議論に対して、つぎのような批判的継承の関係にあることが注意されるべきであろう。すなわち、

かつて和辻哲郎は、日本神話の体系を「二重の祭事的統一」と特徴づけたことがある。和辻のいうところでは、日本各地の原始的小共同体はそれぞれの地域の神に対する信仰によって結合した祭祀的統一体であり、その上により高次の祭祀的統一体を形成したのが、皇祖神の祭りを頂点とする古代国家の体制であった。したがってそれは「単階的な集団ではなくして複階的団体、すなわち祭祀的統一たる地方団体をさらに統一せる高次の団体である」と和辻はいうのである。この見方は、右にのべたような古代国家の二重構造を、神話の分析からとらえたものと言ってよいであろう。ただし和辻のこの見方は、一般的な日本神話観としてのべられたものであって、神話の複階構造の上層と下層がどういう性質の差をもっていたかという点にまで立入っていない。(25)

儀礼神話は古代農耕社会の底辺の習俗を確立する母胎となったものであり、政治神話は古代天皇制理念の原型をつくり出したものである。したがって三品氏の用語を用いるとすれば、和辻のいう日本神話における「二重の祭事

的統一」は、その底層が地域民衆の共同体における儀礼神話的性格をもち、上層が政治神話的性格をもつような複階的統一体であって、この底層と上層は、異質な思想的性格をもつ複合体を形成していたと考えなくてはならないであろう。[26]

いうまでもなくここで問題となるのは、統一国家形成以前の氏族的小国家つまり地域共同体の精神的連帯機能を果たしていたものとされ、古代農耕社会の底辺の習俗を確立する母胎となった儀礼神話的性格をもつものとされる「古代神道」――未開宗教としての「部族宗教」の性格を守ったままだったとされるそれ――が、湯浅によっていかなるものとしてとらえられているのかという点であろう。

宗教学の観点から信仰の伝播の範囲に即して分類すると、宗教は「部族宗教」「民族宗教」「世界宗教」の三つのタイプに分けられると湯浅はいう。湯浅によれば、「古代天皇制」の「二重の祭事的統一」の底層をなす「古代神道」とは、ユダヤ教やヒンズー教のような「その信仰形態が一つの民族全体にひろがっている宗教」としての「民族宗教」ではなく、南北アメリカ、アフリカ、パプア・ニューギニア、太平洋地域などの現住民の信仰にその実例が見られるような、「未開社会に特有の形態で、同一民族の間でも部族によって信仰の対象となる神や信仰形態がちがう」と特徴づけられる「部族宗教」の性格をもつものにほかならない。[27]すなわち、

平安時代の神社調査報告である延喜式神名帳に記載された神社（式内社）の多くは、古墳時代からの伝統をもっているものと思われる。それらは主に古代の農民・山地民・海民などが信仰していた聖域であり、祭られている神は元来、山・川・森・湖・海など、それぞれの地域の自然に住む精霊、つまり自然霊である。宣長が、古代人のいうカミとは巨石・巨木から狐や蛇のたぐいまで、すべて「尋常《ヨノツネ》ならぬ徳《イキホヒ》」あるものすべてを指したといったのは、

当時としては大へんな卓見である。カミとは大地の霊としてのgenius loci（地域の霊）であった。したがって神々の名も地域によって多様であり、俗にいう「八百万《やおよろず》の神々」という言葉もそこから来ている。このような信仰形態は、右に言った部族宗教の特徴とよく一致している。ここには、日本民族の全体が共通して信仰の対象とする神は存在しない。(28)

湯浅によればこうした未開宗教の特徴は、アニミズムやマナイズムのそれであるということになる。すなわち、

> 宗教心理的観点からみた場合、未開宗教の特徴はアニミズムとかマナイズムとよばれている。アニミズムは「霊魂《アニマ》」の信仰という意味で、自然霊ばかりでなく死者や祖先の霊も含んでいる。マナは自然の中に存在する汎神論的霊気ともいうべき作用で、それが強い力となって一定の事物に宿ったものである。カグツチ、イカツチ、ワタツミ、ヤマツミといった古語につけられた「チ」「ミ」などの接尾語はマナに当る。心理学にとっては、未開人たちがそういうアニマやマナをどのようなイメージでとらえていたかということが問題になる。ここには、ふつう動物形象神 theriomorphism と人間形象神 anthropomorphism が区別される。……未開宗教の古い段階では、動物的イメージで表現されることが多く、新しい段階になると人間的イメージによって表現されるようになってゆく。……ヤマトにおいて日本神話の体系化が進んだと思われる古墳時代末期は、そうした神々の変容の過程の始まりの時期に当っている。神々の変容は、五世紀以上かかって徐々に進んでいったわけである。(29)

湯浅によれば、こうした未開宗教のアニミズムやマナイズムは、「山河の荒ぶる神としての生ける自然に対する畏怖の心情」という未開人の内面的エートスに由来する。(30) すなわち、

未開人の世界像においては、人間より上に、恐るべき力をもった存在が無数に支配していた。それらの存在は、われわれ人間と同じように、何かを語り合っている。いや人間に知り得ない神秘な言葉で語り合い、われわれの生をみつめているのだ。……神々とは元来、感覚的に固定した形ではとらえ難いものであって、世界のみえざる存在の根拠から発現してくる神秘な力として経験されるものである。目にみえる動物や巨木・巨石などは、そういうヌミノーゼ的領域から発現する力を示す象徴であり、通路なのである。(31)

こうして「古代天皇制」の「二重の祭事的統一」の底層をなす「古代神道」を、古代農耕社会の底辺の習俗を確立する母胎となった儀礼神話的性格をもつものとする湯浅は、そこに未開宗教としてのアニミズムやマナイズムといった特質を見いだしていたのである。したがって、湯浅はつぎのように結論づけるのであった。すなわち、

古代国家の体制は、律令制という上部構造と氏族制度という下部構造をもつ二重支配の体制であった。神に関する古代日本人の観念にはこの上部構造を反映したところがあって、表層の部分では、人格化された神々が天皇家を含めた豪族の祖先神として子孫に加護を与えるという考え方が見られる。しかしその底層の部分にはこれとは異質なエートスがあって、「荒ぶる神」に対する古い畏怖の心情が、民衆の思念と行動様式を深層から制約していたと考えられる。(32)

湯浅によれば、こうした底層における「荒ぶる神」に対する畏怖の心情に根ざした内面的エートスは、「平安朝から展開してくる山岳修験の世界に見ることができる」(33)ばかりでなく――かのレヴィ＝ストロースの「数ある工業社

会の中で、日本は、アニミズム的な思考が今もなお生きている最後の社会である」という言明を援用し、「彼がいうように、日本の歴史的伝統の中に未開時代のアニミズム的心性が今もなお生きているとすれば、この問題は日本思想史の研究にとってはなはだ重大である。そこには、日本の長い歴史を今日まで一貫している思想的エネルギーの源泉が潜在していると考えられるからである[34]」とされるように——、現代にまで引きつがれている問題なのだというのである。

そして「清明心」という主題もまた、湯浅によって、こうした「古代天皇制」と「古代神道」との関係のなかに位置づけなおされることとなろう。

ただその「清明心」論に目をむける前に、湯浅が提示するもう一つの重要な論点に注目しておく必要があろう。それは、湯浅が未開宗教のアニミズムやマナイズムの特徴を見いだす「古代神道」が、そこにおいて精神的連帯機能を果たしていたとされる「氏族的小国家＝地域共同体」、すなわち「古代農耕社会」とはいかなるものであったのかという問題にほかならない。

湯浅は「日本における未開社会から古代社会への移行は、いうまでもなく弥生時代以来の稲作農耕の発展によって推進されたものである[35]」とし、神道的儀礼の母胎になった稲作社会としての古代社会の状況を知るためには、その底辺にあった「古代農村の習俗」に注目しなければならないという[36]。

筆者は先に、日本の文化や思想を個々の要素に分解すれば、そこには日本に特有なものは何もないにもかかわらず、その個々の要素がある仕方で相互に結びあわされて一つのゲシュタルトをなしている点に着目すると、それがきわめて個性的なものなのだとする丸山の議論と、「周辺文明」のもつ特殊性によって、それぞれの民族がもつ「個性的特質」によって色こく染めあげられた文化と思考様式がそこに生まれてくるという湯浅の議論とのあいだには、その親近性にもかかわらず、ある決定的な相違が存在するのではないかということを示唆した。その決定的な相違とは、湯浅が――「古代神道」に未開宗教としてのアニミズムやマナイズムの特徴を見いだしながらも――こうしてあくまでも稲作社会としての古代社会やその底辺にあった「古代農村の習俗」――すなわち稲作農耕――にこそ、日本文化の「個性的特質」なるものを求めようとしていることにあるのではないかと思われる。この問題には、後にあらためて立ち戻ることとなるはずである。

湯浅によれば、弥生時代中後期から古墳時代にかけては、弥生時代初期以来の自然灌漑から人工灌漑へと移行しつつある時代なのであり、人工灌漑の技術（設備面での排水路・畦・樋・溜池・堰等々、労働面での耕作・田植・施肥・除草等々）の発達につれて、個々の家族を超えた広い地域の農民の力を結集する広域共同体の習俗的精神的規制力が成長しつつあったと考えなければならないという。そして「儀礼神話の祭儀体系は、そういう習俗的規制力をつちかう母胎になったものと考えられる」とするのである。(37)

こうした「習俗的規制力」(38)の社会制度的基盤は一般的にいえば「血縁共同体の原理」と「地縁共同体の原理」なのであるが、吉田孝の議論に依拠しつつ、湯浅はこの両者がともにきわめて弱いものにすぎなかったことを指摘するのである。すなわち、

吉田氏のいうところに従えば、日本の古代社会における家族制度は双系的性格のつよいものであって、父系母系いずれかの単系の親族との関係が特に重視されることはなかった。このことは、強い単系親族組織をもつ社会、たとえば父系を重んじる中国の家族制度の伝統とくらべて血縁的原理の支配力がきわめて弱かったことを意味する。……われわれは、古代社会の底辺がこのように流動的で拘束力の弱い血縁共同体原理に支えられていたということに、まず注意しておく必要がある。(39)

弥生時代の終りから古墳時代にかけては、人工灌漑の建設と維持のために地域の連帯性が必要になり、広域共同体の習俗的規制力が次第に強まってきたものと考えられる。……この点についてそうはっきりしたことはいえないが、大勢は、血縁的原理の場合と同じく古代社会の状況はまだかなり流動性にとんでいたのではないかと思われる。吉田孝氏によると、日本の農村は八世紀（奈良時代）ごろは、まだ開墾と荒廃のたえざるくり返しであった。したがって、農民が一定の土地へ定住する習慣はまだ確立していない。……農民の定着は、鎌倉時代でもまだ確立していなかったようである。[40]

湯浅はさらに、「個々の村人を中心にしてひろがる双系親族の連鎖的累積体[41]」であるとされるタイの伝統的稲作社会の構造との比較を行うという興味深い議論を展開しつつ[42]、「清明心の道徳」の本質を「無私性＝全体性への帰依」ととらえた和辻の議論との関係で、きわめて重要な結論にいたるのである。すなわち、

われわれ近代人が日本の農民の伝統的生活様式を考える場合には、ふつうイエとムラ、つまり血縁と地縁という二つの契機が個人をこえた共同体を支える原理になり、それに所属する成員としての個人に対して、全体性への服属を要求するものと考えるであろう。しかしこのようなパターンは、古代社会ではまだ原則として成り立たないのである。ただし血縁共同体の観念と地縁共同体の観念を比較すると、相対的に言って、後者の規制力がつよかったと言ってよいであろう。日本の稲作農耕がおかれた自然条件によって、地域共同体の習俗的規制は強化されざるを得ない性格をもっているからである。[43]

湯浅は、和辻の「清明心」論における「無私性＝全体性への帰依」というその本質の根幹を、つまりは帰依すべき

対象である「感情融合的な共同体」の「全体性」の――少なくとも「二重の祭祀的統一」の底層における――成立そのものを疑っているように見える。そうであるとすれば湯浅にとって、「清明心」とはいかなるものとされていたのであろうか。いよいよそれを問う時が来たようである。

「清明心」の道徳と美意識

前節で指摘したように、湯浅の「古代天皇制」と「古代神道」をめぐる議論は、和辻の「清明心」論の「無私性＝全体性への帰依」という本質理解の根幹を掘り崩しかねないものであった。にもかかわらず湯浅は、「清明心の道徳と美意識」をめぐる議論を和辻および相良の「清明心」論へのつぎのような肯定的な評価から説き起こす。すなわち、

「清明心の道徳」という言葉は、和辻哲郎の『日本倫理思想史』に用いられてから有名になったものである。和辻はこれを神話伝説に表現されている基本的な道徳観念であると解釈し、日本人の道徳観念の最も古い形態はここに見出されると言う。さらに和辻は、この清明心の道徳が天皇崇拝思想と結びついている事実を指摘する。したがって、日本人の道徳観念はその歴史の最も古い時期から既に天皇崇拝と結びついて成立しており、それが日本の倫理思想の伝統の出発点になったという。……私はこの書における和辻の原理的主張に対して賛成するわけにはゆかないが、そこには、思想史的にみて重要な内容が含まれていると思う。……清明心の道徳が、日本人の道徳観念の最も古い表現形態であるという和辻の指摘は、基本的に正しいと思う。(44)

清明心・正直・誠という観念は、いずれも自己中心的な私利私欲を排し、心中に「一物をたくはへず、私の心なき」（親房）内面的心情の純粋さを理念とする点で一貫した共通性を示している。別な言い方をすれば、それは集団的帰属性を重視する態度であるともいえるであろう。日本人の伝統的エートスにそういう性格がつよいことをはじめて指摘したことは（和辻と相良の――引用者）両氏の功績であると思うが、私がここで言いたいのは、清明心↓正直↓誠という観念の系譜には、それぞれの時代状況に由来する意味内容の差があったのではないかという点である。清明心について言えば、この観念の背景には古代社会に特有の意味と構造が存在していたと考えられる。(45)

湯浅が和辻／相良の「清明心」理解を全面的に肯定している訳ではないことは確かであろう。しかし湯浅が、自己中心的な私利私欲を排した無私な内面的心情の純粋さを理念とし、集団的帰属性を重視する「清明心↓正直↓誠という観念の系譜」に日本人の「伝統的エートス」を見いだし、その始原に「日本人の道徳観念の最も古い表現形態」としての「清明心の道徳」を位置づけることで、和辻／相良の議論を積極的かつ批判的に継承せんとしていることもまた確かなことであるといわなければなるまい。換言すれば、その歴史心理学という方法や「周辺文明としての日本文化」という理論的枠組み、さらには「古代農村」における血縁的・地縁的な「習俗的規制力」の弱さという議論にもかかわらず、その「清明心」論においては、いまだその師・和辻の議論の呪縛から解放されてはいないということであろうか。

ところで湯浅によれば、思想史にとって「清明心」の観念に興味がもたれる理由は、①「清明心」の観念に示されている考え方が、思想史的観点から古代の国家体制と神道について考える場合の重要な手がかりをあたえること、②「清明心」の観念は日本人の道徳観念ばかりでなく、美意識や自然観とも深い関係があるように思われること、③「清明心」の観念は、日本人の独特なものの考え方・感じ方――いわゆる日本的心性――の歴史的原点がどのようなものであったかを考える手がかりをあたえるものであることの三点であるということとなる。[46]②の「清明心」と美意識や自然観との関係という論点は、和辻や相良の議論には必ずしも明確にはあらわれないものであり、まずはこの点から、湯浅の語るところに目を向けてみよう。

湯浅も――和辻や相良と同様に――『古事記』と『日本書紀』におけるアマテラスとスサノオの宇氣比＝誓約の場面に注目し、つぎのように論じる。すなわち、

ヨキ心は「キヨキ心」「ウルハシキ心」「アカキ心」であり、アシキ心は「キタナキ心」「クラキ心」である。このように、道徳的善悪の区別が美醜の区別と結びつき、さらに美醜の区別が浄―穢の区別と同一視されているところに、清明心の観念の独特な性格があらわれている。

「きれい」という日本語には「美しい」beautiful という意味と「清潔」clean という意味がある。「美―醜」ということと「浄―穢」ということは性質のちがった問題であって、前者は心理的次元における価値の対比であり、後者はいわば物理的次元における対比である。日本人の価値の感覚ではこの両者が分かれておらず、道徳意識と美意識が結びつきやすい。また日本人の美意識はその自然観と結びつくことが多く、自然美の基準の一つはその「清らかさ」におかれる傾向がある。したがって、ふつう西洋の考え方にふつうにみられるような人為（道徳）と自然の異質さを強調する考え方もあまりないのである。[47]

湯浅はこうしたキヨキ心―キタナキ心の対比の背景に、「儀礼神話以来の神観念」が存在していることに注意を喚起する。すなわち、

日本の古代人は、「山河の荒ぶる神々」の住む自然を清浄な聖域としてとらえた。神は汚れを嫌うという観念は、古代神道の習俗の中にひろく浸透している考え方である。……神に近づくには、ミソギとかハライという浄化の行為がまず要求される。このような神観念と祭祀観の中に、清浄を崇び、汚穢をしりぞける心理の母胎がある。要するに、清明心の観念の歴史的背景には、政治神話や律令制が形成されるよりはるか前の「山河の荒ぶる神」に対する畏怖の心情が存在していたということに注意しておく必要がある。(48)

こうして湯浅は「清明心」の観念の歴史的背景に、未開宗教としてのアニミズムやマナイズムの特徴をもつ「山河の荒ぶる神」に対する畏怖の心情が存在することを強調するのであるが、それにもかかわらず、「清明心の道徳」の本質に「全体性つまり集団組織に対して私心を滅して服従する」こと――すなわち「無私性＝全体性への帰依」――を見いだす和辻の議論を否定することはない。なぜなら、そこに「弥生時代以来徐々に発達してきた稲作農耕社会の習俗、特に人口灌漑設備の建設と維持のために必要な地域共同体の習俗」という歴史的母胎を見いだすからにほかならない。すなわち、

和辻が、キタナキ心は全体性の権威にそむくことであると言った背景には、このような古代農耕社会の習俗的規範が存在していたという点に、われわれは特に注意しておかなければならない。……同じアジアの稲作社会でも、タイのような東南アジア型の社会では、全体の統制にそむくことを悪とするような観念はない。われわれはここに、律令国家成立以前の、したがってまた古代天皇理念成立以前の日本人独特の道徳観念の芽生えを見ることができる、と言ってよいであろう。(49)

しかし湯浅は、吉田孝に依拠しながら、「日本の農村は八世紀（奈良時代）ごろは、まだ開墾と荒廃のたえざるくり返しであった。したがって、農民が一定の土地へ定住する習慣はまだ確立していない。……農民の定着は、鎌倉時代でもまだ確立していなかったようである」[50]と述べ、またタイの伝統的農村社会の構造が古代日本の農村の状況とよく似ていることを指摘して、[51]水野浩一がタイの伝統社会に見いだした「自分を中心として放射状にひろがる二人関係の全体」を意味する「間柄の理論」を援用しつつ、タイの伝統社会では和辻のいう「間柄」とは「全く異質な『間柄』の論理が支配しており、しかもその論理が日本の古代農村のパターンと非常によく似ている」ことに注意を喚起していたのではなかっただろうか。[52]湯浅の議論は、その師・和辻の「清明心の道徳」との距離のとり方をめぐって――すなわち、「古代農耕社会の習俗的規範」の強調と未開宗教としてのアニミズムやマナイズムの特徴への注目とのあいだで――引き裂かれ、揺れ動いているように見える。

いずれにせよ湯浅の「清明心」にとって、「統一国家の君主としての天皇の存在はまだ何の役割も果たしていない」[53]ということだけは確かである。

それでは「古代天皇制」と「清明心」との関係を湯浅はどのようなものとしてとらえようとしているのであろうか。すでに見たように、湯浅の師・和辻は「清明心の道徳」を「感情融合的な共同体」における「無私性＝全体性への帰依」を本質とする倫理思想であるとしていた。和辻によれば、こうした全体性の権威に帰依するか否かは、祭事的団結の社会にあってはこの権威を具現する統率者に帰服するか否かということにほかならず、究極においては皇祖神の権威に服するか否かに、さらには天皇の神聖な権威に帰依するか否かに帰するのであって、すなわち天皇の神聖なる権威への帰依こそがまさに「清明心」にほかならないとされていたのであった。

これに対して湯浅は、「和辻が清明心を人間関係を支配する道徳意識の問題、つまり個と全体の関係としてのみとらえ、この観念が元来神と人間の関係、つまり超越的なるものとのかかわりを母胎として生れた宗教意識の産物であることに注意していないこと」に批判の目を向け、(54)そのうえで、「現御神止大八島国所知天皇」「明神御大八州天皇」に「明き浄き心」「清き明き正しき直き心」を以て仕えよとする奈良朝の「宣命」をとりあげて、「清明心」と天皇崇拝とのあいだに、和辻のそれとは異なるつぎのような関係を見いだすこととなったのである。すなわち、

律令制下の天皇は、氏族制時代の大王家のような「同輩中の首座」ではなく、隔絶した位置に立つべき存在である。宣命はこのような姿勢をつよく押し出している。アラミカミの観念が清明心に結びつけられていることは、神に対するような畏怖の心情をもって天皇に対さなくてはならない、という訓戒を意味する。清明心は、……元来は「山河の荒ぶる神」に対するときの畏怖の心情から生れた観念である。したがって宣命は、そのような伝統的心情を、新しく形成された律令国家の君主である天皇に転用することによって、天皇という地位がどのような意味をもっているのかということを解釈しているわけである。(55)

要するに清明心の観念は、和辻のいうように政治神話の伝統が律令国家の天皇観に連続的に受けつがれたとみるものではなくて、逆に律令国家体制の成立が、統一的支配権力を確立する必要にもとづいて、古代神道の底辺のエートスと結びつきつつ、天皇を神に類比する新しい考え方を生んだものと考えられる。清明心と天皇崇拝の結びつきは、そういう新しい時代状況の転回を示している。(56)

かくして、歴史心理学という方法と「周辺文明」としての日本文化という歴史理解の枠組みに依拠しつつ、「二重の祭事的統一」の表層と底層の異質性を強調し、その底層に未開宗教としてのアニミズムやマナイズムの特徴を示し、「山河の荒ぶる神」への畏怖の心情に根ざした「古代神道」を見いだした湯浅は、「古代稲作農耕社会の習俗的規

範」をめぐる揺れをはらみつつ、その「清明心」論をつぎのようなものとして提示したのであった。すなわち、

清明心の道徳が、日本人の道徳観念の最も古い形態であるという和辻の指摘は、基本的に正しいと思う。そしてそれは、律令国家成立の時点で天皇崇拝思想に結びついた。しかし清明心の観念の歴史的源泉は、統一国家の成立よりもずっと古く、政治神話形成以前の農業習俗にまでさかのぼるものであると思われる。簡単にいえば、律令国家が成立してくる過程で、政治的上部構造の内部に「天皇」という新しい君主理念が創出されると共に、弥生時代以来、政治的次元よりも底層の習俗の中で徐々に形成されてきた「荒ぶる神々」への畏怖の心情に接合されたところに「清明心」の観念が成立したというのが私の大体の考えである。したがって天皇崇拝と清明心の道徳の結びつきは、日本民族の倫理思想の最も古い時期から存在していたわけではない。それは律令国家と共につくり出された新しい道徳理念であり、その意味において、政治的支配のためのイデオロギーとしての意義をも併せ有するものであった(57)。

湯浅の依って立つ歴史心理学という方法と「周辺文明」としての日本文化という歴史理解の枠組みは、本稿の対象である丸山眞男の「文化接触と文化変容の思想史」と「古層＝執拗低音」論と大きく共鳴しあう部分をもっていることは否定できまい。本書第Ⅰ部において、丸山が「古層＝執拗低音」として聴きとろうとしたものは――網野善彦の「飛礫」とも響き合う、「未開の野性」ともいうべき――《人類史的》基層に位置づけられ得る普遍的要素にほかならないのではないかと論じてきた筆者にとって、湯浅が「清明心」の観念の歴史的背景になによりも、未開宗教としてのアニミズムやマナイズムの特徴をもつ「山河の荒ぶる神」に対する畏怖の心情を見いだしていたことはきわめて興味深い。

しかし同時に、湯浅はあくまでもその「清明心」の基盤を、「弥生時代以来徐々に発達してきた稲作農耕社会の習俗、特に人口灌漑設備の建設と維持のために必要な地域共同体の習俗」に求めることによって——自らのタイの伝統的な農村社会との近似性の指摘を裏切るかたちで——「感情融合的な共同体」における「無私性＝全体性への帰依」を本質とする和辻の「清明心の道徳」へと寄り添いつづけようとしたことも忘れてはなるまい。

たしかに湯浅は、「清明心」と天皇崇拝を連続性においてとらえる和辻の議論を、「天皇崇拝と清明心の道徳の結びつきは、日本民族の倫理思想の最も古い時期から存在していたわけではない。それは律令国家と共につくり出された新しい道徳理念」であるとして、切断してみせた。しかし湯浅の「清明心」をめぐる議論と和辻のそれとの切断はそこに止まるものでしかなかった。

それでは丸山の「古層＝執拗低音」論は、そしてそこにおいて「倫理的価値意識」のそれとして見いだされるはずであった「キヨキココロ・アカキココロ」はどうだったのであろうか。第五章において、「古層＝執拗低音」論に先行する「原型（プロトタイプ）」論の段階における丸山の議論を、その『講義録』を素材に検討してみることとしよう。

注

（1）　湯浅前掲書、四一三—四一四頁。

（2）　同前、四八—四九頁。

（3）同前。
（4）同前、五〇頁。
（5）同前、五一頁。
（6）武田清子編、岩波書店、一九八四年。なお本書は、「同時代ライブラリー」版、岩波書店、一九九一年としても再刊されている。
（7）『集』第十二巻、所収。
（8）武田編前掲書、一一―一二頁。
（9）同前、一三三頁。
（10）同前、七頁。
（11）同前、八九頁。『集』第十二巻、一〇七頁。
（12）同前、一三九―一四〇頁。『集』第十二巻、一四六頁。
（13）『集』第十一巻、一八一頁。
（14）『集』第十巻、三一一頁。
（15）湯浅前掲書、一二一頁。
（16）同前、四四―四五頁。
（17）『集』第十二巻、一三七頁。
（18）同前、一四一―一四二頁。
（19）湯浅前掲書、一三三頁。
（20）同前、一一七頁。
（21）同前、二三頁。
（22）同前。
（23）同前、二五頁。
（24）同前、九一―九二頁。

(25) 同前、九八頁。なお文中の和辻からの引用は、『和辻哲郎全集』第十二巻、七四頁による。
(26) 同前、九九頁。なお文中の三品彰英の議論については、『日本神話論』、三品彰英論文集第一巻、平凡社、一九七〇年を参照。
(27) 同前、一九頁。
(28) 同前、二〇―二一頁。
(29) 同前、二一―二二頁。
(30) 同前、一〇一頁。
(31) 同前、一〇〇頁。
(32) 同前、一〇一頁。
(33) 同前。
(34) 同前、三四―三五頁。
(35) 同前、一〇二頁。
(36) 同前、一〇三頁。
(37) 同前、一〇三―一〇四頁。
(38) 吉田「律令制と村落」、岩波講座『日本歴史3』、岩波書店、一九七六年、所収。
(39) 湯浅前掲書、一〇五―一〇七頁。
(40) 同前、一〇七―一〇八頁。
(41) 同前、一一一頁。
(42) 同前、一一一頁以下。和辻の議論にも言及するその重要な論点を引用すれば、つぎのとおりである。「水野浩一氏はタイ社会を支配する論理を『間柄の理論』と名づけている。それは強力な集団的権威も強力な個人もなく、自分を中心として放射状にひろがる二人関係の全体を意味する。この『間柄』という言葉は、私には和辻哲郎の倫理学でいう『間柄』という言葉を連想させるのであるが、その意味内容は全くちがう。和辻のいう『間柄』は、人間関係を全体としてつつむ『場』の力関係のことであって、その『場』において全体は個人が相互否定的に対抗する弁証法的関係をいうものである。和辻のいうところに従えば、全体は個に対抗することによってはじめて全体として存立し、個は全体に対抗することによってはじめて存立する。しかしながら、結局は、個は全体に帰属し服従することによって、『場』としての『間柄』の論理と力が貫徹するところに、人と人の『間』に生きる存在としての『人間』の本質がある、というのが和辻の考え方である。このような『間柄』の論理は、日本の伝統社会、特に『家』と『村』に示される共同体規制のつよい近世農村の歴史的生の様式から生まれたものとみれば適切な感じを与える。和辻の倫理学が『日本的』とか『保守的』と評される理由もそこにある。しかしタイの伝統社会では全く異質な『間柄』の論理が支配しており、しかもその論理が日本の古代農村のパターンと非常によく似ているところに興味がもたれるのである」（同前、一一三頁）。

(43) 同前、一〇九―一一〇頁。
(44) 同前、一一六―一一七頁。
(45) 同前、一一八頁。
(46) 同前、一一七―一一八頁。
(47) 同前、一一九―一二〇頁。
(48) 同前、一二二頁。
(49) 同前、一二一頁。
(50) 同前、一〇七―一〇八頁。
(51) 同前、一一一頁。
(52) 同前、一一三頁。
(53) 同前、一二一頁。
(54) 同前、一二二―一二三頁。
(55) 同前、一二四頁。
(56) 同前、一二五頁。
(57) 同前、一一七頁。

第四章　「清明心」と民俗学

「清ら」と「清明心」

民俗学者・荒木博之は『日本人の心情倫理』[1]において、柳田国男以来の南島（琉球諸島）の民俗への関心と、和辻以来の「清明心」論を接合し、さらになによりそれを「清浄美」という日本人の「美感」の問題としてとらえるという議論を展開している。和辻―相良―湯浅による「清明心」論の展開と継承の跡を追ってきた本稿における議論の補助線として、こうした荒木の「清浄美」と「清明心」をめぐる議論をとりあげておくことも意義なしとはされまい。それは、柳田民俗学――丸山が「むろん私は『現代流行の』柳田民俗学へのもたれかかりを依然として拒否するだろう」[2]としていたのはすでにみた通りであるが――と和辻倫理思想史とのひとつの接点をしめすものであり、あるいは民俗学による「清明心」論の継承のひとつの様相をしめすものだともいえるであろう。

荒木は『日本人の心情倫理』のモチーフをつぎのように語っている。すなわち、

私はかねがね日本人には「清らかさ」「いさぎよさ」を最高の価値とする考え方が心の基底にぬきがたくあって、

それは真善美でいうならば「美感」に属すること、そしてその美感が真、善という価値を完全にさしおいて、というよりも真善美を止揚《しよう》した総合として最高の地位をあたえられているのではないかと思っていた。……ところが、日本人のこの「清らかさ」「いさぎよさ」を価値とする態度とは本質的に何なのか、またそれは何に発するのかという、じつはきわめて根元的な問いかけはこれまでまったくといっていいほどなされてこなかった。(3)

清浄を求める心はおそらく万国共通のものであるかもしれない。しかしながら日本人が希求してやまない「清らかさ」はきわめて日本独自のものであり、他民族にまずはその類例を見ないものである。……日本人が最高の価値とする「清らかさ」「いさぎよさ」とは、共同体の存在論理の前に、完全に個を揚棄《ようき》せんとする自己否定のすがすがしさに、還元できるものである。こういった自己滅却の理念は共同体論理の要請として、文化の要請としてわれわれの前にのっぴきならぬ絶対性をもって有無をいわせず存在している。日本人が「清らかさ」「いさぎよさ」を価値として称揚《しようよう》するのはまさにこの故でなければならないのである。(4)

こうした荒木のモチーフが、和辻の「清明心の道徳」――「感情融合的な共同体」における倫理思想として、「無私性＝全体性への帰依」をその本質とするそれ――を継承するものであることはもはやいうまでもあるまい。ただ荒木は民俗学者として、柳田国男以来の南島（琉球諸島）の民俗にいわば「原日本」ともいうべきものを見いだそうとする方法によって、この「清らかさ」「いさぎよさ」の価値の本質と根元にせまろうと試みるのである。荒木の議論に柳田民俗学と和辻倫理思想史の接点を見いだす所以である。

荒木が、日本人が最高の価値とするというその「清らかさ」「いさぎよさ」の本質と根元の解明のために注目するのは、『おもろさうし』をはじめとする「沖縄伝承文学」にあらわれる「清ら」という概念にほかならない。

荒木は、「昔初まりや　てだこ大主や　清らや　照りよわれ……」という国土創造を歌った「ありきゑとのおもろ」の冒頭の一節(5)や、人間に内在する悪しき要素を吹き出させ、人間浄化の結果をもたらす神のしわざと考えられていたとされる「疱瘡」を歌った「吹き出しもきよらさ　水含もきよらさ　黄味入りもきよらさ　引くがきよらさ」等々の琉歌をはじめ(6)、数多くの古代歌謡（「オモロ」や「クェーナ」）を引きながら、この「清ら」（＝「きよら」）という概念について、つぎのような結論にいたる。すなわち、

こういった場合の「きよら」をたんなる清浄美を指示する琉球方言とする考え方はいまだ充分ではないだろう。私が先に「きよら」には「美しい」だけでは包みきれない、何か至上の価値を志向するような意味の重層構造がかくされているようである、といったのは、まさにこの神とのつながりを、重層構造の根底としてある「清浄美」のなかに予感してのことであったのだ。「ありきゑとのおもろ」の冒頭句「てだこ大主や、清らや照りよわれ……」の「きよら」もまさしく神に属する太陽のキラキラしさをいう語でなければならないだろう。それはこの世のものでない至高美の対象を指示している。かくて、神なる清浄さをになったものこそ、南島の人びとが見た美の本然《ほんぜん》の姿でなければならなかった。「きよら」とはもともとこういった意味内容をになったものであり、そのような人間のイデアとしての美を、南島の人びとは「きよら」という美称辞によって表現しようとした(7)。

こうして荒木は、①南島（琉球諸島）には「清ら」（＝「きよら」）という美と清浄の両義を同時にもつ美称詞が古来存在していること、および②「清ら」（＝「きよら」）はたんなる清浄美を意味する語ではなく、もともと神にかかわるような至高の美、至高の価値を指示する名辞であったことを確認したうえで(8)、同時に、「日本の平安朝文学においても『きよら』は神なる至高の価値を指示する美称詞となっていたこと(9)」を強調することとなる。

荒木が日本の平安朝文学における「きよら」の例としてあげるのは、たとえば『竹取物語』における「この児のかたちのきよらなること世になく、屋の内は暗きところなく光満ちたり」という一節であり、あるいは『源氏物語』「桐壺」の帖の「前の世にも御契りや深かりけん、世になくきよらなる玉の男皇子さへ生れ給ひぬ」という一節などである。

荒木によれば、「かぐや姫、あるいは光源氏のように、光り輝くように『きよらなる』こと、それが古代物語主人公の必須《ひっす》の属性としてあった。しかもこういった『きよら』が同時に神に属する『汚れなき清浄さ』を内包していることは、さきの南島の『きよら』の場合とまったく同様であった」[10]という。それは、かぐや姫が月を出自とする神人に設定されていることからも、また光源氏が桐壺帝の第一皇子としてこの世に生を受けた至高至尊の存在であったことからも明らかだというのである。[11]

かくして「清ら」(=「きよら」)という概念をめぐる荒木の結論は、つぎのようなものとなる。すなわち、

われわれはここにおいて、『源氏物語』を主とする平安時代文学にあらわれた「きよら」と琉球方言の過去と現在を通じて登場する「きよら」とが少なくともその意味領域において、あるいはそれらが使用される文脈において、きわめて共通したものを分かちもっている語であることを知ることができた。

他の民俗文化の局面においても沖縄がつねに古代日本の連続としてとらえることができるように、琉球方言の「きよら」と平安時代文学のそれとは、その語法的相違の現実にもかかわらず、きわめて相似した民族の心を伝えている美称辞であるという点において、まさしくひとつのものといっていいだろう。

古代の日本人にとっても、あるいは南島の人びとにとっても、神なる清浄さこそはつねに美学の、あるいはそれを越えた真善美のイデーとして、高々と掲げられた理想の灯であった。そのきらきらしき灯《ともしび》をまさに適切にいい

あらわした表現が「きよら」なる本土と南島の分かちもつ美称辞であったということができるのではあるまいか。[12]

ところで、「沖縄がつねに古代日本の連続としてとらえることができる」というくだりについて荒木は、「残存という用語を使わずに連続という用語を用いたのは沖縄をたんなるロマンティシズムによってとらえようとする態度を拒否する心からである」と注記している。[13]にもかかわらず荒木のこうした議論の仕方に、柳田国男以来、民俗学が担ってきたとされる「南島イデオロギー」の表現を見ることはたやすいことかもしれない。

琉球諸島を「南島」と呼び、この島々に「『日本人』また日本語・日本の宗教の『原郷』・『原日本』という特別の意味付けの下に、彼らの『民俗学』のいわば〝約束の地〟[14]」を見いだそうとする柳田国男と折口信夫以来の民俗学の言説に対しては、その由来を柳田の「韓国併合」への関与やその「帝国主義」あるいは「植民地主義」を自ら隠蔽せんとするイデオロギーにもとめ、これを激しく断罪する村井紀らの「南島イデオロギー」批判[15]があることは、もはや周知のことであろう。

こうした柳田への断罪に対しては、「どうしても違和感が拭えずにきた。批判としても、随分と貧しい。負のレッテルを貼り付けて叩くやり口が、どうにも古臭い七十年代的なルサンチマンにまみれている気がした。それは結局のところ、柳田の思想的な本体には届かぬ、ただ表層を勇ましく滑るだけの批判でしかなかった、ということだ」として、柳田の民俗学が「むしろ、あきらかに反時代的な思想の構えであったことを無視するわけにはいかない。一国民俗学はある側面にあっては、確実に、植民地主義へのゆるやかな抵抗の論理でありえた。柳田は大筋においては、植民地主義への加担を拒んだのである」とする赤坂憲雄[16]にしてもまた、「北の異族・アイヌを排斥しつつ、南の同胞・沖縄を日本《ヤマト》の懐に抱き込もうとした柳田」に「独特の片寄り」[17]が存在することを否定することはない。

しかし、「〝沖縄の発見〟を跳躍台として、『一国民俗学』の組織化を果たした」[18]とされる柳田の「一国民俗学」の批判的な乗り越えをめざす赤坂が、「発生としての柳田国男を掘る」こと、「柳田のテクストの傍らをあるき、それを可能なかぎり発生的に読み抜いていく」こと――いわば「可能性としての柳田国男」を追い求めること――を試みた一連の著作[19]を通じて、『海上の道』という「柳田の最後の場所[20]」に、つぎのようなひとつの可能性を読みとっていたことも忘れてはなるまい。すなわち、

> 民俗学／民族学の〝未来の融合〟は、太平洋上に点在する島々を舞台として現実のものになる、そんな期待が静かに浮かび上がる。そして、戦後間もなく始まった南島研究の復興こそが、この〝未来の融合〟のための新たなひとつの機縁となるのではないか、そう、柳田はやはり願望とともに語っていたのである。南島はいま、「日本」という身体の受肉化に奉仕する特権的な場所という位相を越えて、民俗学／民族学の将来の融合のための要石として、また、民俗学という〝比較の学問〟が、その方法をはるか太平洋上の島々に伸ばしてゆく触媒の役割をになう、もうひとつの特権的な場所として発見される[21]。
>
> こうして南島つまり沖縄の島々は、その、さらに南方に拡がっている世界に向けて、はるか遠く開かれてゆく将来の民族学、いや民俗学のための跳躍台となり、列島の内／外を繋ぐ媒介の地として見定められたことになる。日本《ヤマト》の島々―沖縄の島々―太平洋上の島々と連なる〝島々の史学〟は、もはや一国民俗学の領土の外部へと、少なくとも柳田の志向のなかでは大きく踏み出していた、といっていい[22]。

むろんあくまでも南島（＝琉球諸島）と古代日本との「連続」を問題とし、「残存という用語を使わずに連続という用語を用い」ることで、「沖縄をたんなるロマンティシズムによってとらえようとする態度を拒否」しようとする

に過ぎない荒木に、赤坂が見いだしたような「可能性としての柳田」を直ちに重ね合わせようとは思わない。ただ、「清ら」（＝「きよら」）という概念をめぐるこうした荒木の議論にもまた、その「南島イデオロギー」の故に無視すべきものとして捨て去ることのできない、「日本《ヤマト》の島々―沖縄の島々―太平洋上の島々と連なる〝島々の史学〟」の「可能性」へのひとつの手がかりとして、耳を傾けるべきものがあるかもしれないのだということを指摘しておくにとどめたい。

さて荒木は、こうした「清ら」（＝きよら）についての議論から、かの明恵上人の「あかあかや　あかあかあかや　あかあかや　あかあかあかや月」という歌を手がかりに、日本人の美意識における「清浄志向」の分析へと向かうのであるが、本稿でそれをとりあげる余裕はない。

注目すべきは、これらにつづいて荒木がくりひろげる、日本の共同体とそこにおける神の問題をめぐる議論であり、さらにこれらと「清明心」＝「清《す》み明き心」との関係をめぐるそれであろう。

「住む」＝「澄む」と「シマ的ミクロコスモス」

南島（＝琉球諸島）と古代日本との「連続」を問題とする荒木が、ここでも「日本的共同体の原型」を沖縄の共同体に求めようとすることはいうまでもあるまい。

「アラハンサガのクェーナ」あるいは「国立のクェーナ」と呼ばれる古謡や『中山世鑑』に見られる琉球神話を例にあげて荒木が見いだすのは、「日本的共同体の原型」としての「沖縄的共同体」発生の二つの前提、すなわち①「島立ち」、「国立ち」がいわば漂泊の結果としてある定着行為であったことと、②こうした「島立ち」、「国立ち」にさいしてのもっとも重要な前提は、嶽《たき》すなわちウタキにふさわしい聖なる森を選定することにあったという事実であった。(23)「沖縄的共同体」の発生――それゆえ「日本的共同体の原型」のそれ――において、「漂泊の結果としてある定着行為」があったというのは、荒木独自の視点にほかならない。すなわち、

　私は先に島立ち、国立ちが漂泊の結果としてある定着行為であると規定したが、人が水稲栽培的農耕文化について語る場合、その漂泊の要素が語られることはほとんどなかったといっていい。これまで民俗学者も社会学者も日本的稲作民文化の定住的共同体構造について、あるいはその定住的生活様式についてきわめて多くを語ってきたけれども、漂泊はつねにそれらの学問の主題から不当に忘却されつづけてきたと思う。(24)

　荒木がこの「漂泊の結果としてある定着行為」にこだわるのは、後に見る「清明心」＝「清《す》み明き心」についての荒木の議論と、さらには「スメラミコト」――それは「統《す》ぶ」という動詞に由来するのではなく、西郷信綱が指摘するように「スメカミ」「スメロキ」とともに「澄む」というそれに由来するとされるのだが(25)――という天皇の呼称をめぐる問題とも、大きく関わってくるからである。というのは《あちこち動きまわるものが、一つ所に落ちつき、定着する意》とされる「住み・棲み」と、《浮遊物が全体として沈んで静止し、気体や液体が透明になる意》とされる「澄み・清み・済み」とは同根のものなのであって、まさに「『住む』ことは日本人にとって、『済む』ことおよび、『澄む』ことと同義であった(26)」からにほかならない。すなわち、

　「澄む」は「濁り動いているものが清らかになり、そして静止する」ことであるとするならば「澄む」ことは「済む」ことであり、そして静まりとどまること、すなわち「住む」ことでなければならなかった。「住む」ことが

「済む」ことでありまた「澄む」ことであるという言語的事実は、日本における「定住」がいかに漂泊の終りにあたえられるものであったかを、またいかに神聖共同体における神との同一化の行為であったかをまことに劇的に裏づけてくれる。(27)

（『古事記』の須佐之男が高天原から出雲に至りヤマタノオロチ退治の後に、「吾此地に来て、我が御心須賀須賀《すがすが》斯《し》」といって須賀の地に宮を造営した神話など三つの説話を引いたうえで――引用者）いまあげた三つの説話は、日本人にとって「住む」ことが「済む」ことであり、そしてとくに「澄む」ことであった古代の心性がまぎれもない形で映し出されたものといえよう。……この変哲もない共通の話のなかに、われわれは日本の古代的共同体のあり方を、イデーをまざまざしい姿で知ることができる。神性とかかわる人が流離の果てに神とともに住むべき地に辿《たど》りつく、それが日本のムラであった。(28)

流離の末に人は心澄ますべき地にたちいたる。すさび荒ぶる心は鎮《しず》まり、今や一点の惑いも存在していなかった。「斯は実に住むべき国なり」、かくて速須佐之男命は鎮座して神になるのであった。(29)

荒木によれば、こうして漂泊と流離の結果たちいたるべき「心澄ますべき地」に、南島（＝琉球諸島）においては、「島立ち」「国立ち」において選定された「聖なる森ウタキ」をその精神の中心にいただく、通常「シマ」と呼ばれる――前面をはるか南海上にひらけしめ、三方を山に囲ましめた沖積台地上に発達した、きわめて孤立的、閉鎖的な――共同体が、そして日本においては、神奈備《かんなび》山や御室《みむろ》山といった名で呼ばれる――おそらくはウタキと同一の性格をそなえた神なる山の――「聖なる森」（＝「鎮守の森」）を中心とする「ムラ的共同体」が展開することと

なったのだというのである。(30)

その成員にとって唯一無二の場であり、孤立的・閉鎖的な「全体社会的ミクロコスモス」であったとされる「シマ的ミクロコスモス」の構造について、荒木はつぎのように論じる。すなわち、

ウタキの神域が定められると、ウタキにもっとも近い麓に基本宗家たる根所《ニイドウクル》が建てられる。……根所はムラの開拓者、創立者の家であるとともに、そこを通じて、根元の地、祖先の地へと連帯すべき特別な所を意味していた。根所が共同体において絶対ともいうべき権威を付与されているのは根所が聖なる森ウタキを通して、はるかなる根元の国、祖霊の国とかかわるところであるからである。根所は家長としての根人《ニイチュウ》、と家長の妹、あるいは姉であるところの根神《ニイガン》から成っている。根人は共同体の政治的主権者であり、根神はその宗教的、祭祀《さいし》的主権者であった。根所は共同体の基本宗家として小宇宙の絶対的主権を付与された門閥《もんばつ》であるとともに、はるかなる海の彼方に存在する根元の国の権威に隷属すべき構造の二重性を保持していた。その構造的現実がなかったならば、根人対根神、按司対ノロ、国王対聞得大君、という見事な対応関係は社会構造的にとうてい不可能なことであっただろう。……この兄対妹、あるいは弟対姉という対応関係はピラミッド型に下から上へと縦的、階層的につみあげられて国王、聞得大君という頂点の対応にいたるのである。(31)

荒木がこうした「シマ的ミクロコスモス」と同様の構造を古代日本に見いだすのは、『魏志倭人伝』における卑弥呼対弟王の記述――あるいは天皇対斎王をあげることも可能であろう――との類似性や、南島のニライカナイと『古事記』『日本書紀』における「根之堅州国」ないし「根国」との対応性などに依拠してのものであることはいうまでもあるまい。かくして荒木は、「水稲栽培的ミクロコスモス」の孤立性、封鎖性、全体社会性(32)――換言すれば「日

本の共同体の神性」――について、つぎのように喝破する。すなわち、

シマ的ミクロコスモスの中心にはウタキに対応する共同体の神が鎮座し、そのシマの境界の内部は神によって聖別され、神ながらの国魂の神がうはしく神聖にして犯すべからざる特別の聖域となるのである。

日本の共同体の神性は、聖なる森に鎮座する共同体の神と、その神の意志を体現し、村びとを政治的に統治するムラ長と、共同体の神と同一化し、みずからも神となりえた司祭者を頂点とする共同体構造のダイナミックスから生れてきた。

このようなダイナミックスは、シマ的共同体がさらに上位の共同体（たとえば郡レベルの）に統合的に隷属し、そこを通して、さらに最高位の国家というレベルの共同体の下部構造となることによって、幾何級数的に強力なものとなってゆく宿命をになっている。シマ的共同体の神は最後に国家的レベルの共同体の最高神に吸収、統合されることによって、あるいは、国家的最高神と自己同一化するというプロセスを経ることによって、きわめて独自の絶対化を遂げてゆくことになるのである。[33]

こうした荒木の「日本的共同体」（＝「シマ的ミクロコスモス」）への理解が、第三章でみた湯浅泰雄が「二重の祭事的統一」の底層に見いだした――タイの伝統的農耕社会にさえ比肩されえ、未開宗教としてのアニミズムやマナイズムの特徴をもつ「山河の荒ぶる神」に対する畏怖の心情こそが見いだされるべき――それとは、大きく隔たったものであることはいうまでもない。荒木の「日本的共同体」（＝「シマ的ミクロコスモス」）はむしろ、和辻がその本質を「無私性＝全体性への帰依」として把握した「清明心の道徳」の母胎たる「感情融合的な共同体」に通じるものであることは疑うべくもあるまい。

しかし湯浅が和辻の議論に対して、「清明心を人間関係を支配する道徳意識の問題、つまり個と全体の関係としてのみとらえ、この観念が元来神と人間の関係、つまり超越的なるものとのかかわりを母胎として生れた宗教意識の産物であることに注意していない」という批判[34]を投げかけていたことを思いおこすならば、荒木の議論は和辻のそれ以上に「感情融合的な共同体」における「神と人間との関係」に踏み込んだものとなっているのだといえるかもしれない。

それでは荒木は、こうした「日本的共同体」（＝「シマ的ミクロコスモス」）における神――すなわち、聖なる森に鎮座する共同体の神――なるものをいかなるものと見ているのであろうか。それはいうまでもなく湯浅が見いだしたようなアニミズムやマナイズムの特徴をもつ「山河の荒ぶる神」ではありえないということになろう。

荒木は、「アニミスティックな自然霊的神」と「共同体の神」との峻別をもとめて、つぎのように論じる。すなわち、

> アニミスティックな自然霊は共同体の垣を越えて山野に跳梁《ちょうりょう》する神である。それは日本人の自然認識の態度、自然とのかかわり方と深くつながっている。これに対する共同体の神は、等質的共同体の神というあり方、機能のなかで日本的普遍性を与えられているとともに、所与の共同体にのみ示現するという点において、もっとも個別的、閉鎖的な神であった。日本の神の創造のはたらきは一定の空間的限界をもっていて、その境界の外におよばず、クヌチの神はクヌチの人草にのみ恵みを与え、クヌチの人草からのみ祭りを受けたとする石田一良氏の考え方は、まさに日本の神が共同体の神であったことを別の言葉で言っているのである。
>
> 日本の神は共同体とともに存在し、共同体とともに消滅してしまう。ふたたびいうならば日本の神は共同体そのものであり、共同体の論理、意志そのものであったからである。[35]

それでは、湯浅がいうような「山河の荒ぶる神」ではなく、「共同体そのものとしての神」と人間との関係でとらえられた「清明心」＝「清み明き心」とははたしていかなるものなのであろうか。さらには、こうした「清み明き心」と「スメラミコト」（＝「澄み」に由来する称号にほかならない）としての天皇との関係とは、荒木によっていかなるものとされていたのであろうか。いよいよそこに目を向けなければなるまい。

「清み明き心」と「スメラミコト」

荒木によれば、「日本的共同体」（＝「シマ的ミクロコスモス」）における神――すなわち、聖なる森に鎮座する共同体の神――とは、「共同体そのもの」であり、「共同体の論理、意志そのもの」にほかならなかった。それゆえにこうした神は、「個の論理の完全な否定の上に示現するという宿命をになっている」のだと荒木はいうのである。すなわち、

なぜならばこの完全なる否定は、共同体論理の完全なる肯定を意味するからである。かくて、日本の神は、個の論理の完全なる否定、共同体論理の完全なる肯定のうえに示現する、というきわめて重要なる属性を付与されてたち現われることになる。日本の神が私的性格を廃棄したきわめて没個性的な存在として示現するのも、こういった、日本の神が共同体論理の完全な肯定のうえにのみ存在しているという日本的事情によっている。そうでなければ共同体の成員の心の総合としての論理の絶対性は、理論的に成立しなくなるからである。また、共同体の論理が、縦的に上位共同体のなかに自己否定的止揚をとげてゆくメカニズムのなかにあっては、共同体の論理それ自体

が没個性的であることを要請されるからである。かくて日本の神は祀る側に、神論理への絶対的帰依としての没個性を要請するものであると同時に、みずからもその個性を止揚することによって全き清浄さを誇っているかに思える。(36)

先にみたように、荒木が日本人にとっての最高の価値として見いだした「清らかさ」「いさぎよさ」とは、「共同体の存在論理の前に、完全に個を揚棄《ようき》せんとする自己否定のすがすがしさに、還元できるものである」(37)とされていた。それゆえ荒木によれば、こうした「自己否定のすがすがしさ」、個性を止揚した「全き清浄さ」こそが、「清明心」＝「清み明き心」の核心をなすこととなるのである。

そしてそれは「住む」＝「澄む」という問題によっても換言しうる。すなわち、

日本にあっては、……「住む」ことはすなわち「澄む」ことであり、「澄む」ことによって神とともに一つになること、あるいは神そのものになることであった。日本人が「澄む」ことに最高の価値を見てきたのは「澄む」ことが神の論理への絶対的な帰依を意味しているとともに、「澄む」ことが神そのものの属性につながっているからにほかならない。(38)

もはや、日本人にとって、定着することが汚れを浄化し、心をひたすらに鎮めることによって神の、あるいは共同体の絶対的論理に帰依することであるということは疑いをさしはさむ余地のない自明のものとなった。「あかく、たゞしき心」とは、……共同体の論理に、あるいは天皇の論理に、ひいては神の論理に一片の疑いもさしはさむことなく帰順する心をいうのである。(39)

したがって荒木にとって、「清明心」＝「清み明き心」とはなによりもまず、つぎのようなものとして把握されることとなるのである。

　日本的共同体は、おそらく原初的には、中心に聖なる森ウタキを頂き、ウタキに直属する根所の根人、根神の、神の意志を体した絶対的支配体制のもとに、神への私心なき帰依を誓った民草によって構成されていたと思われる。こういったきわめて特別な神聖共同体にあっては、民草は神への絶対的帰依、一点の私心もさしはさまない心、すなわち、「すみあかき心」をイデーとして要求される。なぜならば日本の神は、個性の全き否定の上にたった「すみあかき心」のみに示現し給うからである。[40]

　荒木の「清明心」＝「清み明き心」もまた、和辻の「清明心の道徳」と同様に、「個性の全き否定」＝「無私性」を本質としている。しかしそれは和辻の「個と全体との関係」を軸にとらえられた「感情融合的な共同体」における「無私性＝全体性への帰依」ではなく、むしろ「神と人間との関係」を軸にとらえられた「神聖共同体」におけるそれだったのである。

　そして最後に、荒木の「シマ的ミクロコスモス」としての「神聖共同体」の絶対性が、「シマから上位共同体へ、そこからさらに最高位の共同体へという縦的構造のメカニズムのなかで幾何級数的な力を与えられてゆく」[41]のだとすれば、そのピラミッドの頂点に「澄む」に由来する「スメ」をその名に頂く「スメラミコト」（＝天皇）が位置することとなるのも至極当然のことだとされなければなるまい。まさに「『澄む』意を内包しているスメ神、スメラミコトこそ、清浄の価値の頂点に立つ神の論理そのものを指示している語[42]」にほかならないのである。ゆえに荒木は

――和辻と同様に――つぎのように結論づけることとなる――「かくて清明心、浄き心、あかき心は、神としての天皇への私心なき忠誠心をいうのであった」――と。

こうして柳田以来の民俗学の南島（＝琉球諸島）の民俗への関心と和辻の『日本倫理思想史』との接点に立つ荒木の議論は、いくつかの微妙なズレをともないながらも、「天皇への私心なき忠誠心」という和辻と同様の結論へと収斂したかのように見える。

しかし南島（＝琉球諸島）への関心が、赤坂憲雄が垣間見た「日本《ヤマト》の島々―沖縄の島々―太平洋上の島々と連なる〝島々の史学〟」の「可能性」へと開かれる時がいつか訪れたとしたら、そこにはいかなる「清明心」像が結ばれることとなるのであろうか。筆者が本書第Ⅰ部で指摘した石母田正の議論を思い起こすまでもなく、そこには荒木のそれとは全く異質な何ものかが隠されているのかもしれない。しかしそれは本稿の議論の到底及び得るところではあるまい。

注

（1）荒木前掲書。
（2）丸山『自己内対話』、一一九―一二〇頁。
（3）荒木前掲書、三頁。
（4）同前、四―五頁。
（5）同前、一二頁。

（6）同前、二一―二二頁。
（7）同前、二四頁。
（8）同前、一五八頁。
（9）同前。
（10）同前、三一頁。
（11）同前。
（12）同前、三八―三九頁。
（13）同前、三九頁。
（14）村井紀『新版 南島イデオロギーの発生――柳田国男と植民地主義』、岩波現代文庫、二〇〇四年、四頁。
（15）村井前掲書、参照。
（16）赤坂憲雄『海の精神史――柳田国男の発生』、小学館、二〇〇〇年、二頁。
（17）同前、五六二頁。
（18）同前、五七三頁。
（19）赤坂『山の精神史――柳田国男の発生』、小学館、一九九一年、同『漂泊の精神史――柳田国男の発生』、小学館、一九九四年、および同前掲書、参照。
（20）赤坂『海の精神史――柳田国男の発生』、五五七頁。
（21）同前、五五三―五五四頁。
（22）同前、五五四―五五五頁。
（23）荒木前掲書、一〇九頁。
（24）同前、一一四頁。
（25）西郷信綱「スメラミコト考」、『神話と国家――古代論集』、平凡社、一九七七年、所収、参照。
（26）荒木前掲書、一三二頁。
（27）同前。

(28) 同前、一三五―一三六頁。
(29) 同前、一三七―一三八頁。
(30) 同前、一一八―一一九頁。
(31) 同前、一一二―一一三頁。
(32) これに関する荒木の議論については、荒木『日本人の行動様式――他律と集団の論理』、講談社現代新書、一九七三年、参照。
(33) 荒木前掲書、一一九頁―一二〇頁。
(34) 湯浅前掲書、一二二―一二三頁。
(35) 荒木前掲書、一二一―一二二頁。なお、石田一良「神道の思想」、日本の思想14『神道思想集』、筑摩書房、一九七〇年、参照。
(36) 同前、一二六頁。
(37) 同前、五頁。
(38) 同前、一三八頁。
(39) 同前、一三九頁。
(40) 同前、一三九―一四〇頁。
(41) 同前、一二七頁。
(42) 同前、一五九頁。

第五章　倫理意識の「原型」

『丸山眞男講義録』と「原型（プロトタイプ）」論

本稿の「はじめに」でも述べたように丸山眞男の「古層＝執拗低音」論は、（イ）「歴史意識（あるいはコスモスの意識）」、（ロ）倫理意識、（ハ）政治意識という三つの領域において展開されることが構想されていたのだが[1]、まとまった論考として公刊されたのは、「歴史意識の『古層』[2]」のみにとどまり、それは未完のままに遺された課題となったのである。

本稿の考察の対象である倫理的価値意識の「古層＝執拗低音」については、「歴史意識の『古層』」に、つぎのような言及が遺されていることはすでに見たとおりである。すなわち、

したがって血縁的系譜の連続性に対する高い評価にしても、一方ではたしかにいわゆる祖先崇拝としてあらわれるけれども、それは尚古主義に傾くよりはむしろ赤子《あかご》の誕生の祝福に具体化される。生誕直後の赤子は「なりゆく」霊《ひ》のポテンシャリティが最大であるだけでなく、キヨキココロ・アカキココロという（本稿では主題の関係上

ふれなかったが）、倫理的価値意識の古層からみても、もっとも純粋な無垢性を表現しているからである。(3)

丸山が倫理的価値意識の「古層＝執拗低音」として抽出せんとしていた、この「キヨキココロ・アカキココロ」なるものが、すでに前章までに検討した和辻哲郎とその系譜に連なる相良亨、湯浅泰雄、荒木博之らが問題とした「清明心の道徳」ないしは「清明心」と深く関わるものであったことはいうまでもあるまい。

しかし、「感情融合的な共同体」における倫理意識として、「無私性＝全体性への帰依」をその本質とするものと把握された和辻の「清明心の道徳」——前章までの検討から明らかなように、相良、湯浅、荒木の「清明心」もこうした和辻の理解を否定するものではなかったのだが——と、「生誕直後の赤子は『なりゆく』霊《ひ》のポテンシャリティが最大であるだけでなく、キヨキココロ・アカキココロという……倫理的価値意識の古層からみても、もっとも純粋な無垢性を表現しているからである」という丸山の言及とのあいだには、きわめて大きな断絶が横たわっているようにも思われる。

「清明心」＝「キヨキココロ・アカキココロ」をめぐる、和辻——さらには、相良、湯浅、荒木——と丸山の把握のあいだには、いったいいかなる相違があるというのであろうか。こうした問いに答えていくことが本稿全体の課題であることはいうまでもない。

「キヨキココロ・アカキココロ」という倫理的価値意識の「古層＝執拗低音」について、これを直接的な主題とした論考は遺されていないものの、幸運なことに「古層＝執拗低音」論が成熟していく過程の「原型（プロトタイプ）」論の段階における丸山の考察が、東京大学法学部における『講義録』として遺されている。飯田泰三、平石直昭、宮村治雄、渡辺浩の諸氏によって編集・刊行された『丸山眞男講義録』(4)——とりわけその［第四冊］［第六冊］［第七冊］——がそれである。

「原型（プロトタイプ）」という問題が東京大学の「日本政治思想史」講義（一九六六年度までは制度上は「東洋政治思想史」講義の名称で行なわれている）において語られるようになるのは一九六三年度からであるが[5]、その翌年の一九六四年度から東大法学部での実質的に最後の講義となる一九六七年度のそれまでの四年間の講義は、古代天皇制から近世国学までの通史を連続的に講述する形式で展開され、一九六四年度（［第四冊］）、一九六六年度（［第六冊］）、一九六七年度（［第七冊］）の講義の冒頭にそれぞれ「原型（プロトタイプ）」についての考察が位置づけられていた。

本章では、この三冊の『講義録』に遺された丸山の「原型（プロトタイプ）」論の展開とそこにおける「清明心」＝「キヨキココロ・アカキココロ」の位置づけを、のちの「古層＝執拗低音」論への成熟過程の追跡を目指しつつ、さらに前章までで明らかにした和辻以来の「清明心の道徳」をめぐる議論の系譜との交錯を念頭に置きながら、検討してみることとしたい。

なおこの『講義録』はあくまでも、丸山が遺した「膨大な講義準備資料や草稿・ノート類」――とりわけ丸山自筆の講義ノート（ルーズリーフ・ノート）と史料ノート――や「東大生協・出版教材部が毎年聴講学生に委嘱して作ってきた講義録プリント」――その一部は丸山自身が校閲し、加筆・修正を施している――ならびに聴講生であった佐々木毅（［第四冊］）、品川萬里、伊藤彌彦（以上［第六冊］）、尾形純男、平石直昭（以上［第七冊］）の諸氏の筆記ノートなどを参照して、さきの四氏の編集委員によってテクスト化され復元されたものにほかならない[6]。しかし、各巻の詳細な「凡例」や「解題」によって、その編集経過も明確化されており、テクストの信頼性はきわめて高いものだと判断しうる。したがって本稿では、『講義録』のテクストをそれ以外の丸山の著作に対するのと同様に取り扱い、必要に応じて、そのままのかたちで引用している。本稿は、必ずしも丸山の著作についての文献学的検討を目指すものではないという点もふまえ、この点をご了解いただきたい。

思考様式の原型《プロトタイプ》（一九六四年度講義）

「原型」の基盤

『丸山眞男講義録［第四冊］日本政治思想史一九六四』に復元されている丸山の議論は、のちに「古層＝執拗低音」論へと展開していくこととなる「原型（プロトタイプ）」論の最も初期の姿を伝えてくれるものであるといえよう。

まず確認しておくべきことは、そこで丸山が「原型《プロトタイプ》」によって提示しようとしているイメージは——一九六六年度講義（『講義録［第六冊］』）や一九六七年度講義（『講義録［第七冊］』）には、すでに現われることのない——「鋳型」を打ち出すものとしてのそれであったということである。丸山が最初に提示した「原型」のイメージが、こうして後の「古層＝執拗低音」のそれとはかなり大きく隔たったものであったということは、「原型（プロトタイプ）」論から「古層＝執拗低音」論への展開を追いながら、そこにおける「キヨキココロ・アカキココロ」という「古層＝執拗低音」の意義を解明していこうという本稿の課題にとって、大いに注目すべきものであろう。

ともあれ丸山の提示する「鋳型」を打ち出すものとしての「原型」のイメージはつぎのようなものであった。すなわち、

原型とは、社会的結合様式および政治的行動様式の原初的形態、ならに神話・古代説話に現われた思考様式および価値意識（文化）をいう。前述した〔「思想の成層」の〕Dレヴェルにおいてとくに持続的〔に作用し、そこから〕鋳型が打ち出される→文化継受と発展のパターン、ならびに「政治的なるもの」が実際に歴史の場で作用する様式となる。〔ここで追求するのは、〕文化《カルチュア》の原型から、政治的思考にどのような鋳型が打ち出されたか、政治的

「伝統」――持続的に支配的な傾向〔としての〕――の由来と淵源はどこにあるか、という問題である。(7)

ここで丸山がいう「思想の成層」のDレヴェルとは、丸山がこの講義の「まえがき」において、図1のような形で提示したものであるが、こうした「思想の成層」という議論はその後の一九六六年度講義（『講義録［第六冊］』）や一九六七年度講義（『講義録［第七冊］』）にも若干の修正を加えつつ踏襲されるものであり、「原型（プロトタイプ）」論の重要な前提となるものである。

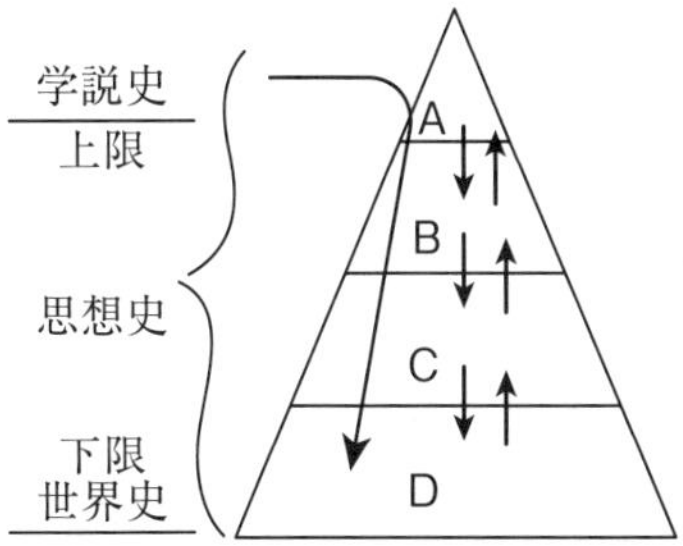

図1　思想の成層
（出典）『丸山眞男講義録［第四冊］』21頁より作成。

丸山によれば思想とは、無意味な混沌のなかに生き続けることのできない人間が、自分の環境に意味を賦与し、それを再吟味し、適応するという人間と環境との相互作用から発生するものにほかならない。ただ人間と環境とのあいだに安定した関係が保持され、出来事に対する意味賦与が習慣化しているときには、思想は思想として、人間の自覚にはのぼってこないのであって、人間と環境とのあいだの安定した関係が破れ、出来事に対して新しい意味賦与を行なう必要が出てくると、この意味賦与の作用自体が自覚され、これが思想の展開を引き起こすのだという。しかし、思想自身のなかに立ち入って思想を眺めると、自覚的反応といっても、抽象性・体系性のレヴェルがいろいろあり、そこにつぎのような「思想の成層」が見いだせるというのである。(8) すなわち、

Aは、学者・思想家・政治指導者の学説・理論・世界観で、経験的命

題（事実の叙述と分析）から形而上学、価値体系までを含む。高度に体系的、抽象度がもっとも高い。〈世界の構成要素間の意味連関や時間的継起の連関（因果関係など）を包括的に考察し、刺激と反応との間の距離がもっとも大きい。〉

Bは、その時代の個々の問題に対する一般社会の意見（世論）、これもかなり自覚的である。〈個別的問題に対する意味賦与であり、Aに比して抽象度と体系性において劣る。しかし、B自体にも抽象的なものから具体的なものまで、さまざまなレヴェルで存在する。〉

Cは、〈他の時代からその時代を区別し特徴づける〉「時代精神」とか時代思潮とかいわれるもの。より非自覚的だが、必ずしも非理性的なものではない。〈A・Bに比して自覚性において劣り、しかも誰々の思想というように特定できず非人格的である。〉

Dは、価値意識、生活感覚、生活感情、〝ムード〟。実生活とほとんど密着した情緒や感覚で、むしろ非合理性を本質とする。〈もっとも自覚性が低い。このレヴェルで行動する場合には、刺激と反応の距離がもっとも短く、直接的である。〉

上層（上のレヴェル）ほど目的意識的で、形態性が明確であり（〔いわば〕固体）、下層ほど自然生長的で、形態性を欠き、流動的である（〔いわば〕気体）。〈Dの下限では、刺激と反応との間の時間がほとんどゼロとなり、思想のレヴェルから脱落する。……〉(9)

この段階で丸山がいう「原型」とは、まさにこのような「思想の成層」のDレヴェルにおいてとくに持続的に作用し、そこから「鋳型」が打ち出されるというようにイメージされたものだったのである。加えて丸山がこの「思想の成層」について、「政治思想について見ると、いわゆる政治的後進国ほどAが現実を引っぱる力が強く、外から入ってきた学説、理論がA↓B↓C↓Dと下がってゆき、生活感覚のなかに沈殿する」[10]としていることにも注目しておこう。この論点は、その後の一九六六年度講義（『講義録［第六冊］』）や一九六七年度講義（『講義録［第七冊］』）に、その重要性を増しつつ引きつがれ、やがて「古層＝執拗低音」論へと昇華していくはずだからである。

さて丸山によれば、こうした「原型」の持続性が――技術・交通手段の発展と相関的であるがゆえに宿命的規定性をもつわけではないにしても――日本の地理的位置＝大陸からの空間的距離という自然的所与によって規定されたものであると語られていたことはいうまでもない[11]。

ここでもすでに丸山は、イギリスおよび南太平洋諸島と対比しつつ、つぎのように論じていたとされる。すなわち、

> 日本文化を見るとき、つぎのような特徴があることに気づく。一つには、〉外来文化の刺激で、旧来の生活文化が根底から覆ったり、滅びさるには、あまりに自足性〈と連続性〉が強い。しかし〈二つには、〉完全な閉鎖的自足性を維持するには、あまりに〈優秀な大陸文化からの〉外的刺激を受けやすいという、まさにそういう距離において、早くから高度の文明を発達させていた中国大陸に面していた〔ということである〕。〈そして、これら二つの特徴は、日本のいわゆる島国性の実質的内容を決定するのに、きわめて重大な意味をもっていると考えられる。……
> 〈このような説明から理解されるように、日本文化の発展の場は、世界的文明を代表していた世界帝国を隣にひかえ、しかも、それに全く圧倒されるほど近すぎもせず、逆にそれと全く無関係に閉鎖性を維持しうるほど遠すぎもしなかった。そしてそこに、日本の文化と思想の出発点の〈日本文化のパターンの―後筆〉独自性が存在したのである[12]。

丸山はこうした自然的・空間的所与に規定された日本の文化と思想の出発点の独自性を、①日本は歴史的古代から、人種的、言語的、文化的に高度の民族的同質性を保持して今日に至っていること、すなわち、日本列島が政治的に統一されるはるか前から、日本人は高度の民族的同質性をもっていたこと、②水田稲作という社会の底辺における支配的生産様式と、それに結びついた共同体的規制、宗教儀式（農耕儀礼、アニミズムとシャーマニズム）の持続性が強かったこと、③後続するヨリ高度の文化形態の重畳的累積および基底との相互作用、すなわち基底は根本的変革を蒙らないが、上層はつねにその時代における先進的な文化と接し、テクノロジー・政治・経済制度がこれに適応して変化するという、持続性と変化性の二重構造が存することの三点に整理した。[13]

とりわけここで丸山が、「日本において特徴的であったことは、ヤマタイ国からヤマト国家への発展過程に見られるごとく、血縁ないし祭祀共同体から政治的権力への移行が連続的に行なわれると同時に、その支配形態の変化、すなわち祭祀共同体の首長から政治的権力の主体への移行も、連続的発展として現われたことであった」[14]とし、資本制が〝半封建的〟基盤のうえに発展したという近代資本制国家における問題もふくめ、「日本の特殊性として、社会結合における同族団的結合があげられねばならない」ことを強調していた点に注目しなければなるまい。[15]

こうした丸山の「血縁ないし祭祀共同体」や「同族団的結合」の持続性という「日本の特殊性」の把握、さらにはその基礎にある水田稲作という社会の底辺における支配的生産様式の持続性の強調は、少なくともこの段階での丸山の議論が――とりわけ、血縁ないし祭祀共同体から政治的権力への移行の連続性の指摘に見られるように――本稿第一章で見た和辻のそれとかなりの親近性をもつものであったということを示していよう。

丸山が後に展開する「古層＝執拗低音」論において、「古層＝執拗低音」は、「直接には開闢神話の叙述あるいはその用字法の発想から汲みとられているが、同時に、その後長く日本の歴史叙述なり、歴史的出来事へのアプローチの仕方なりの基底に、ひそかに、もしくは声高にひびきつづけてきた、執拗な持続低音（basso ostinato）を聴きわけ、そこから逆に上流へ、つまり古代へとその軌跡を辿《たど》ることによって導き出されたもの」[16]ないしは「日本神話のなかから明らかに中国的な観念……に基づく考え方やカテゴリーを消去」していき、そこに残るサムシングを抽出するという消去法によって発見される「断片的な発想」[17]だとされていた。しかしこの段階における丸山の「原型」は、むしろこうした——和辻の議論にも通じる——「血縁ないし祭祀共同体」や「同族団的結合」の持続性、さらにはその基礎にある水田稲作という社会の底辺における支配的生産様式の持続性という「原型」の基盤ともいうべきものからこそ導出されているかのように思われる。こうした点こそ、筆者が「原型」論から「古層＝執拗低音」論へのある質的な発展を認める所以なのであるが、この問題について、ここで立ち入る余裕はない。

ともあれ丸山は、ここでつぎのような結論にいたる。すなわち、

日本の空間的所与と、それに制約された文化的発展の型は、数百年、数千年にわたって、日本の思想史上にさまざまな刻印を押してきた。そしてそれは歴史上の個々の思想についていえるのみならず、今日においてもさまざまな形でわれわれの思考様式を規定している。[18]

ちなみにここで丸山は、「このような特徴は、『くに』についての意識にも同様に表われている。自然的所与としての日本の島国性は、国家・国境・国籍等を人為的なものとして意識させず、機構としての国家さえも民族的共同体と同じレヴェルで捉えるようにわれわれを習慣づけてきている」[19]と論じているが、ナショナリズムをめぐるこの論点については、次節で検討する一九六六年度講義（『講義録［第六冊］』）でより立ち入った言及がなされており、そこであらためて問題とすることとしよう。

さて、このような自然的・空間的所与と、それに制約された文化的発展の型という基盤への認識に導かれて、丸

山が再構成してみせる「原型的世界像」とはいかなるものであり、「清明心」ないし「キヨキココロ・アカキココロ」はそこにおいて、はたしていかなる位置をあたえられていたのであろうか。それがつぎの問題である。

「原型的世界像」

すでに何度も指摘してきたように丸山の「古層＝執拗低音」は、日本神話のなかから明らかに中国的な観念に基づく考え方やカテゴリーを消去していき、そこに残るサムシングを抽出するという消去法によって発見される「断片的な発想」だとされていたのだが、この段階における「原型」ないしは「原型的世界像」はそうした「断片的な発想」などではなく、明らかに丸山によって古代文献に残されている神話・説話・古代伝承から再構成されたものにほかならない。すなわち、

〈かかる記紀をはじめとした〉古代文献に残されている神話・説話・古代伝承のなかから、明らかに儒仏道教等の比較的に大陸的思想の影響とみられる諸観念を除き、後代の民間信仰や民間伝承等を参照して、古代から持続的に作用している宗教意識を再構成してみる。(20)

ここで注意しておかなければならないことは、丸山が「記紀は〈日本人が儒教・仏教等の思考ないし世界観を知った後のものであり、そのうえ、一定の目的意識によって編纂された〉政治的・イデオロギー的産物である」としつつ、「しかし同時にそこにきわめて長期的な政治社会の形成過程が反映し、弥生式時代までさかのぼる生活意識・宗教意識を探ることができる。〈場合によってはさらに古い時代の痕跡さえ見られる〉(21)」としていることである。丸山の「原型」ないしは「古層」を『古事記』や『日本書紀』の世界観と同一視する議論が――たとえば水林彪『記紀神話

と王権の祭り』のように――一部に見られるが、それは誤解、誤読だとしかいいようがない。同時にここで丸山が、つぎのように日本の「固有信仰」なるものの存在を明確に否定していることにも注目しておこう。すなわち、

〈これは言葉をかえると、(「古神道」などと呼ばれる)神道の原型とも言えるが、これによってしばしば固有神道とか古神道とかいわれているような固有の信仰が、もともと日本にあったと考えてはならない。それらの諸観念は南方諸島、朝鮮、南アジア、中国北部にみられる神話と大きな類似性をもっているがゆえに、それらの混合物と考えられる。アニミズムやシャーマニズムの諸観念にしろ、同じことがいえる。ただ、ここで特徴的なことは、通常異なった段階に属する宗教意識が、その後に流入した高度のイデオロギー的体系と融合したことである。いいかえれば原初的な神話的観念が文明のなかに深く入り込み、後世の歴史の中に構造化されている〔ところに、この国の宗教意識の特徴がある〕。[23]〉

米谷匡史による「丸山は、頂点における『国体』と底辺における村落共同体を前近代性の温床と考えており、それをどちらも『固有信仰』という古来の《日本的なもの》によって規定しようとしている。……丸山はその原型を宣長が古代日本に見た『固有信仰』にまで遡及している。かくして、『過去的なもの――極端には太古のもの――の執拗な持続』……が語りはじめられることになる。このとき、丸山は『古層』論にいたる山を一歩踏み越えていたのである[24]」といった批判が、いかに的を射たものではないかは明らかだといわねばなるまい。

丸山は「『固有信仰』という古来の《日本的なもの》」の存在など認めていないのであって、あくまでも問題なのは、「原初的な神話的観念が文明のなかに深く入り込み、後世の歴史の中に構造化されている」ことなのであり、こ

ここにこそ「原型的世界像」の特徴を見いだしていたのである。

こうした丸山にとって、「原型」的思考様式の第一の特徴は、災厄の観念と罪の観念とが長期にわたって重畳していることにほかならなかった。「災厄観」（ないしは「吉凶観」）と「罪観念」（ないしは「善悪観」）の重畳という問題は、和辻の『日本倫理思想史』においても指摘されていたことはすでに見た。[25] しかし和辻がほとんど素通りしてしまったこの問題にこそ、丸山は「原型的世界像」の第一の特徴を見いだしていたのであった。

丸山によれば、宗教意識の発展においてとくに注意すべきは、罪意識が、精霊を鎮圧し匡正する呪術から分化発展していくプロセスにほかならない。すなわち、

〈……未開人の神々は demon であり、呪術的手段によって、その行動を統制することが可能であると考えられている。ここで特徴的なことは、呪術の段階においては、呪術的手段を駆使する呪術者がタマ・カミよりも高位にあるということである。そして、ここから生ずる呪術者の高い権威が、政治的権力の発生の一つの大きな根源となる。この場合、呪術の儀礼は功利的目的をもっており、呪術によって呼び出されたデーモン・精霊・タマが、悪天候・昆虫による災害・病気・家畜の伝染病等々を防ぐこと、すなわち自然の力のコントロールが目的なのである。〉

精霊信仰から神々の信仰への発展にともない、神々の超自然界は自然界から抽出され、宗教行為は呪術による精霊のコントロールから、神々への祭祀に進化する（実際は境界ははっきりしない）。このさい重要な質的転換が思想に起る。神意にもとづくタブーを犯すのは神との倫理的秩序を侵害することであり、そこから罪の観念が生れる。戦敗・災害は神の力の不足の証示ではなく、自らの集団の罪の結果である。こうして罪観念と人格的責任の意識が、外的災厄の回避と鎮静への関心から分離するようになる。[26]

純粋な呪術的思考では、呪術でよびだした神が荒ぶる神に負けたのは呪術の失敗を意味するだけであり、呪術者は権威を失墜するが〔内面的な罪の意識をもつことはない。これに対して〕神意に基づくタブーの侵害＝罪となると、責任は自分にあることになる。これは〔呪術によって〕外的災厄を回避し鎮静するという観念から、論理的には明確に区別される。このような発展を通して、道徳意識が呪術的思考から生じていった。(27)

呪術から祭祀への宗教意識の発展と、そこにおける罪と人格的責任の意識の成立、すなわち道徳意識の発生という思想の質的転換――丸山の「原型」論の背景にあるこうした議論はマックス・ヴェーバーの宗教社会学に由来するものであろうが、呪術と祭祀との質的な差異には着目することのないように見える和辻哲郎の「祀るとともに祀られる神」をめぐる議論や、もっぱら「山河の荒ぶる神」への畏怖の心情にのみ着目する湯浅泰雄の「古代神道」をめぐる議論との相違に注意を喚起しておくことにしよう。

丸山によれば、日本の神話においてもすでにこうした意味での罪の意識が現われているのであるが、「日本の『原型』的思考様式の第一の特徴は、災厄の観念と罪（人間の責任）の観念とが長期にわたって重畳していること(28)」なのである。すなわち、

〈災厄の観念は罪の観念の発展によって消えるのが通常であるが、日本の原型的思考様式では、この二つが重なりあっている。それは〉祝詞には、昆虫の災厄や高津鳥の災厄なども国つ罪の中に含ませて、やはり祓の対象としている〔こと、また、〕ヨシアシが吉凶とも書かれている〈ことから推察される。〔内面的道徳にかかわる〕善悪が外部からくる吉凶と融合しているわけである。(29)〉

丸山が「原型」的思考様式ないしは「原型的世界像」とよぶものにおいて、善悪＝ヨシアシという罪と人格的責任の観念――すなわち道徳意識――と、吉凶という善悪以前の災厄の観念――すなわち道徳意識以前の未開の呪術的思考――とが重畳したものとして把握されていること、そしてそれがまさに、「通常異なった段階に属する宗教意識が、その後に流入した高度のイデオロギー的体系と融合したことである。いいかえれば原初的な神話的観念が文明のなかに深く入り込み、後世の歴史の中に構造化されている」として、「この国の宗教意識の特徴」[30]の第一のものと把握されていること、これらこそここでの最も重要な論点にほかならないであろう。なぜなら吉凶観と善悪観との――すなわち、呪術的思考と道徳意識という異なった段階の宗教意識の――重畳はそのまま、善悪（＝ヨシアシ）と清明―黒濁（＝キヨキ・アカキ―クロキ・キタナキ）との重畳につながるからである。というのも「キヨキ」とは外部からくる災厄を、ケガレとしてキヨメなければならないという災厄の観念にこそ関わるものであるはずだからである。

この点について、和辻哲郎、相良亨がどのように論じていたのかは、すでに本稿の第一章と第二章で見たとおりである。たしかに和辻は、「ヨキ心、アシキ心というごとく道徳的なヨシ・アシ、善悪の価値をすでに認めながら、何ゆえにその同じ心をキヨキ心・キタナキ心、アカキ心・クラキ心として把捉したかという点に集中する」[31]とこの論点を強調してはいた。しかし彼はその解決の鍵を、むしろ「祭事的団結」という問題にもとめ、つぎのように論じていたのであった。すなわち、

祭事による宗教的団結は、精神的共同体であるとともに感情融合的な共同体である。かかる共同体においては、「私」の利福のゆえに他の利福を奪おうとする者は同時に全体の統制にそむく者であり、従って全体性の権威にそむく者であった。かかる者はその私心のゆえに他と対抗し、他と融け合わず、他者より見通されない心境に住す

る。このように何人にも窺知することを許さない「私」を保つことは、その見通されない点においてすでに清澄でなく濁っており、従ってキタナキ心クラキ心にほかならないが、さらにそれは全体性の権威にそむくものとして、当人自身にも後ろ暗い、気の引ける、曇った心境とならざるを得ないのである。(32)

和辻の議論をヨリ簡潔に論じた相良によれば、それはつぎのようなことになる。すなわち、

このように神話の世界においてヨキ心とは清き明き心であり、それはキタナキ心クラキ心あるいはコト心ならざる心であった。本居宣長の『古事記伝』に「明きも即ち清きこと」とあるが、この清明とはいわば底までもすいて見える清流の透明さにもたとえられよう。それは曇りかくされるところのない心、二心のない心であろう。感情融合的な共同体において、他者より見通されない、したがって後ろぐらいところのない心の状態、換言すれば私のない心の状態、それが清明心なのである。(33)

こうして和辻と相良は、善悪（＝ヨシアシ）と清明―黒濁（＝キヨキ・アカキ―クロキ・キタナキ）との――異なった段階の宗教意識の、すなわち異質性をともなっているはずのそれらの――重畳ではなく、その同一性に注目することによってこそ、「無私性＝全体性への帰依」をその本質とする「清明心」理解へと突き進んでいったのかのように思われる。

そうであるならば、吉凶観と善悪観との――すなわち、呪術的思考と道徳意識という異なった段階の宗教意識の――重畳を強調する丸山の「原型的世界像」において、「清明心」＝「キヨキココロ・アカキココロ」はどのようなものとして理解されることになるのであろうか。

「原型」における行動の価値基準

丸山によれば、こうした吉凶観と善悪観との——すなわち、呪術的思考と道徳意識という異なった段階の宗教意識の——重畳を特徴とした「原型的世界像」における価値基準は、①「集団的功利主義」、②「心情の純粋性」、③「活動・作用の神化」の三つであるという。

第一の「集団的功利主義」という基準について、丸山はつぎのように説明する。すなわち、

日本の原型的思考様式における善悪は、外から自己の所属する共同体に福利や災厄をもたらすもの、すなわち呪術と結びついて、共同体に益あるいは害を与えるものという集団的功利主義的な価値基準を含んでいる。善は自己の共同体に益なるもの、悪は自己の共同体に外から害を与えるもののことなのである。功利主義というのは本来、一切の事物や権威を個人の幸福という基準で裁く、きわめて主体的な個人主義なのだが、ここでは集団への奉仕からはなれた（所属集団と同一方向にない——背向《ソム》く行動としての—後筆）個人利益の追求は、まさにこの特殊な「功利主義」のゆえに、厳に排斥される。(34)〉

こうした丸山の「集団的功利主義」への理解が、先にみた和辻の「感情融合的な共同体」における「無私性＝全体性への帰依」という「清明心の道徳」の本質についての把握——すなわち、「かかる共同体においては、『私』の利福のゆえに他の利福を奪おうとする者は同時に全体の統制にそむく者であり、従って全体性の権威にそむく者であった。……このように何人にも窺知することを許さない『私』を保つことは、その見通されない点においてすでに清澄でなく濁っており、従ってキタナキ心クラキ心にほかならない(35)」というそれ——にそのまま符合することはいうまでもない。先に見たように——少なくともこの段階での——丸山はこうした「原型」的思考様式の基盤に、和辻と

同様な「血縁ないし祭祀共同体」や「同族団的結合」の持続性、さらにはその基礎にある水田稲作という社会の底辺における支配的生産様式の持続性を見いだしていたのであり、その意味でここにおける丸山の議論と和辻のそれとの符合はむしろ当然であるというべきかもしれない。

しかし和辻がここに「無私性＝全体性への帰依」という「清明心の道徳」の本質を見いだしていたのに対して、丸山が「キヨキココロ・アカキココロ」を見いだすのは――のちに見る一九六六年度講義（『講義録［第六冊］』）では、それをこの「集団的功利主義」とも結びつけて論じてはいるのだが――むしろ、第二の基準とされる「心情の純粋性」においてであることに注意しなければなるまい。すなわち、

一方、この功利的基準と一見相反するもう一つの価値判断が存在する。それは心情の純粋性という契機である。記紀・祝詞などに、清明心・明浄心＝ウルワシキココロ・キヨキココロ・アカ（明）キココロ、穢心・邪心・黒心＝キタナキココロ・クラキココロ等という〔対比的な〕言葉が見える。キタナキココロとは、ケガレ＝災厄をもたらすものを人間に内面化し、その背後にある動機をさす。〈……純粋な心情の発露は美しいものとして評価が高く、客観的規範に違反した行為でも純粋な気持ちから出たものはよい。逆に、行動効果を考慮した行動は〝ズルイ〟とされがちである（純粋心情主義）。〉[36]

相良亨において、和辻の「無私性＝全体性への帰依」という「清明心の道徳」の本質と彼自身の「心情の純粋性の尊重」という「清明心」の特質とが、「清明なる心、……私のない心、さらにいえば心情の純粋さ」[37]というように並列され同一視されていたことはすでに見たとおりである。これに対して丸山は、「清明心」＝「キヨキココロ・アカキココロ」を何よりもまず、「純粋な心情の発露は美しいものとして評価が高く、客観的規範に違反した行為でも

純粋な気持ちから出たものはよい。逆に、行動効果を考慮した行動は〝ズルイ〟とされがちである」という意味での「純粋心情主義」という観点において理解――こうした理解が『古事記』『日本書紀』のテクストに即して正当なものであるということは次章で詳論しよう――しているのである。そして、それを前述した「集団的功利主義」（＝「無私性＝全体性への帰依」）の契機と明確に区別したうえで――「罪観念が災厄観念と重畳していたように、この心情の純粋性という規準は、行為の自己の共同体への現実的作用の利害という規準と結びついていた」[38]として――これら二つの契機の結合をこそ問題にしていたのである。

なお、丸山が第一の「集団的功利主義」を特殊主義的なものとする一方で、第二の「心情の純粋性」を普遍主義的なものとしていたことにも注意しなければなるまい。すなわち、

第一の功利的＝プラグマティックな規準は、ヨリ多く特殊社会的＝集団的性格をもち、第二の規準は、〈理性的あるいは意思的よりも〉ヨリ多く感情的・情動的次元に位置する。（そうして第一の規準は particularistic〔特殊主義的〕であり、第二の規準は universalistic〔普遍主義的〕であるープリント後筆）。「原型」のこうした性格は、のちに大陸から倫理的規範性の観念が移入してくるときのメタモルフォーゼ〔変容〕を考察する際に重要である。[39]

さしあたりここで注目すべきは、「キヨキココロ・アカキココロ」という言葉によって表現される「心情の純粋性」という第二の価値基準が、第一の規準である「集団的功利主義」よりも、ヨリ多く感情的・情動的次元に位置する――すなわち先に見た「思想の成層」のヨリ下層に位置する、さらにいえばヨリ「古層」に属する――ものとして提示されており、同時にそれが universalistic な契機だとされていることである。この両契機の関係をめぐる議論は、次節以降で検討する一九六六年度講義（『講義録〔第六冊〕』）および一九六七年度講義（『講義録〔第七冊〕』）で、さ

らなる展開を見せることになろう。

さて丸山はこうした①「集団的功利主義」および②「心情の純粋性」とともに、「原型」的思考様式における第三の価値基準として、「活動・作用の神化」という契機をあげる。すなわち、

> ここで原型的思考にとって重要な第三の契機が登場する。それは、いわば活動作用そのものを〈本体よりも〉神化する傾向である。アニミズムから多神教への宗教意識の発展においては、超自然的な力をもつ実体がタマ（精霊）として予想され、これが人格化あるいは物化されて神観念が生ずる（人格神と物神崇拝）のが一般的プロセスである。〈……ところが、〉日本神話（原型的思考―後筆）では、こうして一方ではタマが現象から分離されて呪術的克服ないしは礼拝の対象となった後においても、それと並んで他方では、むしろタマのはたらきそのものが神聖視される傾向が強い。……〔こうして〕超人間的なエネルギーがまさにその能力において神化されるところからして、荒ぶる神は、一方では呪術的克服ないし追放の対象とされながら、他方では英雄神的崇敬と祭祀の対象となるという二重性が賦与される。(40)

丸山がこうした二重性の典型をスサノオに見ていることには、次章における『古事記』『日本書紀』のテクストに即したスサノオ神話の分析においてあらためて立ち返ろう。問題なのはここでも、善悪観と吉凶観が重畳していたように人格神（＝多神教）段階の神観念とアニミズムという呪術的思考の段階のそれとが、またしても重畳しているということである。

こうして丸山の「原型」的思考様式をめぐる議論においては、災厄の観念と罪観念の重畳、吉凶観と罪悪観の重畳は、同時に「心情の純粋性」と「集団的功利主義」の重畳、さらにはアニミズム的な「活動・作用の神化」と人格神

的神観念との重畳を意味していたのであり、前者は「思想の成層」のヨリ下層に――したがって、ヨリ「古層」に――位置づけられつつ後者と長期にわたって重畳し、結合して「原型」的思考様式を構成するものと理解されていたように思われる。しかもこの「原型的世界像」は、この後につづく「生成のオプティミズム」の問題、さらには「歴史観」と「政治観」をも包含するものとして提示されている。「原型」とはまさにこのように再構成されたものにほかならなかったのである。

「原型」論から「古層＝執拗低音」論への展開は、こうした「原型」からの「古層＝執拗低音」の単離 isolate という形で進行するはずである。その問題を検討する前に、こうした一九六四年度講義（『講義録［第四冊］』）の議論が、一九六六年度講義（『講義録［第六冊］』）および一九六七年度講義（『講義録［第七冊］』）において、どのような発展をとげるのかを見ておかなければなるまい。

深層に沈殿した思考様式・世界像（一九六六年度講義）

空間的所与に規定された日本のカルチュア

『丸山眞男講義録［第六冊］日本政治思想史一九六六』に再現されている講義において、前節で見た一九六四年度講義（『講義録［第四冊］』）の「原型」論は、どのような発展・展開を見せているのだろうか。本節では、両講義の異同に焦点をしぼるかたちで検討を進めていきたい。

この講義の出発点が、つぎのような日本文化の「空間的所与」をめぐる理解であることは一九六四年度講義（『講義録［第四冊］』）と変わるものではない。すなわち、日本文化（狭くは思想）の空間的所与は、日本の島国性、つまり異質な外来文化の流入によってそれ以前の生活様式が根底から崩れるには大陸からあまりに離れており、逆に、完全に閉鎖的な自足性を保つにはあまりに近い位置にあったということである。これが外来文化の摂取採用というパターンを可能にした理由である。われわれは「所与」を改めて問題にし、自明と思っていることを自明としないところから出発せねばならない。日本文化発展の場は、当代の世界一の文化圏の隣に位置し、そこから近すぎも遠すぎもせぬところに築かれたのである。[41]

ただこの年の講義で丸山は、この「空間的所与」の問題と「クニ」の観念との関連に注目し、さらに「日本が日本を国家とし、他の、たとえばフランスがフランスを国家とすることの意味は、世界史的な場においてみないとよく分からない」[42]として、この「クニ」の観念と近代的な nation state との関連を含めて、やや立ち入った議論を展開している。

丸山はこの「クニ」の観念について、まずつぎのように語っている。すなわち、

日本人には日本人の「クニ」のイメージがある。「大八洲《おおやしま》の国」として最古の文書に記されている国家の領土も人種も、現在の日本のそれに非常に近くほぼ同一である。有史以後われわれが大規模な人種混淆を経験していないということは、むしろ驚くべきことである。世界史は征服、移民の歴史であった。日本では歴史と文化の持続性の強さが特徴であり、それが「クニ」の観念と関連している。現在でこそドイツ、フランスは一つの国家を形成しているることを当然と思い、内部の利害対立がいかなるものであっても対外的には一国として見なされる。……しかし実はヨーロッパでは nation state の形成は非常に新しい。ニーチェが「自分は最後のヨーロッパ人である」といっているように、元々は一つであったヨーロッパが分解して、nation state になったのである。東アジアにはそのよ

うなことはない。日本は古代から連続して「大八洲」であった。(43)

丸山によればこうした事情は、貴族としての internationalism が、同一国民の感覚よりも強かった西ヨーロッパの封建制と日本のそれとのあいだの基本的前提の差や、Norman Conquest 以前のケルト文化ではなく、ギリシャ・ローマの古典を自国の古典文化とみなすイギリス人と『古事記』『日本書紀』を民族の古典とみなす日本人との差にみられるように、「日本の歴史の特殊性を来たしている大前提の差」なのであって、この差を見ないと大きな誤解をすることになるというのである。(44)

こうした「クニ」の観念と近代的な nation ないしは nation state との関係について丸山は、nation の構成要素の連続性と nation の不在という二面性を見いだす。すなわち、

日本の古代国家と現代国家とでは、国家を表象する「クニ」という言葉も、人種も言語もほとんど変わっていない。ということは、近代的な nation state の重要な構成要素をなすものが、古代から連続しているということである。この意味での「くに」の成立は非常に古い。他方で福沢諭吉は「日本に古来ネーションなし」という。これは仏革命以後生れた民族自決による nation を指し、福沢は人民の意志を含んだ日本はなかったというのである。この意味での日本国の成立は非常に新しい。(45)

ここから日本には、nation の構成要素の連続性と nation の不在という二面性があるといえる。日本の島国根性とか「日本と外国」という発想、「外国」という十把一からげの言い方などは、構成要素の古さと関連がある。しかし同時に日本人としての意識・自覚が乏しいともいわれる。両者は矛盾しているようであるが、実はそうでは

ない。

たとえば国境は、ヨーロッパ大陸国ではいかに人為的なものか明白である。国は人間が作ったという意識とそれは関連する。しかし日本は海によって限られ、「大八洲」以来、明治以後の大陸膨張期を除けば、海を出たところが国境である。国境が自然的境界によって作られるから、人為のものではないとされ、国は人間が作るという意識は育ちにくい。しかし同時に自然的な境界があるから、国への所属意識は非常に強い。日本では国籍変更など全く意識されないが、それ自身例外的なことである。[46]

こうした丸山の「クニ」の観念とnationないしはnation stateとをめぐる議論、nationの構成要素の連続性とnationの不在との二面性という議論は、彼が「日本」ないしは「日本人」というnationalなものの連続性を――その近代性について無自覚のまま――古代にまで遡らせているのではないかというような、しばしば見られるポスト・モダニズムないしはポスト・コロニアルな立場からのナイーブな丸山批判の皮相性を良く示すものだとはいえよう。

しかし、「民族的同質性（homogeneity）の保持と高度の伝統文化の所有。両者の併存。すなわち同質性が原始のままに続くのではなく、高度の伝統文化の下に維持されたことが日本文化の特質である」[47]と論ずる丸山の議論に、古代以来の「クニ」の同質性（homogeneity）への過度な強調が見られることは否めない。それがもともとはヨーロッパ等をはじめとする「大陸」との比較にもとづく、同質性（homogeneity）の比較的な強さの強調にすぎないのであり、あくまでも「日本文化発展の場は、当代の世界一の文化圏の隣に位置し、そこから近すぎも遠すぎもせぬところに築かれた」のだという「空間的所与」の意義を際立たせるための議論にほかならないのだということに留意しなければなるまい。

いずれにせよ丸山にとって問題なのは、こうした「空間的所与」によって規定された日本のカルチュアにおける

「持続する所与」と重層的に積み重なった外来の「ヨリ高い文化」とのあいだの相互作用というそれなのであった。前節でみた一九六四年度講義（『講義録［第四冊］』）では、「原型《プロトタイプ》」から「鋳型」が打ち出されるというイメージが強調されていたが、この一九六六年度講義（『講義録［第六冊］』）では、「鋳型」の比喩は姿を消し、むしろ「思想の重畳的成層性および各層間の相互作用」[48]ということこそが問題となっていることに注目しなければならない。すなわち、

> 日本では石器も鉄器も併存している。農耕の水田稲作という生産様式が『古事記』の時代から今日まで社会の底辺で続いている。それは日本の祭りや神話の源である。すなわち遊牧時代なしで、有史以来稲作なのである。これは同時に文化形態の上にも見られる。要約的にいえば、日本では、持続する所与の上にヨリ高い文化が重層的に積み重なり、その間で相互作用を起す。これが和辻哲郎のいう「日本文化の重畳性」である。石→銅→鉄と前の文化を滅ぼしながら移るのではなく、それが重なり合い併存する。文化の頂点では、時の世界のもっとも優れた文化から刺激を受け摂取しながら、基底においては古くからの文化が持続している。したがって発展段階論の適用は非常に困難であり、日本資本主義論争の紛糾はこの辺の事情に由来するであろう。[49]

丸山のこうした言明からは、その「文化接触と文化変容の思想史」という日本思想史へのアプローチと「原型（プロトタイプ）」論、さらには「古層＝執拗低音」論が、一方ではマルクス主義的な発展段階論からの離脱と、他方では和辻哲郎の「日本文化の重畳性」という議論への接近によってもたらされたものであることがよくうかがわれる。マルクス主義的な発展段階論との関係は周知のことに属するであろうが、和辻との関係は必ずしも注目されてきたとはいえないであろう。本稿が取り組む「清明心」＝「キヨキココロ・アカキココロ」をめぐる問題は、まさに和辻と

丸山との交錯の焦点をなすものであることをあらためて確認しておこう。

「思想の重畳的成層性および各層間の相互作用」

ところで、「思想の重畳的成層性および各層間の相互作用」を問題とする丸山にとって、日本の精神構造を理解する上に絶対必要な課題は、こうした重畳的成層性をもたらした「執拗な持続性と急激な変化の二重性を統一的に把握すること」にほかならない(50)。丸山によれば、それは日本の地理的＝空間的条件（＝「空間的所与」）に深く規定された必ずしも自覚的だとはいえない「思考様式」や「発想の仕方」に由来するのだという。たとえばそれは日本と「外国」といった「発想の仕方」などである。すなわち、

これをさらに分析してゆくと、「うち」としての日本と「そと」あるいは「よそ」としての世界という表象にゆきあたる。世界像としてみると、外国というのは、特定の国家ではなくて、日本以外の世界諸国を一括してよぶことばとなっている。つまり世界は日本の外にあるという表象。「世界と日本」。日本が民族的＝文化的等質性をもってきただけに、日本のなかにあるもろもろの多様性や対立性は、外なる世界に対して「うち」「うちわ同士」として現実以上に均質的なものとして観念せられやすい（普遍《よそ》（＝世界）対特殊《うち》……）(51)。

丸山によれば、こうした「発想の仕方」においては、世界の形成に日本も責任をもって参加し、その動向を動かす一因となっているという自覚が弱く、あたかも所与として、日本の外に世界の大勢が「客観的」にあって、それに遅れないように適応ないし追随してゆくという発想が支配的になるという。そして「こうした特質……は、外の世界で

優勢に見え、もしくは流行のトップをきっているように映ずる思想・学問にたいする異常なまでの関心にもっともよく表現される」のである。[52]これは丸山が『自己内対話』[53]において、「開けた精神」[54]と呼んでいたものにほかならない。丸山はこうした「発想の仕方」から、つぎのような「共通の思考のパターン」が生れるという。すなわち、

従来あったものと異質的な宗教思想文化――たとえば世界宗教の仏教・キリスト教の流入にたいして示すambivalent〔両極志向的〕な反応は、（イ）一方では集団同質性を維持しようとするほとんど本能的な欲求からして、さざえのように殻を閉ざそうという方向であり、（ロ）他方では、ほとんど昨日まで自分が同一化していた文化を忘れたかのように、新奇なものにとびつく傾向である（等質性の二面としての拒絶反応と同調反応）。しかも、いったん所与としての同質性が築いた堤防をこえて、異質の思想文化が内部に入り込むと、まさに民族的および集団的同質性の高度さのゆえに、ほとんど無抵抗とみえるまでに、浸潤のスピードがはやい。……しかしその反面、何らかの事情で……急激に方向を転じたというイメージが生れると、とたんに昨日までの最近流行のイデオロギー・教義・学問は、また驚くべく急激に表面から消え失せる。そうして通奏低音のように同質性をシンボライズしていた「伝統的なるもの」がふたたびクローズアップされる。新たなる思想・文化の流入の際にも、その締め出しの際にも、ともに「集団転向」の現象がともなうのである。[55]

このような「発想の仕方」と「思考の共通のパターン」の歴史的な反復の結果、丸山のいう図2のような「思想の重畳的成層性」が現われてくることになるのであろう。図2は前節で見た一九六四年度講義（『講義録〔第四冊〕』）における図1によく似てはいるが、両者のあいだにはこの間の丸山の議論の発展・展開の跡が明らかにうかがわれるはずである。さらに「通奏低音」（= basso ostinato）という比喩がすでにここに現われていることに注意しよう。

丸山によれば、この「思想の重畳的成層性」には、つぎのような「各層間の相互作用」が見られることになる。すなわち、

「固有」思想と「外来思想」を対比させることは生産的ではない。外来思想が日本に流入して重畳的に堆積し、相対的に底辺化してゆくからである。たしかに底にあるものほど民族的同質性は強いが、それも相対的なものである。しかしこの底辺にある思考様式は、持続的であるゆえにわれわれを無自覚的に規定するようになる。他方、頂点にあって人間を行動に動かす高度なドクトリンをイデオロギーとよぶならば、それと底辺の無自覚の思考とがたえず相互作用を起して、修正作用を行ってゆく。したがって底辺の無自覚的思考を取り出すことは、自主的な修正の仕方や方向を理解するために有効である。(56)

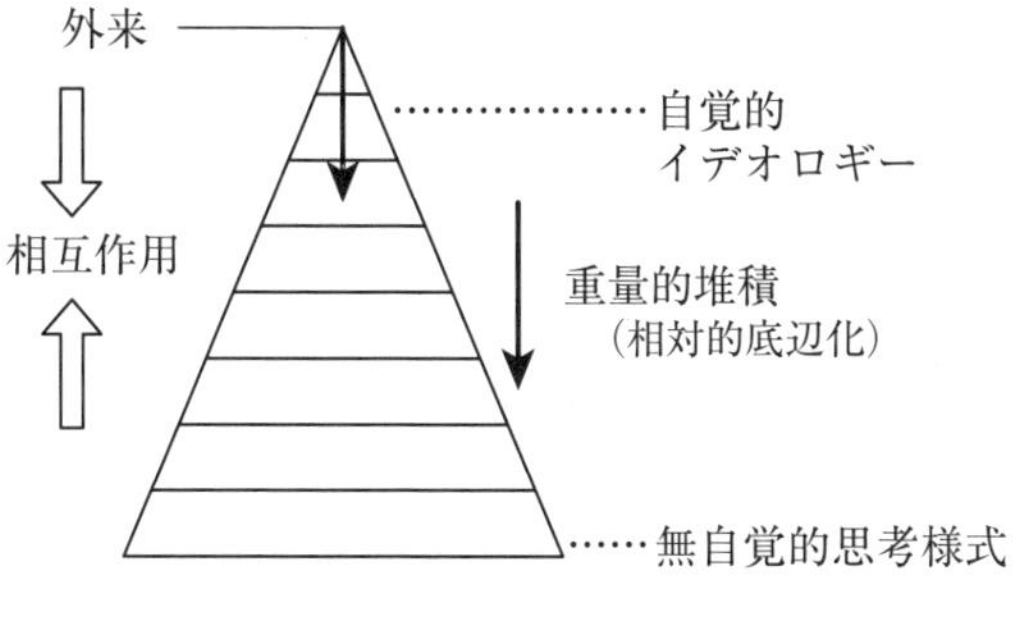

図２　思想の重畳的成層性
（出典）『丸山眞男講義録［第六冊］』23 頁より作成。

かくして丸山は、こうした「思想の重畳的成層性」における「底辺の無自覚的思考」＝「深層に沈殿した思考様式・世界像」を問題としていくこととなるのである。

深層に沈殿した思考様式・世界像

一九六六年度講義（『講義録［第六冊］』）において丸山が「原型」として問題とするのは、前節で見た一九六四年度講義（『講義録［第四

冊」』）のように、そこから「鋳型」が打ち出されるといったイメージによって、古代文献に残されている神話・説話・古代伝承から再構成されたものではない。むしろそれは古代日本人の宗教意識そのもののことを指しているようにも見える。すなわち、

どの世界でも宗教は一切の思想の原型である。それはわれわれに抽象ということを教え、世界の意味づけを与えてくれる原型である。その意味で古代史の基本史料に現われた古代日本人の宗教意識が、日本人の思想の深層を考察する上で手掛かりを与えてくれる。国学がいう外来思想の影響を受けないという意味でのそれではない。高度の大陸文化の影響を受けている古代人の宗教意識にも、基本的な点で持続性がある。そのことは農耕と結びついた祭祀の持続性からも理解できる(57)。

丸山はここでもアニミズムから多神教への宗教意識の発展過程――宗教意識が、呪術から独立した純粋な道徳意識として存在するようになる過程――を、「外部からの災厄の除去・福祉の招来という観念から、神々の秩序・命令にたいする人間の側からの服従と背反が、福祉と災害の原因であるという観念への発展(58)」として描きだしたうえで、つぎのように論じるのである。すなわち、

以上の発展過程は日本だけのことではない。ところが記紀神話に見られる日本の古代信仰で興味深いのは、すでに高度の抽象化がなされ、神々が概念化された後でも、災厄の観念と罪の観念が長期にわたって重畳していることである。……

この重畳を象徴的に示すのは、外から来る福利・災厄たる「吉凶」と倫理的意識である「善悪」がともに「よし

あし」と読まれていることである。また吉事、善事はともに「よごと」であり、禍事、悪事はともに「まがごと」である。[59]

「災厄の観念」と「罪の観念」、「吉凶観」と「善悪観」の重畳という丸山の論点は、一九六四年度講義（『講義録［第四冊］』）と同様のものである。この重畳を確認したうえで丸山は、「このような宗教意識の下では、人間行動の評価の価値基準はつぎのような三つになる」[60]として、①特定共同体（特殊主義的）への禍福→集団的功利主義（相対主義）、②心情の純粋な発露（流れ）→純粋動機主義（絶対主義）、③生成・活動・作用それ自体の神化をあげることとなるのである。

第一の「集団的功利主義」についての「自己の所属する共同体にとって外から利福をもたらすものが善、災厄をもたらすものが悪という考え方。つまり特定共同体への禍福を基準に善と悪を判断する。個人が基準ではない。功利主義というのは本来、一切の事物を個人の幸福という基準で裁く、きわめて主体的な個人主義だが、ここでは集団への奉仕から離れた個人的利益の追求は、まさにこの特殊な『功利主義』のゆえに厳に排斥される」[61]という丸山の説明は、先に見た一九六四年度講義（『講義録［第四冊］』）とほとんど変わらない。

ただここで丸山が、スサノオ神話を引いてつぎのように語っていることに注意しなければなるまい。すなわち、

参上したスサノヲにたいしてアマテラスが「我が那勢の命の上り来る由は必ず善き心ならじ。我が国（高天ヶ原）を奪はむと欲ふにこそあれ」といい、スサノヲは「僕は邪き心なし」と答える。アマテラスは「然らば汝の心の清く明きは何して知らむ」と問い、潔白を証明するためにウケヒをする。注意すべきは「国を奪わない」ことが「きたなき心なし」とされていることである。[62]

こうしたスサノオ神話の把握は和辻哲郎のそれそのものである。ここで丸山は明らかに和辻の「清明心の道徳」をめぐる議論に依拠していることがわかる。少なくとも丸山の「集団的功利主義」という「人間行動の評価の価値基準」をめぐる議論は、和辻の「清明心の道徳」を引き継いだものにほかならなかったということである。

しかし丸山にとって、「清明心」＝「キヨキココロ・アカキココロ」は、この第一の「集団的功利主義」という価値基準以上に、第二の「純粋動機主義」というそれに関わるものとして把握されている。丸山は「清明心」＝「キヨキココロ（清心）」・「アカキココロ（明心）」／「穢心」＝「キタナキココロ（邪心）」・「クロキココロ（黒心）」を対比して、つぎのように語る。すなわち、

災厄をもたらすものを人間の心に内面化し、その動機を問題にする。上の言葉はいずれも心情の純粋性を問題にしたものである。これは客観的倫理規範としては定義できず、動機がキヨイほどよいとされる。この価値基準からすれば、客観的規範に違反していても純粋な心情に出る行動は高く評価され、行動効果を考慮したものはズルイという評価をうける。(63)

こうした「純粋動機主義」についての説明も、また「第一の集団的功利主義は、より多く特殊社会的＝集団的性格をもち、第二の心情の純粋主義は、感覚的な浄・不浄で判断されるから、より多く感情的＝情動的次元に位置する。これらは後に大陸から仏教・儒教など倫理的規範性の観念が移入してくるときのメタモルフォーゼを考察する際に重要である」(64)という議論も、一九六四年度講義（『講義録［第四冊］』）と同様である。

「集団的功利主義」と「純粋動機主義」との間の矛盾

一九六六年度講義（『講義録〔第六冊〕』）における丸山の議論の特徴は、第三の価値基準である「生成・活動・作用それ自体の神化」が、第一の価値基準である「集団的功利主義」と第二のそれである「純粋動機主義」とを媒介するものと位置づけられるとともに、さらには、のちに歴史意識の「古層＝執拗低音」として抽出されることとなるはずの、「なる」（＝「生成（なりなる）活動への optimism」）や「いきおい」の問題とも結びつけられて、ヨリ詳細に展開されていることであろう。

このことは、のちの「古層＝執拗低音」論においては、（イ）歴史意識（あるいはコスモスの意識）、（ロ）倫理意識、（ハ）政治意識という三つの領域に分けて抽出されることになる「古層＝執拗低音」が、この「原型（プロトタイプ）」論の段階においては、いまだ未分化の状態で、不可分のものとして把握されていたことを示している。それは逆にいえば、「キヨキココロ・アカキココロ」という倫理的価値意識の「古層＝執拗低音」もまた、「つぎつぎ」「なりゆく」「いきほひ」という歴史意識（あるいはコスモスの意識）のそれと密接な関係をもつものとして把握されなければならないことを示唆するものだともいえよう。

さて丸山は、この「生成・活動・作用それ自体の神化」という第三の価値基準について、一九六四年度講義（『講義録〔第四冊〕』）と同様に、つぎのように語る。すなわち、

アニミズムから多神教への発展過程においては、自然現象の背後に超自然的な性質や力をもつタマが実体として分離され、その実体が自然現象を動かし、自ら作用を及ぼすとされる。ところが古代日本人の宗教的思考では、タマが現象から分離され、人格化あるいは物化されて宗教的儀礼の対象とされた後にも、それと併行して、神々の活動、その活動の過程における神々や自然物の生成のプロセスが神聖化され、神々の「本質」よりも重視される傾向

がある。(65)

このことは前節でも見たように、「災厄の観念」と「罪の観念」の重畳と同様の、アニミズム段階の呪術的思考と多神教段階の宗教意識との重畳という問題にほかならないのだが、ここでの丸山はこうした重畳のゆえに、先の「集団的功利主義」と「純粋動機主義」という二つの価値基準とのあいだにもたらされる、ambivalentな評価にこそ注目するのである。すなわち、

このように機能がそれとして神聖化されると、あらぶる神の超人間的エネルギーは、一方で特殊集団に害悪を与えるという意味では悪であり呪術的コントロールの対象とされながら、他方でその荒ぶるという活動自体は必ずしも悪ではなく、英雄神として崇拝されるという二重性格をもつ。活動の神化が心情の純粋性と結びつくと、内なるエネルギーを純粋な動機から（成敗利鈍をかえりみず）外に爆発させる行動は、畏れられながら、尊敬されるというambivalent〔両極併存的〕な評価が生れるわけである。記紀神話の世界でスサノヲは、高天ヶ原神話では悪とされ、出雲神話では善とされるという二重評価を受けている。(66)

ここにおける丸山のスサノオ神話の理解の当否は次章で問題としよう。荒ぶる神への評価の二重性は、すでに一九六四年度講義（『講義録』［第四冊］）においても指摘されてはいた。しかし丸山はこの問題にさらに踏み込んで、一九六四年度講義（『講義録』［第四冊］）で強調されていた「心情の純粋性」と「集団的功利主義」との重畳と結合にではなく、「生成・活動・作用それ自体の神化」という第三の価値基準を媒介にした両者の矛盾にこそ焦点をあてようとしているように思われるのである。

「生成・活動・作用それ自体の神化」という第三の価値基準を媒介にした「純粋動機主義」と「集団的功利主義」の矛盾への注目は、これにとどまるものではない。

先に指摘したようにこの一九六六年度講義（『講義録［第六冊］』）における丸山は、この「生成・活動・作用それ自体の神化」という第三の価値基準と、のちに歴史意識の「古層＝執拗低音」として抽出されることになる「なる」「なりゆく」「いきほひ」とを関連づけて議論するのだが、そこにおいては「エネルギーつまり作用の神格化という傾向は、日本の神々のなかで圧倒的に化生神が多いということに表現されている」[67]こと、さらにはそこから「生成（なりなる）活動への optimism という思考様式」が生れてくることが強調され、つぎのような議論が展開される。すなわち、

生成と生殖は、自然的時間の流れにおいて起り、それが死滅に優位するということは、いいかえれば、自然的時間の流れ、その傾向性についてのオプティミズムということになる。自然的時間の経過において万物が生成活動する世界は、永遠不変なものがある（Sein）世界でも、滅びを運命とする虚無（Nichts）の世界でもなくて、まさに「成りゆく」（Werden）の世界である。

世の中のなりゆき。なりゆく＝ますます生命が増殖するというオプティミズムが伴うから、「世の中のなりゆき」が一時的には不利に見えても、基本的には肯定され、なりゆきに任せる態度への傾斜が生れる。[68]

ところで、こうした「生成（なりなる）活動への optimism という思考様式」は、先に見た第二の価値基準である「純粋動機主義」とも深く関わっていると丸山はいうのである。なぜなら、「動機の純粋性も、いいかえれば感情の自然的な動き流れの尊重と無関係ではない」[69]からである。すなわち、

絶対神の命令とか普遍的規範の制約が比較的に弱いから、一方では動く世の中、時勢にしたがって心がうつることはむしろ当然とされて、転向や回心の自覚や決断がされにくく、したがって責任意識はうすい。と同時に他面では、直接的人間関係の親近性に基づく傾倒は非常に強く、それがうるわし・うつくし対きたなしという審美感と結びつく。親子・夫婦・妻子・恋人の親近感情はもっとも自然な心の傾向性の発露であるから、もっともうつくしいものと見られる。(70)

この後者の問題――すなわち親子・夫婦・妻子・恋人の親近感情が最も自然な心の傾向性（＝「自然的情動」）として、道徳的規範以上に高く価値づけられるという問題――は、「集団的功利主義」――和辻のいう「無私性＝全体性への帰依」を本質とする「清明心の道徳」とも通ずるそれ――との関係で、「自然的情動に基づく結合のアンビヴァレントな結果(71)」をもたらすと、丸山はいうのである。

丸山によれば、たしかに、①活動・作用の重視は業績価値が尊重される傾向性に連なり、それが「心情的動機の純粋性」を通じて、特殊集団の利害の優越（＝「集団的功利主義」）と結合すると、特殊集団（うちの集団）との心理的同一化によって成員の行動エネルギーを調達することが容易になり（＝「集団的功利主義」と「純粋動機主義」の結合）、そこに直接的な人間関係に基づく心情的結合があるほど、集団の中心に向かって凝集する求心性が強くなることは疑いない。和辻が「清明心の道徳」に見いだした「感情融合的な共同体」における「無私性＝全体性への帰依」とは、こうした側面に注目したものにほかならなかったはずである。

しかし丸山の議論はそれにとどまるものではない。というのは、②この同じ傾向が、各自が所属する集団の重畳性によって――家族的エゴイズムや部落的エゴイズム（さらには省庁や企業のセクト主義）がナショナルなエネルギーの調達にとって阻害要因として作用する場合があるように――より大きな集団にとっては、むしろ遠心的に働く可能性があることも忘れてはならないからである。しかも、③こうした遠心化・非公共化は、最小の私的人間の心情的結合形態としての性愛において極まるのであり、そこにおいては、いかなる国家的要請も社会的義務も、奔騰する性愛感情の前に無力となるというのである。[72]

すなわち丸山は、「海ゆかば水漬く屍、山ゆかば草むす屍、大君の辺にこそ死なめ、かへりみはせじ」「今日よりはかへりみなくて大君のしこの御楯と出でたつわれは」といった歌の傍らに、「人も無き国もあらむか吾妹児とたづさひゆきてたぐひてをらむ」「敷島の大和の国に人ふたり有りしと思はば何か歎かむ」という歌を見いだしていたのであり、[73] これらこそ「清明心の道徳」に「無私性＝全体性への帰依」のみを見いだした和辻哲郎の眼には映ることのなかったものなのである。

倫理意識の「原型」（一九六七年度講義）

日本の文化型における地理的および風土的契機

『丸山眞男講義録［第七冊］日本政治思想史一九六七』に再現されているのは、東京大学法学部における実質的に最後の講義[74]となったものである。この講義の前段には、「古層＝執拗低音」論に発展・展開する以前の最後の段階における「原型（プロトタイプ）」論が記録されているが、本稿では前節までに見た一九六四年度講義（『講義録［第四冊］』）および一九六六年度講義（『講義録［第六冊］』）との異同に焦点をあてつつ、倫理意識の「原型」をめぐる丸山の議論に目を向けてみよう。

丸山はこの講義の冒頭において、気候や風土などの自然条件、あるいは地理的な制約を宿命論的に重視する「地理的決定論」geographical determinism が歴史学としても、社会科学としても誤謬であることを強調しつつ、「しかしそうした契機を逆にまったく無視して、もっぱら普遍的な歴史的発展段階論だけで、政治・経済・法などの社会制度や人間関係を包括的に解明できるかどうか、いわんや一国の思想文化の特質を解明できるかどうかは、一層疑問である」と説き起こす。[75] そしてその一方で、和辻哲郎の『風土』[76] を取りあげて、そこにおける風土が日本的現実に媒介されて如何に日本人の意識に影響しているかを見る視覚を高く評価してみせる。[77]

丸山の「文化接触と文化変容の思想史」という日本思想史の方法とその「原型（プロトタイプ）」論、さらには「古層＝執拗低音」論が、一方ではマルクス主義的な歴史的発展段階論からの離脱によって、他方では和辻哲郎の日本思想史への接近によって、もたらされたものなのではないかということはこれまでも指摘してきたが、この講義の冒頭からもそのことがよくうかがえるのではあるまいか。

これまでの一九六四年度および一九六六年度の講義では「自然的所与」ないしは「空間的所与」として、その「所与」性が強調されてきたものが「地理的および風土的契機」（——のち後筆において「地理的および」が抹消されているという）とされているのは、宿命論的な「地理的決定論」との誤解を回避しようとする意図によるものなのであろう。

さて、これまでと同様に日本とイギリスとの大陸との関係の決定的な違いに言及する丸山は、この講義では「歴史的出来事の同時性」という論点を提示して、つぎのように語っている。すなわち、

ヨーロッパでは、歴史的出来事の同時性がローマ時代から存在した。つまりヨーロッパ史のなかで意味的に同じ出来事が、各民族におこる。〈ルネッサンス、宗教改革、フランス革命など、そのもっとも顕著な例である。〉……これと比較して東アジアはどうか。〈日本は中国から影響は受けるが、歴史的同時性はほとんどない。…〉…〈東

アジアに、ヨーロッパと同じ意味での歴史的同時性が見られるのは、ようやく十九世紀に入って以降であり、阿片戦争が日本・中国に与えたインパクトの同時性がその例である。つまり日本は〉急激な文化的ショックもなく、大陸民族による大規模な征服も、人種混淆も、古代日本（弥生文化――紀元前三〇〇年頃はじまる）以後、経験していない。〈人種・宗教・領土の面で、古代以来、歴史的持続性を高度に保った。〉[78]

丸山によれば、「歴史的出来事の同時性」のほとんどなかった東アジアにおいて、「大陸からの政治的・文化的影響〔に関して〕、朝鮮と日本の古代からの歴史的運命のちがい」は、陸続きと飛地という地理的位置の差によるところが大きかったのだという。[79] 朝鮮半島との比較という視点も、こうして新たに加えられているのである。

こうした新たな視点も加えたうえで、丸山はつぎのように論ずる。すなわち、

　日本では、大陸文明の渡来以前にすでにsomethingがあり、その上で文化を受容した。弥生式以後の日本文化には著しい連続性がある。たとえばそれは終始、水田耕作、鉄器使用の文化であった。[80]

丸山がここでもなお弥生式以後の日本文化の「著しい連続性」の要素として、何よりも「水田耕作」を挙げつづけていることに注意しなければならないであろう。こうした丸山の「水田耕作」の連続性＝歴史的持続性の過度の強調には、本書第Ⅰ部における考察を経た筆者としては、違和感を禁じえないところではある。

いずれにせよ丸山は、このような「日本の文化型における地理的および風土的契機」を確認し、それを踏まえて、「人種・言語・領土・生産様式・宗教意識の同質性と歴史的持続性」の問題へと語り進めることとなるのである。

丸山はこの「人種・言語・領土・生産様式・宗教意識の同質性と歴史的持続性」について、つぎのようにいう。す

なわち、

〈……人種についていえば、有史以前の混淆以後、近代にいたるまで〉〈アイヌのような人種の持続的存在にもかかわらず―後筆〉人種問題や少数民族問題をほとんど〈歴史的に―後筆〉経験していなかったということ。〈そうしたきわめて特異な近代国家である。[81]〉

〈言語的には〉日本語↔日本人と日本語との重複性の異常な高さ。〈文明国中一般的とはいえないほど、日本国土との重複性が強い。日本人の百パーセントが日本語を話し、日本以外にはほとんど全く日本語は通用しない。〉一国内に異なった言語を用いる群が存在しないこと。とくに書き言葉の uniformity〔画一性〕は、むしろ日本の例外的な特色といってよい。[82]

〈領域的には〉自然的境界が「国境」〈で太古以来ほとんど不変である。〉

〈したがってネーションの指標をなす言語・人種・領域をとると、日本は、非常に古くから一種の民族国家ということになる。「くに」という古代からあった日本語が、包括的に領域・民族、国家、地方、国土、故郷を意味することは、端的にこれを物語る。〈それは日本のナショナリズムの魔力の重要な要因だ。―後筆〉〉にも関わらず他方では〈民族的なものの尊重を〉「ナショナリズム」とか「ナショナル」とか外国語で表現せねばならぬという奇妙な逆説[83]！

〈……こうして日本では「同じ日本人じゃないか」という言葉が示すように、共属感情、郷土との同一化感情のような所与性、所属性に基づくナショナリズムは強く、その反面で、目的意識的な構成的ナショナリズム（「日々の一般投票」〔ルナン〕としてのナショナリズム―後筆）は弱い。[84]〉

ここにおける丸山の議論は、一九六四年度講義（『講義録［第四冊］』）および一九六六年度講義（『講義録［第六冊］』）と大きく変わるものではないが、一九六七年以降の後筆と推定される「（アイヌのような人種の持続的存在にもかかわらず―後筆）」という書き込みに見られるように――この講義以降のことであったとはしても――こうした「同質性」の過度の強調については、ヨリ慎重な姿勢がうかがわれるようになる。それは――やはり一九六七年以降の書き込みと推定される――つぎのような注記からも明らかであろう。すなわち、

この同質性については、最近さまざまな批判があり、「神話」にすぎないとさえいわれる。ここでは詳説しないが、（i）他の文化圏との相対的な比較であること、（ii）「事実」よりも「意識」「下意識」の問題であること〔を注意しておきたい〕。―ノート後筆[85]

こうした問題について、少なくとも丸山が充分に自覚的であったということには注意しておくべきであろう。

文化接触のタイプ

丸山によれば、日本の思想文化の理解のためには、（イ）「人種・言語・領土・生産様式・宗教意識の同質性と歴史的持続性」と、（ロ）「西からの高度な文化の適当な程度での刺激」という二つの契機の結合という問題がとくに重要なのだという。というのも「同質性」や「歴史的持続性」は文明の及ばない未開民族にも見られることであり、「古

代の最大文明から、適当な距離をおいて刺激を受けていた」という契機がなければ、「日本はマーシャル・カロリン群島と同じく『同質性』のみが維持され、文化人類学の好個の対象となったであろう」というのである。すなわちここに、「日本の空間的位置の特殊性」が視界に上がってくるのであって、「日本の特異性は、同質性を保ちつつも常に世界最高の文化から刺激を受けつづけてきたこと、高度な大陸文化の適当な刺激を受けつつ、しかも同質性を保った点にある」のである。[86]

こうした「日本の空間的位置の特殊性」については、これまでも語られてきたことにほかならないが、ここでの丸山が「摂取」と「修正」という観点を強く打ち出していることに注目しなければなるまい。それはこれまでの「鋳型」（一九六四年度講義）や「相互作用」（一九六六年度講義）という視点から、「古層＝執拗低音」というそれへの発展過程をうかがわせるものである。すなわち、

外国文化の「摂取・採用」は意識的なものであるが、文化「接触」は意識的なものではない。古代から日本が中国大陸の文化を「摂取」しながら、しかもそれに併呑されずに国家と文化を形成することが可能であったのは、大陸から適当な距離でへだたっていたという条件に基づくところが少くない。……日本の場合、中国、朝鮮の文化は非常に高度であったから、日本との距離が小さければ、中国文化に完全に併呑されたかもしれない。文化接触は非目的意識的におこり、その影響をコントロールしがたいものであるが、日本の場合、空間的距離のおかげで、適当な方向および時に優秀な大陸文化を摂取することが可能となり、原物をmodifyして、独自の文化を作ることができた。……〈日本は大陸文化の影響を受けつつも、それを修正して摂取するだけの余裕を生むべき地理的距離にあり、かくしてそこに独特の、しかも決して中国文化と無関係でない文化を形成してきたのである。これが外来文化の「摂取」という文化接触の特殊のパターンを可能にした背景である。……〉[87]

もっともここでの丸山は、のちの「古層＝執拗低音」論に比して――そこでは、「古層」として抽出された「基底範疇は、こうして『つぎつぎ』と摂取された諸観念に微妙な修飾をあたえ、ときには、ほとんどわれわれの意識をこえて、旋律全体のひびきを『日本的』に変容させてしまう。そこに執拗低音としての役割があった(88)」とされていたのだが――「摂取」と「修正」の意識性を過度に強調しすぎているようにも思われる。これもまた「原型（プロトタイプ）」論から「古層＝執拗低音」論への発展・展開のひとつの軌跡であるといえるのかもしれない。

ところで丸山は、こうした「摂取」と「修正」の契機と先の「同質性」の契機との関係で、興味深い論点を示唆している。それは「支配層からの下降」という論点である。すなわち、

〈……加えて、大規模な文化混合は、民衆レベルの文化混交となるが、日本の場合、もっぱら支配層が外国文化を摂取するという形をとり、それが上から下へ、中央（ミヤコ）から地方へと浸透していった。そして上下の文化的落差が大きく、民族的同一性が高いことは、ヨーロッパのような階級闘争を起りにくくさせた一因でもある。……(89)〉

こうした上から下へ、中央から地方への外来文化の浸透という論点は、この後に見る思想文化の「層化現象」（＝一九六六年度講義では「思想の重畳的成層性」と呼ばれていたもの）との関係からしても興味深いものであるといえよう。

「日本の地理的位置の特殊性」がもたらした（イ）「同質性」の契機と（ロ）大陸文化の「摂取」と「修正」という契機との結合という問題は、同時に「閉じた社会“closed society”」と「開いた社会“open society”」――周知のよ

うに、アンリ・ベルグソンに由来し、丸山がかの「開国」論文（一九五九年）[90]で駆使した――というそれとしても捉え返される。すなわち、

> 日本は地理的位置において、完全な閉鎖的自足性を維持するにはあまりに高度の外来文明の刺激を受けやすい位置にある。逆に古来からの民族的等質性が破壊されるには、あまりに外の世界から遠い距離にある。"open society"と"closed society"の両要素があり、どちらにも一元化できない。開いた「共同体」社会（全体として等質的でありながら、内部は無数の分化――しかも相互的には等質的で閉鎖的な集団的分化の傾向をもつ社会）。（↓いわゆる「派閥」をかかえこんだ等質的集団。――後筆）[91]

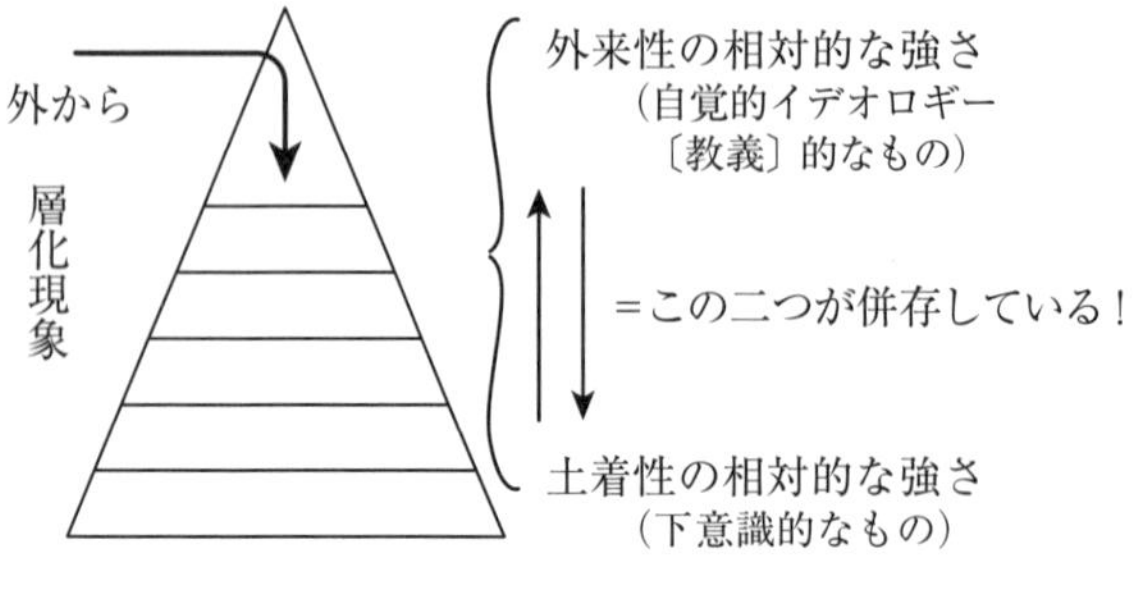

図３　思想文化の「層化現象」
（出典）『丸山眞男講義録［第七冊］』31頁より作成。

こうした「開いた『共同体』社会」という特質が、前節の最後に見た一九六六年度講義（『講義録［第六冊］』）における「自然的情動に基づく結合のアンビヴァレントな結果」[92]――すなわちその「求心性」と「遠心性」の相克という問題――に関わるものであることはいうまでもあるまい。同時に丸山は、そこにつぎのような問題を見いだすこととなる。すなわち、

> 日本では、思考と行動様式の共同体的性格の根本的な破壊は行なわ

れない。そこでイデオロギーの面における相剋が激しいようで、半面、その背後に行動様式や思考パターンの画一性があるので、これを最後の拠り所として生活してゆける。この点ではホッブスのいわゆる「自然状態」とは対蹠的である。(93)

こうした「日本の地理的位置の特殊性」からもたらされた「文化接触のタイプ」からは、かくしてつぎのような「摂取」、「修正」、「同化」の歴史が紡ぎだされることになる。すなわち、

思想および文化の歴史を見ても、距離をへだてた外なる世界からの摂取、修正、同化の歴史といってもいいすぎではない。摂取は接触と異り、内なる等質性が破壊されていないことが前提となる。紀元四世紀、大和国家の成立とほとんど同時に漢字が流入し、外来文化を受けいれて以来、古くから入ってきたものほどより下層に沈殿し、それは相対的に内なるもの、土着的なものとなり、新しいものほど相対的に外来的と見られる。前者はそれだけわれわれの下意識に入りこんでおり、新しく入ってきたものほど自覚的イデオロギーと見なされる。……

重要なことは、日本文化の同質性に支えられて、深層に沈殿しているものほど持続性が強いが、それは変化しないということではなく、新しく入ってきたものとの相互作用により、持続しつつ古いものも、新来のものも変容するということである。とすれば一番底には、外来文化を受容し修正するパターンが見いだされるだろう。そうでなければ新旧の思想が、並列的に無関係に存在することになる。全体状況との関連では、深層の思考様式も変化している。こうして個人にしろ集団にしろ相互に相似形を持ちながら変化し持続してゆく。たんなる停滞ではなく、変化しながら基本的パターンは持続する。(94)

かくして「古層＝執拗低音」論への扉は、いまここに開かれんとしている。そこでは倫理的価値意識の「原型（プロトタイプ）」はいかなるものとされ、「清明心」＝「キヨキココロ・アカキココロ」はどのように位置づけられているのであろうか。

思考様式と世界像の「原型《プロトタイプ》」

「日本の思想史は、外来思想の受容と変容の歴史である」と丸山はいう。ただしそこでの「受容」はすぐれて主体的な選択であるから、これを「摂取」というとする丸山は、この講義における「原型（プロトタイプ）」をつぎのように定義するのである。すなわち、

つぎつぎに摂取された外来文化は日本の精神構造の内部に層をなし、より新しい層と古い層の間に不断の相互作用が行われる。その最下層に沈殿しているものを「原型」とよぶ。

日本は人種・言語・土地・生産様式・宗教などの連続性が大きかったからことから、下層に沈殿した思考様式・価値体系は、歴史的でありながら、特定時代をはるかに超えた持続性をもち、また非自覚的である。固有と外来の間に明確な一線を引くことはできないが、その持続性のゆえに、日本思想を学ぶためにはこれを知る必要がある。これをかりに日本思想の「原型」とよぶ。しかし自覚化された儒教、仏教などのイデオロギーでないだけに、これを分析的に明らかにすることは難しい。『古事記』『日本書紀』『古語拾遺』『風土記』（『続日本紀』『万葉集』）などもっとも古い史料でさえ、ここでいう「原型」の純粋な形を伝えてはいない。……

しかし一種の消去法により、儒教・仏教など、明らかに後になって大陸から流れこんだ語法や諸観念を除去した後に「神道」といわれるものの諸観念と民間伝承の諸観念を照合させてゆくと、そこに持続的なものとして、高度

に抽象的な世界像としての儒仏とは異った思考様式・価値意識を認めることができる。これを再構成してひとつの仮説として立てたものが、ここでいう「原型」である。(95)

ここで提示された「原型」は、一九六四年度講義（『講義録〔第四冊〕』）における「鋳型」を打ち出すものというイメージからすれば、のちの「古層＝執拗低音」に大きく接近したものとなっているといってよかろう。

しかし、「固有と外来の間に明確な一線を引くことはできないが」とする丸山が、いまだ日本に「固有」なるものの存在を前提にしているようにも見える点には留意しなければなるまい。すでに指摘してきたように、「古層＝執拗低音」論段階の丸山はむしろ、個々の要素に分解すれば日本特有のものなど何もないのだが、それらの要素がある仕方で相互に結びあわされて一つの「ゲシュタルト」をなしている点に着目すればきわめて「個性的」であるという意味での「個体性」をこそ問題とすることになるはずだからである。

またここでの「原型」が、のちの「古層＝執拗低音」のように「断片的な発想」として抽出されたものではなく、「一種の消去法により、儒教・仏教など、明らかに後になって大陸から流れこんだ語法や諸観念を除去した後に『神道』といわれるものの諸観念と民間伝承の諸観念を照合させてゆく」ことによって、いまだ仮説的に再構成されたものだとされている点にも注意しなければなるまい。(96)丸山はいまだ「古層＝執拗低音」論の手前にまでしか立ちいたってはいない。

さて、この一九六七年度講義（『講義録〔第七冊〕』）においても丸山は、宗教意識の「合理化」のプロセス(97)をつぎのように論じ、そこにおける「吉凶観」と「善悪観」の重畳を問題としている。すなわち、

いかなる宗教意識の発展においても、非日常的出来事に直面するたびごとに、demon を鎮撫、追放するという

儀式が出発点において見られる。かくて呪術段階にある宗教に特徴的なことは、マジシャン（呪術師）がdemonよりも高位にあることである。すなわちマギー（呪術）は、demonにたいし強制力をもつと見なされている。宗教意識の発展は、こうした呪術師による外からの災厄の除去と福祉の招来という観念〔吉凶観〕から、人間が、神々の秩序に背反したために災厄がもたらされ、従順であったから福祉が到来するという観念〔善悪観〕に変ってゆく。そして原因は人間の側からの服従と背反にあるという観念から罪の意識がうまれ、行為の人格的責任が問題とされるようになった。(98)

丸山によれば、スサノオ神話や「大祓詞」の「天つ罪」「国つ罪」にも明らかなように日本の神話にも「罪」の意識はすでに見られるのであるが、しかし注目すべきことは、「八世紀に編纂された記紀の宗教意識では、異った段階のもの、すなわち外からの災厄観にたつハラヒ、キヨメの観念と、人格的責任の意識に立つツミの観念とが、長期にわたって重畳している(99)」ことなのだという。すなわち、

「国つ罪」のなかに、白人、胡久美のような疾病や、昆虫乃災（虫害）などの自然災害を含めていることに注目すべきである。ここでは外からの災厄と人間によって犯された罪とが重畳しており、大祓は、これらの災厄を同時に罪としてはらい清めることを意味した。別言すれば、キヨメ、ハラヒの対象が災厄（外からのツミ）のみでなく、人格的な罪をも含んでいる点に、吉凶観と善悪観の重畳性が見られる。……

こうしたハラヒ、キヨメの思考様式を人間精神に内面化されたものとしてとらえると、

清明心／赤心／直心／美心（キヨキ心、アカキ心、ナホキ心、ウルハシキ心）vs.《対》濁心／邪心／穢心／黒心（クラキ心、キタナキ心、クロキ心）という対置が出てくる。

しかし逆にいえば、内面的なるべき悪も、ケガレと同様に、「外」から〔demonの作用が〕付着したものであり、したがって、ミソギによって洗い流すことができる。Radikal Bose〔原罪〕という観念はここにはない。(100)〉

こうした「吉凶観」と「善悪観」の重畳という論点と、そこにおける「清明心」＝「キヨキココロ・アカキココロ」の位置づけは、一九六四年度講義（『講義録〔第四冊〕』）や一九六六年度講義（『講義録〔第六冊〕』）と変わるものではない。ただこの一九六七年度講義（『講義録〔第七冊〕』）では、「災厄（吉凶）観と罪悪（善悪）観との重畳に象徴されているような、価値意識における外面的基準と内面的基準との二重性、その相互連関」(101)が、つぎのようにヨリ立ち入って論じられていることに注目すべきであろう。すなわち、

「タタリ」の作用をはらいきよめ、逆に祝事《ヨゴト》＝善事を招来する行事・儀式は、特定の場を前提とし、それとの関連においてはじめて、吉凶禍福が規定される。善悪の倫理的基準は個人に内面化されるときは、特定の行為を冒したことにたいする特定の罪意識に限定されずに、totalityとしての個人人格に適用されうる（「人格的良心」は本来特定性をもたない）。けれども、災厄や福祉は個別的にだけ定義される。どういう種類の災厄または福祉が、誰もしくはいかなる集団に加えられたかを離れて、本来これを「はらい」「きよめる」行為は成立しない。したがって、災厄福祉観にもとづく価値基準は、必然的にsituational〔状況的〕である。……

　これが日常行動（俗的）の次元に翻訳されると、「場」に応じた行動様式の使い分けとなる。一定の場に対応した一定の行動様式があり、異った場にはまた異った行動様式がある。……〈日本人の倫理を〉共同体的倫理と俗にいうけれども、共同体自身が単一でないならば、つまり世の中、世間が複数的に重畳していれば、倫理基準自身も複数的になることを免れない。同じ人間が「場」によって、あるいは属する集団によって行動基準を異にしても、

それが同一人格の行動であると見られないかぎりは、人格の integrity〔統合性〕、したがって人格的責任は問われるはずがない。……逆に特定の共同体を所与とするならば、その共同体にとっての福祉と災厄という基準は、共同体の成員にとってきわめて大きな拘束力をもち、その特定の共同体のタブーの侵害にたいする責任が峻厳に追及される。災厄（外面性）と罪（内面性）とは、こうして同一化されるのである。(102)

こうして丸山は、記紀神話におけるスサノオ神話に、「特定の共同体を前提にしてはじめて成立する災厄・福祉観と、他方、人格的内面における『罪』観念とが、ケガレ→キヨメの基本過程においていかに統合されるか」、すなわち、相対的・外面的な功利的基準と、キヨキココロ対キタナキココロ、つまり内面的心情の純粋性に基づく絶対的基準とが、いかに結びつきうるのかという秘密を明らかにする典型を見出すのである。(103)

この「相対的・外面的な功利的基準と、キヨキココロ対キタナキココロ、つまり内面的心情の純粋性に基づく絶対的基準とが、いかに結びつきうるのか」という問題は、すでに一九六四年度講義（『講義録［第四冊］』）および一九六六年度講義（『講義録［第六冊］』）においても問われていたものであることはいうまでもない。しかし一九六七年度講義において丸山は、より簡潔な語り口で、この問題をつぎのように論ずるのであった。すなわち、

〈共同体的功利主義は〉農耕団体の小単位のレヴェルにも、くにレヴェルにもあてはまる（situation の複合性）。いずれにしても〈それはベンサムが主張したような〉個人の快楽・苦痛の計算を前提する utilitarianism ではない。〈個人を基礎とする功利主義は、普遍的に妥当する快苦の基準に立脚する点で普遍主義（universalism）であるが、共同体的功利主義の基準は、その共同体にとっての福祉・災厄であり、特別主義（particularlism）である。これにたいして心情が純か不純かは、普遍的基準である。しかるに記紀神話では、共同体の功利主義と心情の純粋性

〈きよき心〉とが結合している。このため日本では、〉キヨキココロ、ウルハシキココロという絶対的基準が、共同体的功利主義の相対性と特別主義に制約されるので、共同体的規範から、特定の共同体や具体的人間関係をこえた普遍的な倫理規範（超越的な唯一神の命令とか、超越的な天道とか、普遍的なダルマ〔dharma〕とかいう「自然法」観念に基礎をおく）への昇華がはばまれることになる。〈これが儒教、仏教の受容形態を制約する。〉ただ「感覚美」の閉鎖的コスモスがつくられれば、〈もともと心情の純粋性を絶対的基準として受け入れる基盤があるから〉それだけが絶対的価値をもつ傾向がある。真理、正義に比しての美的価値の優位。(104)

さらにこの論点は、一九六七年度プリントへの書き込みにおいては、つぎのように敷衍されているという。すなわち、

キヨキ心自体は絶対的であるが、これは特定共同体にとっての禍福という相対的基準により制約されるから、容易に普遍的規範価値（超越神の命令、自然法など）にまで昇華しない。それはまた仏教や儒教を摂取するときの変容への条件ともなる。ただ上の二つを結合すると、特定共同体（もしくはその代表者としての首長）にたいする、アカクキヨキ心をもってする純粋な服従と献身は、上の二つの価値基準をともに満足させるので、もっとも評価が高い（その効果を問わず！「海ゆかば水漬《みづ》く屍　山ゆかば草むす屍　大君の辺《へ》にこそ死なめ　かへりみはせじ」「今日よりはかへりみなくて大君の醜《しこ》の御楯《みたて》といで立つわれは」）。しかし非政治的次元においても、感覚的・閉鎖的小宇宙が形成され、そのなかで心情の純粋な燃焼がおこると、そのキヨキ心は無条件に絶対化される。価値意識が美的価値意識に収斂する場合、とくにそうである。純粋な一方向性としての恋愛の激情の賛美は、万葉から近松まで貫いている（非儒教的）。

人もなき国もあらぬか吾妹子《わぎもこ》と　携《たづさ》ひゆきて副《たぐ》ひてをらむ（『万葉集』巻四）
敷島の日本《やまと》の国に人二人　ありとし思はば何かなげかむ（同右、巻十三）[105]

丸山によるこれらの議論の基本線は、一九六六年度講義（『講義録［第六冊］』）と大きく変わるものではないようにも見える。しかし、①「キヨキ心」という絶対的基準（＝「心情の純粋性」）が、共同体的功利主義（＝「集団的功利主義」）」）によって制約されるがゆえに、その普遍的規範価値への昇華がはばまれるとされている点、および②和辻哲郎が「清明心の道徳」に見いだした「無私性＝全体性への帰依」という本質（＝「アカクキヨキ心をもってする純粋な服従と献身」）が、「心情の純粋性」という絶対的基準と共同体的功利主義（＝「集団的功利主義」）という相対的基準の二つの基準をともに満たすものとしてこそ、高く評価されるものとしてとらえ返されている点は、これまでに必ずしも明確には論じられてこなかった問題であるといえよう。

さらに丸山が、共同体的功利主義（＝「集団的功利主義」）という相対的基準と「キヨキ心」という絶対的基準（＝「心情の純粋性」）との両立や前者による後者の制約をこそ問題とする一方で、こうした両立や制約から解放された③「キヨキ心」の無条件の絶対化という問題に言及していることにも注目しなければならない。「感覚的・閉鎖的小宇宙」における心情の純粋な燃焼、価値意識の美的価値意識への収斂、純粋な一方向性としての恋愛の激情の賛美という問題はまさに、共同体的功利主義（＝「集団的功利主義」）という相対的基準による制約から解放され、無条件に絶対化された「キヨキ心」の表出にほかなるまい。

「古層＝執拗低音」という「断片的な発想」として単離 isolate されるべきは、むしろこうして共同体的功利主義（＝「集団的功利主義」）という特別主義的で相対的な価値基準の制約から解放されたものとしての「キヨキココロ・アカキココロ」にほかならないのではないかとも思われる。

この問題とのかかわりで、これまでの一九六四年度講義（『講義録〔第四冊〕』）と一九六六年度講義（『講義録〔第六冊〕』）では、「活動・作用の神化」ないしは「生成・活動・作用それ自体の神化」として論じられてきた点についての、丸山のつぎのような言及にも注目しなければなるまい。すなわち、

〈……「原型」的思考の特徴は、実体的思考よりも機能的思考が優位しているということである。それは形而上学形成力の弱さを示すとともに、一種のプラグマチックな適応性に富むという implication〔内包〕をもつ。しかも作用、機能、活動それ自体の神化が、先述の心情の純粋性を絶対とする動機主義と結合すると、成敗を顧みぬ心情の純粋性に発した爆発的行動は、その激しさゆえに一方では恐れられ、他方ではその純粋性ゆえに尊重されるというアンビヴァレント〔両極志向的〕な評価をうけることになる。それはスサノヲへの価値判断の二面性に象徴されている（この「伝統」は、源為朝・悪源太義平らの人間と行動への評価につらなっている。「荒事」「荒ぶる神」）。そして結果を比較考量して lesser evil をとる行為はズルイことになる。[106]〉

一九六七年度講義（『講義録〔第七冊〕』）における丸山の「原型」的思考についての考察が、こうしてハラヒ、キヨメという呪術的思考様式に根ざした「キヨキココロ・アカキココロ」（＝「心情の純粋性」）という絶対的な内面的基準を軸として――それへの共同体的功利主義（＝集団的功利主義）という外面的・相対的な功利的価値基準による制約や、これとの結合、さらにはこうした制約や結合からの解放、そして「作用、機能、活動それ自体の神化」という機能的思考との結合が問われるというように――展開するようになっていることは明らかなのではあるまいか。

筆者がさしあたり確認したいのは、このようにして丸山の倫理的価値意識の「原型（プロトタイプ）」に関する議論が――一九六四年度講義（『講義録〔第四冊〕』）および一九六六年度講義（『講義録〔第六冊〕』）から一九六七年

度講義（『講義録』〔第七冊〕）への展開を通じて――思想・文化の「層化現象」のもとで最も深層に沈殿する持続的な下意識的なるもの、すなわち「善悪観」と長期にわたって重畳するヨリ未開な呪術的段階の思考様式（＝「吉凶観」）に根ざした「心情の純粋性」という内面的・絶対的基準の問題へと、その軸足を徐々に移しつつあるように見えるということにほかならない。

「無私性＝全体性への帰依」をその本質とする和辻的な「清明心の道徳」――それは丸山によれば、共同体的功利主義（＝「集団的功利主義」）という外面的・相対的価値基準と「心情の純粋性」という内面的・絶対的価値基準とをともに満たすものであるとされていたのだが――と、丸山が倫理的価値意識の「古層＝執拗低音」として単離isolateせんとしていた「キヨキココロ・アカキココロ」との異同は、こうした点にこそ見いだされるべきなのではなかろうか。

和辻哲郎の「清明心の道徳」をめぐる議論やその系譜に連なる相良亨、湯浅泰雄、荒木博之らの「清明心」論と、本章で検討したような過程を経て成熟していくこととなった丸山の「古層＝執拗低音」論との交錯についての考察は、本稿第七章において、まとめて行なうつもりである。

しかしこうした考察へと進む前に、いまひとつ検討しておかなければならない課題がある。それはこれまでもたびたび言及してきたように、『古事記』『日本書紀』のテクストに即したスサノオ神話の分析にほかならない。スサノオ神話のテクストに即して見たとき、「キヨキココロ・アカキココロ」とはいかなる内容をもって把握されるべきなのであろうか。次章において検討することとしたい。

注

（1）『集』第十二巻、一五五頁。
（2）『集』第十巻、所収。
（3）『集』第十巻、五六頁。
（4）『講義録』全七冊、東京大学出版会。
（5）『集』第十二巻、一四六頁。
（6）『講義録』、「刊行の辞」を参照。
（7）『講義録』［第四冊］、四一頁。
（8）同前、一六―二〇頁。
（9）同前、二〇―二一頁。
（10）同前、二一―二二頁。
（11）同前、四一―四二頁。
（12）同前、四四―四五頁。日本のポスト・モダニズムの旗手のひとりともいうべき柄谷行人は、その『日本精神分析』（文藝春秋、二〇〇二年、講談社学術文庫、二〇〇七年）において、丸山の「古層＝執拗低音」論を批判する立場から、「したがって、大切なのは、そうした『古層』を指摘することではなく、むしろ、なぜ日本ではそうした『古層』が『抑圧』されなかったかを問うことです」と述べ、「私が到達したのは、むしろありふれた考えです。日本において丸山真男のいう『古層』が抑圧されなかったのは、日本が海によって隔てられていたため、異民族に軍事的に征服されなかったからである」（学術文庫版、一〇三―一〇四頁）と、自らの「到達」を誇って見せるが、そのような「到達」は、丸山の「原型」論の初発においてすでに明確に表明されていたものに過ぎないことを確認しておきたい。なお柄谷の『日本精神分析』には、後に立ち戻ることとなろう。
（13）同前、四五―四六頁。
（14）同前、四七頁。

(15) 同前、四七―四八頁。いうまでもなく山田盛太郎『日本資本主義分析』(岩波書店、一九三四年)をはじめとする「講座派マルクス主義」の議論に依拠した理解である。
(16) 『集』第十巻、七頁。
(17) 『集』第十二巻、一四七―一四九頁。
(18) 『講義録』[第四冊]、四八―四九頁。
(19) 同前、五一頁。
(20) 同前、五三頁。
(21) 同前。
(22) 水林『記紀神話と王権の祭り 新訂版』、一一一―一一三頁、参照。
(23) 『講義録』[第四冊]、五三―五四頁。
(24) 米谷、前掲、一四九頁。
(25) 『和辻哲郎全集』第十二巻、七九頁。
(26) 『講義録』[第四冊]、五六―五七頁。
(27) 同前、五七頁。
(28) 同前、五七―五八頁。
(29) 同前、五八頁。
(30) 同前、五四頁。
(31) 『和辻哲郎全集』第十二巻、八二頁。
(32) 同前。
(33) 相良前掲書、三九頁。
(34) 『講義録』[第四冊]、五九―六〇頁。
(35) 『和辻哲郎全集』第十二巻、八二頁。
(36) 『講義録』[第四冊]、六〇頁。

(37) 相良前掲書、四〇頁。
(38) 『講義録』〔第四冊〕、六〇頁。
(39) 同前、六一頁。
(40) 同前、六一―六二頁。
(41) 『講義録』〔第六冊〕、一一頁。
(42) 同前、八頁。
(43) 同前。
(44) 同前、八―九頁。
(45) 同前、一一―一二頁。
(46) 同前、一二頁。
(47) 同前、一三頁。
(48) 同前、二五頁。
(49) 同前、一四頁。
(50) 同前。
(51) 同前、一五頁。
(52) 同前、二〇頁。
(53) 丸山、みすず書房、一九九八年。本書は丸山の没後に発見されたノート類に基づく断章集である。
(54) 同前、八六頁、参照。なおこの「開けた精神」に関しては、前掲拙稿「『第四の開国』と『開かれている精神』――グローバリゼーションと日本人の課題」も参照されたい。
(55) 『講義録』〔第六冊〕、二一〇―二一二頁。
(56) 同前、二二三―二二四頁。
(57) 同前、二二六頁。
(58) 同前、二二八頁。

(59) 同前。
(60) 同前。
(61) 同前、二九頁。
(62) 同前。
(63) 同前、二九―三〇頁。
(64) 同前、三〇頁。
(65) 同前。
(66) 同前、三一頁。
(67) 同前、三二頁。
(68) 同前、三三―三四頁。
(69) 同前、三五頁。
(70) 同前。
(71) 同前、四〇頁。
(72) 同前、三九―四〇頁。
(73) 同前、四〇頁。
(74) 翌一九六八年度の講義は全共闘学生の授業妨害と丸山自身の入院により中止となり（丸山の入院後、神島二郎により代講）、以後一九七一年三月に定年を待たずに東京大学を退官するまで、法学部での講義は開講されていない。なお一九六八年度の授業妨害の顛末については、丸山『自己内対話』に詳しい。
(75) 『講義録』［第七冊］、一三―一四頁。
(76) 『和辻哲郎全集』第八巻、岩波書店、一九六二年、所収。
(77) 同前、一六―一七頁。
(78) 同前、一八―一九頁。
(79) 同前、一九頁。

(80) 同前。
(81) 『講義録』〔第七冊〕、二〇頁。
(82) 同前。
(83) 同前、二二頁。
(84) 同前、二三頁。
(85) 同前。なお丸山はこうした「比較」の例として、「ヨーロッパにおける封建制は、これを東アジアにたとえていえば、中国の大名が日本の近畿地方に領地をもちその農民を支配し、逆に日本の大名が河南省を領地とするような事態も常識であった。すなわちイギリス貴族の領土の荘園がフランスにあり、フランス農民がスペイン領主の支配下にあるというように、今日の『領土』を頭において考えると想像できないほど錯綜していた」(同前、二四頁)ことなどを挙げている。
(86) 同前、二五―二六頁。
(87) 同前、二六―二七頁。
(88) 『集』第十巻、三一頁。
(89) 『講義録』〔第七冊〕、二七頁。
(90) 『集』第八巻、所収。
(91) 『講義録』〔第七冊〕、二七頁。
(92) 『講義録』〔第六冊〕、四〇頁。
(93) 『講義録』〔第七冊〕、二九頁。
(94) 同前、三一頁。
(95) 同前、四九―五〇頁。丸山がここで、「参考。レヴィ＝ストロースによれば、人類学は、歴史学と同じ題材をもちながら、時間の相においてでなく、『共時的に』定位し、対象の見かけの特殊性と多様性の底に不変化的諸性質を発見しようとする〔cf.「人類学――その成果と将来」『みすず』九三号、一九六七〕。日本を対象とする学問は、まさに歴史的観察自体のなかに、この持続的契機を見出さねばならぬ。―プリント後筆」(同前、五〇頁)と注記していることにも注目しておこう。

(96) 同前、五〇―五一頁の編者注と解題三一九頁以下にあるように、『講義録』〔第七冊〕のこの部分の復元には資料的制約があることは確かである。しかし編者注の「そこで彼は『i「消去法」、ii「神道」の諸観念、iii民間伝承』の三つをメモ書きしたのち、後二者を線で結んで『照合』と書き入れている」という記述からも、ここでの「原型」が仮説的に再構成されたものという性格をもつことを疑う必要はあるまい。

(97) 同前、五六頁。「合理化」という概念が物語るように、こうした議論がマックス・ヴェーバーの宗教社会学のそれに依拠したものであることはいうまでもあるまい。

(98) 同前、五三―五四頁。

(99) 同前、五四頁。

(100) 同前、五五頁。

(101) 同前、六〇頁。

(102) 同前、六〇―六一頁。

(103) 同前、六四頁。

(104) 同前、六五―六六頁。

(105) 同前、六六頁。

(106) 同前、六八頁。

第六章　スサノオ神話と「キヨキココロ・アカキココロ」

『古事記』『日本書紀』の異同とスサノオ神話

前章までの検討で明らかなように、「清明心の道徳」の本質に「無私性＝全体性への帰依」を見いだした和辻哲郎もまたその系譜に連なる相良亨や湯浅泰雄も、さらに「キヨキココロ・アカキココロ」に倫理的価値意識の「原型（プロトタイプ）」を構成する「心情の純粋性」という内面的・絶対的な価値基準を見いだした丸山眞男も、ともに『古事記』および『日本書紀』のスサノオ神話――『古事記』においては須佐之男、『日本書紀』においては素戔嗚と表記されるのだが――に「清明心」＝「キヨキココロ・アカキココロ」をめぐる議論の素材をもとめている。しかしすでに本稿第二章でも述べたように、スサノオ神話――とりわけ、和辻等も丸山もともに依拠するところの、そのアマテラスとの宇氣比《うけひ》＝誓約をめぐる場面――には、『古事記』と『日本書紀』とのあいだに、さらには『日本書紀』の「本文」と「一書」のあいだにも、大きな異同が見いだされるのである。

すなわち、そもそもスサノオが「清明心」＝「キヨキココロ・アカキココロ」の持ち主であるのか否か、何をもって「清明心」＝「キヨキココロ・アカキココロ」とするのかという問題は、必ずしも自明なものではないのであって、『古事記』および『日本書紀』のテクストに即して、あらためて分析されなければならないはずのものなのである。

ところで、『古事記』および『日本書紀』のテクストに即して、スサノオ神話とそこにおける「清明心」＝「キヨキココロ・アカキココロ」の意味内容の分析を試みようとする本稿にとって、『古事記』と『日本書紀』のテクストを別個のものとして読むことを提起する神野志隆光と水林彪の議論はきわめて重要な意味を持つといえよう。

周知のように神野志隆光は、『古事記の達成――その論理と方法』[1]、『古事記の世界観』[2]、『古事記――天皇の世界の物語』[3]、『古事記と日本書紀――「天皇神話」の歴史』[4]、『複数の「古代」』[5]などにおいて、『古事記』をひとつの完結した作品として把握すること、すなわち、「作品としての全体から切り離して部分部分をとり出し、たとえば『日本書紀』との比較を通じてその歴史的成立的背景や話としての展開・定着を論じておわる」ような、いわゆる「記紀研究」を批判する立場から、「作品としての『古事記』の達成」を明らかにすることを提起した[6]。すなわち、

> 一口に記紀といい、また記紀神話ともいうように、『古事記』と『日本書紀』とを比較対照しつつ論ずることが一般化した方法となっている。特に神話に関しては、『日本書紀』の異伝（一書）をふくめて成立・展開を見るのは常道といってよい。たしかに、比較対照しうる話を記紀はそれぞれもっている。しかし、それは部分と部分の問題であって、全体としては『古事記』『日本書紀』それぞれの論理によって成り立つのであり、その論理は本質的に異なるものがあると認められる。神話的部分でいえば、相似た話が連なり、プロットの枠としても似ているようではあるが、基本的には全体を貫く糸は全く異質だといわねばならぬ。記紀神話というい方にはその点に対する認識があいまいにされているところがありはしないか。記紀を雑炊的に論ずるのであってはなるまい[7]。

こうした立場を明確にするために、『古事記』と『日本書紀』の「神代」を貫く基本的な論理の差を「世界像」という点においてとらえようと試みる神野志が、『古事記』の「神代」に「ムスヒのコスモロジー」を、他方、『日本書紀』「本文」の「神代」に「陰陽のコスモロジー」を見いだし、こうした議論の過程で丸山の「歴史意識の『古層』」におけるつぎのような考察に言及していることに注目すべきであろう[8]。すなわち、

『紀』で用いられている天地開闢ないしは、未剖・初判などの用語に比べて、『記』の「天地初発」という句が漢語としても特異だという点は、すでに先学によって指摘されている。ここで付け加えて注意したいのは、「天地初発」の表現が『紀』の本文および諸一書を通じて見当らないだけではなくて、『記』の場合でも、本文とちがってともかく正規の漢文体で書かれている「序」においては、「天地初発」に代って、「乾坤初分」とか「陰陽斯開」とか、「天地開闢」とかいう、『紀』と同じような語句が用いられている点である。それは安万侶自身も、本文で用いた「天地初発」が、「堂々たる」漢文体には何かそぐわないと感じたからではあるまいか。逆にいえば、それだけ、本文冒頭にこの句を置いたことには、きまぐれ以上の根拠があり、「言意並びに朴」であった「上古の時」（序の言葉）の発想にふさわしい字句として選ばれたものと推測されるのである。……

天地開闢にしろ、初判にしろ、あるいは乾坤初分にしろ、それらすべてに共通しているのは、はじめ未分化であった天地が「天」と「地」と（あるいは陽と陰と）の反対の方向に向かって分離したという観念である。……つまりこの場合、宇宙論の核心は天地・陽陰・乾坤の二元的対立にほかならず、「天地絪縕、万物化醇。男女構レ精、万物化生」（易経、繋辞下伝）というように、その後はすべて陰陽二元の結合から「万物」の化生または化育が説かれる[9]。

『古事記』と『日本書紀』のテクストのあいだに、このような「世界像」の異同が横たわっているということについて、丸山もまた充分に自覚的であったということができよう。

そして、『古事記』と『日本書紀』は「それぞれの論理によって成り立つのであり、その論理は本質的に異なるものがある」とし、両者の「神代」を貫く基本的な論理の差を「世界像」という点においてとらえようと試みる神野志の議論が、丸山の「古層＝執拗低音」論にインスパイアーされたものであったということもまた明らかであろう[10]。

本稿におけるスサノオ神話の『古事記』と『日本書紀』のテクストに即した分析とそこにおける「清明心」＝「キヨキココロ・アカキココロ」の意味内容の検討にあたっても、スサノオをめぐるこの両者のテクストが「相似た話」を語っているように見えながらも、その背景にある「世界像」も、「全体を貫く糸」もまったく異なったものであるということについて充分に自覚的であることが求められるはずである。

加えていえば、『日本書紀』の「本文」と「一書」との関係をめぐる「本文と『一書』を同列にならべて相対化するわけにはいかないというべき」であり、『日本書紀』「神代」の筋は本文によってつらぬかれるものだと見るべきであるという神野志の指摘にも従うべきであろう[11]。『古事記』と『日本書紀』を別個のものとして読み、その「全体を貫く糸」の異同に留意しながら、両者それぞれのテクストに即した検討を行なっていくうえで、その検討の対象とされるべきは、あくまでも『古事記』と『日本書紀』の「本文」でなければならないということである。

ところで水林彪はその著書『記紀神話と王権の祭り』において、神野志とは『古事記』の「世界像」の内容的理解においては決定的な違いを強調しつつも、つぎのように論じて、『古事記』と『日本書紀』の混淆を排するという方法を高く評価している。すなわち、

『古事記』をば、政治思想を語った作品として研究しようとするとき、まずは神野志隆光氏の研究を批判的に吟

味することが適切であるように思われる。『古事記』がそうした性格の作品であることを明らかにしたものとして、まずは津田左右吉の古典的研究が想起されるが、すでにのべたように、そこには、性格の全く異なる『日本書紀』と『古事記』の二書を混淆して政治思想を論ずるという重大な方法的誤謬があり、今日の研究水準をふまえて『古事記』研究を行なおうとする場合に、研究の出発点に据えるには、必ずしも適当ではない。これに対して、神野志氏の場合、『古事記』を一個の作品として研究しようとする方法は透徹している。氏は、『古事記』を『日本書紀』と混淆して論ずることを厳しく戒め、さらに、『古事記』を諸部分に解体してしまい、その諸部分を全体から切り離して論ずるような傾向も厳しく排して、『古事記』の全体へと迫ろうとする。(12)

水林が、『記紀神話と王権の祭り』や『思想史家 丸山眞男論』所収の論稿「原型（古層）論と古代政治思想論」において、丸山の「古層＝執拗低音」論への批判を展開しつつ、その独自の「古層・新層論」を提起していることは周知のことであろう。(13) なおその近著『天皇制史論――本質・起源・展開』(14)で水林は、むしろ丸山の「古層＝執拗低音」論の影響を強くうかがわせる議論を展開しているようにも思われるが、この点に関して論ずる余裕はさしあたりない。いずれにせよ水林の議論もまた丸山の「古層＝執拗低音」論に少なからずインスパイアーされたものであることは否定できまい。

本稿の課題にとって重要なのは、こうした水林が『記紀神話と王権の祭り』の第二部「『神夜良比』と『神逐』――スサノヲ神話の記紀比較研究」において、『古事記』と『日本書紀』を別個のものとして読むという方法に基づいた詳細なスサノオ神話の検討を行なっていることである。

水林はこの論稿をつぎのように説きおこす。すなわち、スサノヲ神話研究をふりかえって、私が根本的に疑問に思うのは、管見の限り、全ての議論が、『古事記』における須佐之男命の物語りと『日本書紀』における素戔嗚尊の物語りを、細部に相違を含みつつも、基本的には同一のモチーフの神話とみなして、スサノヲ神話研究を行なっていることである。近年、記紀の他の部分（天地生成神話や高天原神話）の研究を通じて、『古事記』と『日本書紀』とをそれぞれ独自の世界観を有する別個の作品として見ようとする考え方が主張されているが……、成心なく『古事記』と『日本書紀』のスサノヲ神話を読むならば、そこにも両書の相違は明らかなように思われ、須佐之男命と素戔嗚尊とは正反対の性格を有するもののようにさえ、私には思われるのである。

……これまでのスサノヲ神話研究は、『古事記』を『日本書紀』によって補い、『日本書紀』を『古事記』よって補うことによって、架空のスサノヲ像を作りあげてきたのではないか。スサノヲについて決まって指摘される「複雑な性格」ないし「矛盾した性格」は、相容れないものを同視してきたことの結果であり、研究者の側の混乱にすぎないのではないか。……

テクストというものに対するこのような配慮は、『日本書紀』それ自体についても求められるように思われる。周知のように、『日本書紀』神代は、本文と本文の段落ごとに註記されている幾つかの異伝（一書）からなっており、一つの物語りとして読みうるのは本文だけで、諸異伝は部分部分の集積でしかないのであるが、そうだとすれば我々は、本文についてしか、統一的な人物像や世界観を提示しようとした作品という評価を与えることができないのである。……

そういう次第であるから、素戔嗚尊像は、『日本書紀』神代本文によって獲得しなければならない。本文と一書とを初めから混ぜあわせては、古代人のあずかり知らぬ架空の物語り、架空の素戔嗚尊像しか生れようがないのである。(15)

水林がいう「相容れないものを同視してきたことの結果」としてもたらされる「研究者の側の混乱」からは、「清明心の道徳」をめぐる和辻等の議論のみならず、「原型（プロトタイプ）」をめぐる丸山もまた必ずしも免れていないように思われる。

たとえば、一九六六年度講義（『講義録［第六冊］』）や一九六七年度講義（『講義録［第七冊］』）でつぎのように語っていた丸山は、「相容れないものを同視してきたことの結果」として「スサノヲについて決まって指摘される『複雑な性格』ないし『矛盾した性格』」に足をとられている恐れなしとはしえないようにも思われる。すなわち、

このように機能がそれとして神聖化されると、あらぶる神の超人間的エネルギーは、一方で特殊集団に害悪を与えるという意味では悪であり呪術的コントロールの対象とされながら、他方でその荒ぶるという活動自体は必ずしも悪ではなく、英雄神として崇拝されるという二重性格をもつ。活動の神化が心情の純粋性と結びつくと、内なるエネルギーを純粋な動機から（成敗利鈍をかえりみず）外に爆発させる行動は、畏れられながら、尊敬されるという ambivalent〔両極併存的〕な評価が生れるわけである。記紀神話の世界でスサノヲは、高天ヶ原神話では悪とされ、出雲神話では善とされるという二重評価を受けている。(16)

〈……「原型」的思考の特徴は、実体的思考よりも機能的思考が優位しているということである。それは形而上学形成力の弱さを示すとともに、一種のプラグマチックな適応性に富むという implication〔内包〕をもつ。しかも作用、機能、活動それ自体の神化が、先述の心情の純粋性を絶対とする動機主義と結合すると、成敗を顧みぬ心情の純粋性に発した爆発的行動は、その激しさゆえに一方では恐れられ、他方ではその純粋性ゆえに尊重されると

いうアンビヴァレント〔両極志向的〕な評価をうけることになる。それはスサノヲへの価値判断の二面性に象徴されている。……〉[17]

『古事記』の須佐之男神話と『日本書紀』神代本文の素戔嗚神話との比較研究を試みることを通じて、「誤れるスサノヲ神話論をもとに論じられてきた様々の事柄――古代の罪と罰、古代人の世界観、天皇制の『深層構造』、天皇制国家論等々――を論じ直すための足場を固めたいと思うのである」とする水林の議論は多岐にわたるものであり[18]、「清明心」＝「キヨキココロ・アカキココロ」の意味内容のテクストに即した検討を目指す本稿の課題とのかかわりでは、その全体をフォローする余裕も必要もあるまい。

次節以下では、水林の議論を導きの糸としながら、筆者なりの仕方で、「清明心」＝「キヨキココロ・アカキココロ」をめぐる『古事記』の須佐之男神話と『日本書紀』神代本文の素戔嗚神話との比較を試み、そこから「清明心」＝「キヨキココロ・アカキココロ」の意味内容の検討を行なっていくこととしよう。なお本稿における『古事記』および『日本書紀』の引用は岩波書店刊『日本古典文學体系』のテクストを用いることとしたい。

須佐之男（『古事記』）と「キヨキココロ・アカキココロ」

「清明心」＝「キヨキココロ・アカキココロ」の意味内容についての検討を行う以上、その焦点が高天原における須佐之男と天照との宇氣比《うけひ》の場面に向けられるべきであることは明らかであるが、神野志、水林の指摘をまつまでもなく、できるかぎり『古事記』の須佐之男の物語の展開に即して、須佐之男がいかなる「人物像」として描かれており、そうした須佐之男の「人物像」のいかなるあり方について「清明心」＝「キヨキココロ・アカキココロ」が見いだされているのか、あるいは見いだされていないのか、ということが問われなければならないであろう。

結論を先取りしていえば、『古事記』の須佐之男は――『日本書紀（本文）』の素戔嗚とはまったく対照的に――一貫して「清明心」＝「キヨキココロ・アカキココロ」を象徴するような「人物像」として描き出されているのであり、実はそこには「複雑な性格」も「矛盾した性格」も見られないといってよい。

そのことを明らかにするためにも、まずは須佐之男の生成の場面から見ていくこととしよう。『古事記』はそれをつぎのように語る。すなわち、

於レ是洗二左御目一時、所レ成神名、天照大御神。次洗二右御目一時、所レ成神名、月讀命。次洗二御鼻一時、所レ成神名、建速須佐之男命。……

此時伊邪那伎命、大歡喜詔、吾者生二生子一而、於二生終一得二三貴子一、即其御頸珠之玉緒母由良邇。……取由良迦志而、賜二天照大御神一而詔之、汝命者、所レ知二高天原一矣、事依而賜也。故、其御頸珠名、謂二御倉板擧之神。……次詔二月讀命一、汝命者、所レ知二夜之食國一矣、事依也。次詔二建速須佐之男命一、汝命者、所レ知二海原一矣、事依也。[19]

須佐之男はいうまでもなく国生みの神、伊邪那岐《いざなき》の禊《みそぎ》の最後に生成した「三貴子」のうちの一神である。伊邪那岐とともに大八嶋國をはじめとする島々と数多くの神々を生んだ伊邪那美《いざなみ》は火神・迦具土《かぐつち》の出生によって黄泉國《よみのくに》へと神《かむ》避《さ》りした。それを追って黄泉國に向かったものの、醜く変わりはてた伊邪那美の姿を見畏《みかしこ》みて逃げ還った伊邪那岐が、その穢れを禊ぎ祓った時、数多くの神々が生成し、その最後に天照、月讀、須佐之男の「三貴子」が成ったのである。「日神」と「月神」と見なされるべき天照、月讀とともに「三貴子」に列せられる須佐之男が日や月に対応す

る何を象徴する神なのかは議論の余地もあろうが、一応は「須佐」を荒れすさぶ嵐の意と解し、「嵐神」と見なす説[20]を採っておこう。

いずれにせよ「三貴子」のうちの一神として化成した須佐之男は、大歓喜した伊邪那岐から「海原」を知らすことを命じられた。この「海原」が、天照の事依させられた「高天原」や「葦原中國《あしはらのなかつくに》」の「葦原」と対応するものであって、『古事記』は「『高天原』、『海原』、『葦原（中国）』の三つの神話的世界を、意識的に『原』という共通の言葉で表現しよう」としており[21]、「『高天原』と『海原』とを対等の世界とみなそうとする志向が顕著」なのではないかという水林の議論[22]を受け容れるとすれば、伊邪那岐の事依させはまさに天照と須佐之男とを対等に扱ったものと解すこともできよう。いずれにせよ『古事記』における須佐之男は、このような存在として生成したのであった。

しかるに須佐之男は、伊邪那岐に命じられた「海原」の統治にたずさわることなく、ただひたすらに泣き暮らす。すなわち、

故、各隨二依賜之命一、所レ知看之中、速須佐之男命、不レ治二所レ命之國一而、八拳須至二于心前一、啼伊佐知伎也。……其泣状者、青山如二枯山一泣枯、河海者悉泣乾。是以悪神之音、如二狹蝿一皆滿、萬物之妖悉發。故、伊邪那岐大御神、詔二速須佐之男命一、何由以、汝不レ治下所二事依一之國上而、哭伊佐知流。爾答白、僕者欲レ罷二妣國根之堅州國一。故哭。爾伊邪那岐大御神大忿怒詔、然者汝不レ可住二此國一、乃神夜良比爾夜良比賜也。……故、其伊邪那岐大神者、坐二淡海之多賀一也[23]。

八拳須《やつかひげ》が心《むね》の前《さき》に至るまでとされているように、須佐之男は大人になってもいまだ子供のごとく声をあげて泣きつづける神だったのである。しかもその理由は、すでに須佐之男の化成する以前に神避りて「根之堅州國《ねのかたすくに》」[24]に在る亡き

母・伊佐那美を恋い慕い、母の国に行くことを望んでのことであった。こうして『古事記』の須佐之男は何よりもまず亡き母を恋い慕い、髭をたくわえた大人となってもいまだ子供のように泣きつづける神として描かれていたのである。

しかし「三貴子」のうちの一神として、「建速」と形容される須佐之男が泣き啼くことは、重大な結果をもたらさずにはおかない。すなわち青山は枯山のごとく泣き枯れ、河も海もことごとく泣き乾すという巨大な災厄を惹起し、さらにその結果として「悪神」どもが蠢きだして、その声が狭蠅《さばえ》のごとく満ち充ち、あらゆる「妖《わざはい》」がおこることとなったというのである。青山が枯れ、河海を乾すとは、「海原」を知らすべきとされた須佐之男が「水」をつかさどる神と見なされているからであろう。

ここで注意すべきは、須佐之男自身が「悪神」とされているのではなく、須佐之男の泣き啼くことが、亡き母を恋い慕うというその「純粋な心情」による動機とはかかわりなく、結果として「悪神」を蠢きださせるのだと描かれていることであろう。水林も指摘するように(25)「是以悪神之音、如㆓狭蠅㆒皆滿、萬物之妖悉發」という表現は、天照が「天石屋戸」に籠もった結果もたらされた巨大な災厄に対して、「高天原」も「葦原中國」も闇におおわれ、「於㆑是萬神之聲者、狹蠅那須……滿、萬妖悉發(26)」というそれが用いられているのとほぼ同様のものなのである。ここでの天照自身が「悪神」とされていないことは、あえていうまでもあるまい。

須佐之男が泣き啼けば、天照が「天石屋戸」に籠もったのと同様な巨大な災厄がもたらされる。しかしそれは、須佐之男が「悪神」であったからではなく、天照と同様に「三貴子」として――「日」をつかさどるものと、「水」をつかさどるものとしての――巨大な力を有していたからにほかならない。須佐之男はただ亡き母を恋い慕って、泣き啼いているだけなのである。

こうした須佐之男に対して父神・伊邪那岐は忿怒して、「汝はこの国に住むべからず」として、「神夜良比爾夜良比賜」ことになる。この「神夜良比《かむやらひ》」は「神遣らい」とみなすべきなのであり、『日本書紀』の「神逐《かむはらい》」とは異なって、追放を意味しないのではないかというのが、水林の「『神夜良比』と『神逐』――スサノヲ神話の記紀比較研究」の主題にほかならない[27]のであるが、筆者としては「神夜良比」が通説の通りに追放を意味していたとしても特に不都合は感じない。

問題なのは、結果的にこの「神夜良比」によって、須佐之男が亡き母の国・「根之堅州國」におもむくことを許されたのだということにほかならない。伊邪那岐がその「事依」に従わず、亡き母を恋い慕って泣き啼くことで、結果的に災厄をもたらす須佐之男に手を焼き、その願いをかなえるかたちで「神夜良比」したと見なされるべきだといえよう。したがって念願かなった須佐之男は、喜び勇んで天照のもとに暇乞いに向かったのである。本稿の検討の主要な対象たる「宇氣比」の場面は、こうして訪れる。すなわち、

故於レ是速須佐之男命言、然者請二天照大御神一將レ罷、乃參二上天一時、山川悉動、國土皆震。爾天照大御神聞驚而詔、我那勢命之上來由者、必不二善心一。欲レ奪二我國一耳。即解二御髮一、纏二御美豆羅一而、……伊都……之男建蹈建……而待問、何故上來。爾速須佐之男命答白、僕者無二邪心一。唯大御神之命以、問二賜僕之哭伊佐知流之事一。故、白都良久、……僕欲レ往二妣國一以哭。爾大御神詔、汝者不レ可レ在二此國一而、神夜良比夜良比賜。故、以下爲請中將二罷往一之狀上參上耳。無二異心一。爾天照大御神詔、然者汝心之清明、何以知。於レ是速須佐之男命答白、各宇氣比而生レ子。[28]

「神夜良比」された須佐之男は、天照に暇乞いするために「高天原」に参上するのだが、そのさまは「山川悉動、國土皆震」というすさまじいものであった。これは須佐之男のもつ力やエネルギーの巨大さを示すものではあって

も、その「悪意」によるものではあるまい。しかし天照は須佐之男の「不善心」を疑い、「高天原」を奪いに来たに違いないと考えて武装し、威勢よく雄叫びを上げ足を踏み鳴らして待ち受ける。(29)「なぜ『高天原』に上ぼって来たのか」との天照の問いに、須佐之男は素直に事情を説明し、「異心なし」と答えるが、疑念を解かない天照は「汝の心の清く明かきは何《いか》にして知らむ」とさらに問い、いよいよ宇氣比ということとなるのである。ここで問われるのは、須佐之男は亡き母・伊邪那美の在る国、「根之堅州國」に行きたいだけなのであって、「高天原」を奪うというような「異心」はないということであり、須佐之男の「清明心」とは亡き母を恋い慕うのみの心であるということになろう。それぞれの「物實」から子を生むという宇氣比の結果は、天照の「物實」から五柱の男子、須佐之男の「物實」から三柱の女子が成るというものであった。すなわち、

　於レ是天照大御神、告二速須佐之男命一、是後所レ生五柱男子者、物實因二我物一所レ成。故、自吾子也。先所レ生之三柱女子者。物實因二汝物一所レ成。故、乃汝子也。如レ此詔別也。……爾速須佐之男命、白二于天照大御神一、我心清明。故、我所レ生之子、得二手弱女一。因レ此言者、自我勝云而、於二勝佐備一、……。(30)

五柱の男子には、のちに「葦原中國」に天孫として降臨することとなる番能邇邇藝《ほのににぎ》の父・正勝吾勝勝速日天之忍穂《まさかつあかつかつはやひあめのおしほ》耳《みみ》が含まれる以上、この男子が天照の子であることは動かせまい。天之忍穂耳に加えられた「正勝吾勝」という呼称から見て、『日本書紀』本文と同様に天照が宇氣比に勝ったのだという解釈も成り立とうが、『古事記』のテクストは須佐之男の「我心清明。故、我所レ生之子、得二手弱女一。因レ此言者、自我勝」という宣言をいささかも否定していない。『古事記』の須佐之男は三柱の女子を生んで宇氣比に勝ち、その心の「清き明かき」ことが証明されたのだと理解されるべきであろう。

亡き母をひたすら恋い慕い、「妣國」である「根之堅州國」に行くことを欲した須佐之男の「清き明かき心」が証明されたのであり、それ以外の――「高天原」を奪おうと欲するような――「異心」がないことが証されたのだということである。ここで和辻等のように須佐之男の「清明心」に、天照への――あるいは天照が統治する「高天原」への――無私の忠誠心を見いだすことには、あまりにも無理があるように思われる。

さて「勝佐備」した須佐之男が、その勝った喜びにまかせて「高天原」と天照に対して働いた乱暴狼藉についてはあえて語るまでもあるまい。もっとも泣くだけで青山を枯らし、河海を乾し、動けば「山川悉動、國土皆震」する須佐之男の力のすさまじさは、当然のごとく「高天原」に壮絶な破壊をもたらさずにはおかなかった。

しかしここで注目すべきは、こうした須佐之男による破壊に対して、天照がそれを咎めようとしないことである。すなわち、

故、雖㆓然爲㆒、天照大御神者、登賀米受而告、如㆑屎、醉而吐散登許曾……。我那勢之命、爲㆑如㆑此。又離㆓田之阿㆒、埋㆑溝者、地矣阿多良斯登許曾……。我那勢之命、爲㆑如㆑此登……。詔雖㆑直、猶其悪態不㆑止而轉。[31]

『古事記』がこうして、天照が須佐之男の「勝佐備」たが故の乱暴狼藉を「登賀米」なかったと明確に記していることに注目すべきであろう。宇氣比に勝って無邪気に喜びを爆発させる須佐之男に対して、むしろその「清き明かき心」を疑った天照の方が後ろめたさを感じ、その無邪気な乱暴狼藉を咎めることができなかったということなのではあるまいか。

須佐之男の心情の純粋性、亡き母を恋い慕う動機の純粋さと、無邪気な勝利の喜びの発露――「清き明かき心」――の前には、「高天原」における甚大な破壊という結果は咎め得ない。むしろその純粋性を疑ったものが自らの

不明を恥じなければならない。そうした構図が、この「登賀米受」という言葉から浮びあがってくるようにも思われる。

しかし須佐之男の「悪態」はますます激しくなり、ついに天服織女の死を招く。それを見畏みた天照が「天石屋戸」にさし籠ってしまったがゆえに「高天原」と「葦原中國」は闇に閉ざされ、「於レ是萬神之聲者、狹蝿那須……滿、萬妖悉發」こととなったのはすでに触れたとおりである。この後、あまりに有名な「天石屋戸」をめぐる物語が展開し、天宇受賣《あめのうずめ》や天手力男《あめのたぢからお》らの活躍によって、天照が「天石屋戸」から引きだされ、「高天原」と「葦原中國」は闇から解放されることは周知の通りである。

そしてこうした出来事の結果として、須佐之男はあらためて「神夜良比」されることとなる。すなわち、

於レ是八百萬神共議而、於二速須佐之男命一、負二千位置戸一、亦切レ鬚及手足爪令レ拔而、神夜良比夜良比岐。[32]

千位の置戸を負わせ、鬚を切り手足の爪を抜かしめるという八百萬の神々の行為が、須佐之男がもたらした「災厄」や「穢」の祓いを意味するのか、須佐之男の「罪」に対する刑罰を意味するのかは議論の余地があろう。まさにここに丸山の指摘した「災厄観」と「罪悪観」との重畳を見ることができるということも疑うべくもない。

しかしいずれにせよ須佐之男は、ふたたびあらためて「神夜良比」されるのだが、その向かう先は、当初からの須佐之男の念願通りに、亡き母・伊邪那美が在るとされる「根之堅州國」であったことに注目すべきであろう。その途上、出雲國において「八俣遠呂智《やまたのおろち》」を退治し、大國主《おおくにぬし》へと連なる子孫を遺した須佐之男が最終的には「根之堅州國」に向かったことは、その後の大國主をめぐる物語を見れば疑うべくもなかろう。すなわち『古事記』の須佐之男は、母を恋い慕い泣き啼いたその純粋な心情にもとづく念願を最終的にはかなえているのであって、ここでも「神夜良

比」は――たとえ通説のごとく追放を意味するとしても――須佐之男の願いにそったものにほかならなかったのである。

『古事記』の語る須佐之男とは、このような存在であった。そしてそこにおける「清き明かき心」とは、このような須佐之男の心のあり方にほかならなかったはずである。丸山が倫理的価値意識の「古層＝執拗低音」について語った「生誕直後の赤子は『なりゆく』霊《ひ》のポテンシャリティが最大であるだけでなく、キヨキココロ・アカキココロという……、倫理的価値意識の古層からみても、もっとも純粋な無垢性を表現しているからである」[33]という一節は、このような須佐之男の「清き明かき心」に即してこそ理解されなければなるまい。

素戔嗚（『日本書紀（本文）』）と「キヨキココロ・アカキココロ」

『日本書紀』神代本文における素戔嗚の物語は、前節において見た『古事記』の須佐之男とはまったく異質なものとして語られている。それは一貫して「清き明かき心」の持ち主として語られていた須佐之男とは対照的に、一貫して「悪神」として記されているとさえいえよう。

本節では、前節で見た須佐之男との異同に注目しつつ、『日本書紀』神代本文の描く素戔嗚の物語をテクストに即して検討していくこととする。まずはその誕生から見ていくこととしよう。すなわち、

次生レ海。次生レ川。次生レ山。……既而伊弉諾尊・伊弉冉尊、共議曰、吾已生二大八洲國及山川草木一。何不レ生二天下之主者一歟。於是、共生二日神一。號二大日孁貴一。……此子光華明彩、照二徹於六合之内一。故二神喜曰、吾息雖レ多、未レ有二若此靈異之兒一。不レ宜三久留二此國一。自當下早送二于天一、而授以中天上之事上。是時、天地相去未レ

遠。故以二天柱一、擧二於天上一也。次生二月神一。……其光彩亞レ日。可二以配レ日而治一。[34] 故亦送二之于天一。次生二蛭兒一。雖二已三歳一、脚猶不レ立。故載二之於天磐櫲樟船一、而順レ風放棄。次生二素戔嗚尊一。

『日本書紀』神代本文の素戔嗚は、伊弉諾・伊弉冉の二神が「大八洲國」と「山川草木」に続いて生んだ神々のうちの一神として誕生した。『古事記』の須佐之男と違い母・伊弉冉は死んでなどいない。「大八洲國」も「山川草木」も、ともに生れた「日神」（＝大日孁貴）も「月神」も、みな伊弉諾・伊弉冉の二神の性交渉の結果生まれたのである。しかも素戔嗚は、『古事記』の須佐之男のように天照・月讀とならぶ「三貴子」のうちの一神でもない。「日神」（＝大日孁貴）と「月神」、三歳になっても脚が立たず「天磐櫲樟船」に載せて流し棄てられた「蛭兒」とともに生れた四神のうちの一神であり、むしろ「蛭兒」と対になった神とさえいってもよいかもしれない。

ともあれ素戔嗚の誕生は、『古事記』の須佐之男の生成とはまったく異なったものとして描かれていたのである。もっとも素戔嗚もまた、須佐之男と同様に哭泣する神であることには変わりがない。すなわち、

此神、有二勇悍以安忍一。且常以二哭泣一為レ行。故令二國内人民、多以夭折一。復使青山變レ枯。故其父母二神、勅二素戔嗚尊一、汝甚無道。不レ可三以君二臨宇宙一。固當遠適二之於根國一矣、遂逐之。[35]

たしかに素戔嗚もまた哭泣するのだが、それは『古事記』の須佐之男のように亡き母を恋い慕って泣き啼くのではない。母・伊弉冉はそこに居るからである。素戔嗚が哭泣すれば、人民は夭折し、青山は枯れる。素戔嗚の哭泣する声は直接に多大な災厄をもたらすのである。では何故に素戔嗚は哭泣するのかといえば、それは素戔嗚に「安忍《いぶり》なること有り」とされるからにほかならない。「安忍」とは残忍なことをしても平気である様をいうとされる。[36]

素戔鳴は自らの哭泣する声が、人民を夭折せしめ、青山を枯れさせるといった災厄をもたらすことを承知のうえで、常に哭泣することを以て行《わざ》となすという「安忍」なる存在としてこそ描き出されているのである。そうであるが故に、伊弉諾・伊弉冉の二神は「汝《いまし》、甚《はなは》だ無道《あづきな》し」として、素戔鳴を遠く「根國《ねのくに》」へとまさに追放するのである。『古事記』の須佐之男は、亡き母を恋い慕って泣き啼き、念願がかなうかたちで「妣國」たる「根之堅州國」へと「神夜良比」されるのだが、『日本書紀』神代本文の素戔鳴は、伊弉諾・伊弉冉の二神によって、「根國」へと放逐されるのである。『日本書紀』神代本文の素戔鳴は、こうして「安忍」にして「無道」なる悪神としてこそ登場し、問題となるべき天照との誓約の場へと向かうのであった。すなわち、

始素戔鳴尊、昇レ天之時、溟渤以之鼓盪、山岳爲之鳴呴。此則神性雄健使二之然一也。天照大神、素知二其神暴惡一、至レ聞二來詣之狀一、乃勃然而驚曰、吾弟之來、豈以二善意一乎。謂當有二奪レ國之志一歟。……乃結レ髮爲髻、縛レ裳爲レ袴、……奮二稜威之雄誥一、……發二稜威之嘖讓一、……而徑詰問焉。素戔鳴尊對曰、吾元無二黑心一。父母已有二嚴勅一、將三永就二乎根國一。如不二與レ姉相見一、吾何能敢去。是以、跋二涉雲霧一、遠自來參。不レ意、阿姉翻起嚴顏。于時、天照大神復問曰、若然者、將何以明二爾之赤心一也。對曰、請與レ姉共誓。夫誓約之中、……必當レ生レ子。如吾所生、是女者、則可以三爲有二濁心一。若是男者、則可以三爲有二淸心一。[37]

素戔鳴は天照に暇乞いするといって、海を鼓《とどろ》き盪《ただよ》わしめ、山を鳴り呴《ほ》えせしめつつ高天原へと向かう。天照はもとより素戔鳴の「暴惡」を知っており、その「奪國之志」を疑って、武装して待ち受ける。天照の詰問に対し、素戔鳴は「吾《やつかれ》は 元《はじめより》黒《きたな》き心無し」と応えるが、天照はさらに「何を以てか爾《いまし》が赤《きよ》き心を明さむ」と問いつめる。これに対して、素戔鳴は誓約《うけひ》することを請い、生れた子が女であれば「濁《きたな》き心」あると以爲《おもほ》せ、生れた子が男であれば「清き

心」あると以為せと明確に約したうえで、誓約に臨んだのであった。しかし誓約の結果は、素戔嗚の明らかな負けであり、その「黒心」「濁心」は白日の下にさらされることとなるのである。すなわち、

是時、天照大神勅曰、原二其物根一、則八坂瓊之五百箇御統者、是吾物也。故彼五男神、悉是吾兒、乃取而子養焉。又勅曰、其十握劒者、是素戔嗚尊物也。故此三女神、悉是爾兒、便授二之素戔嗚尊一。(38)

天照の物根《ものざね》から生まれたのは正哉吾勝勝速日天忍穂耳をはじめとする五柱の男神であり、素戔嗚の物根から生まれたのは市杵嶋姫をはじめとする三柱の女神であった。『古事記』の須佐之男とは対照的に、彼自身が約した条件に則って、素戔嗚の「黒心」「濁心」こそが明白に証しされたのだということに注目しなければなるまい。

さればこそ、この後の素戔嗚の乱暴狼藉は「甚《はなは》だ無状《あづきな》し」というほかないものであった。すなわち、

是後、素戔嗚尊之為行也、甚無状。何則天照大神、以二天狹田・長田爲御田一。……又見下天照大神、方織二神衣一、居中齋服殿上、則剥二天斑駒一、穿二殿甍一而投納。是時、天照大神驚動、以レ梭傷レ身。由レ此、發慍、乃入二于天石窟一、閉二磐戸一而幽居焉。(39)

『日本書紀』神代本文の素戔嗚は、天照の「齋服殿」の屋根から逆剥ぎに剥いだ「天斑駒」を投げ入れるという狼藉によって、結果的に天照自身の身に傷を負わせ、「發慍《いか》」らせてしまう。天照の「天石窟」への幽居はこうして惹起されたのであった。天照が梭《かび》によって傷を負い、「天石窟」へ幽居するというこのくだりは、あたかも天照の死を暗示さえするかのようである。だとすればここでの素戔嗚は姉殺しの罪を犯したのだとさえ読み得るのではなかろうか。

「天石窟」へ幽居した天照をめぐる思兼、手力雄、天兒屋、太玉、天鈿女らの神々の活躍の物語についてはここでは触れるいとまはない。ともあれ天照の復活をへて、素戔嗚はその罪を贖《あがな》わされ、ついにふたたび放逐されることとなるのである。すなわち、

然後、諸神歸二罪過於素戔嗚尊一、而科之以二千座置戸一、遂促徴矣。至レ使三抜レ髪、以贖二其罪一。亦曰、抜二其手足之爪一贖之。已而竟逐降焉。(40)

すでに見たように『古事記』においては、千位の置戸を負わせ、鬚を切り手足の爪を抜かしめるという八百萬の神々の行為が、須佐之男がもたらした「災厄」や「穢」の祓いを意味するのか、須佐之男の「罪」に対する刑罰を意味するのかは、必ずしも明確ではなかった。そこには丸山眞男のいうような「災厄観」と「罪悪観」との重畳が見られるといってもよいようにも思われるのであった。しかし『日本書紀』神代本文の素戔嗚に対する諸神の措置は、明らかに素戔嗚に罪の贖いをさせるものであったといえよう。かくして素戔嗚は「根國」へと放逐される。『日本書紀』神代本文の素戔嗚はこうして一貫して「安忍」「無道」「暴惡」「無狀」な悪神なのであり、こうした「安忍」「無道」「暴惡」「無狀」をこそ、「黑心」「濁心」と見なされる存在にほかならなかったのであり、いいかえれば、「清心」「赤心」とはまったく無縁な存在としてこそ語られていたのである。

『古事記』と『日本書紀（本文）』の異同の意義

『古事記』における須佐之男と『日本書紀（本文）』の素戔嗚をめぐる物語は、このように大きく異なるものにほ

かならなかったのであり、その「人物像」は対照的なものとして描かれていたのであった。そしてその対照性はまさに、本稿が問題としつづけてきた「キヨキココロ・アカキココロ」をめぐって表われるものにほかならなかった。スサノオをめぐる『古事記』と『日本書紀（本文）』のこの異同、「キヨキココロ・アカキココロ」をめぐる『古事記』と『日本書紀（本文）』のこの対照性を、はたしてどのように理解したらよいのであろうか。

そしてこうした『古事記』と『日本書紀（本文）』の異同をふまえたとき、「清明心」＝「キヨキココロ・アカキココロ」とは、はたしていかなる意味をもつものと把握することができるのであろうか。

こうした問いに全面的に答えることは容易なことではあるまい。ただ丸山眞男が未完のままに遺した「古層＝執拗低音」論のさらなる展開に幾許かの寄与を試みんとする本稿の課題にとって必要だと思われる限りで、ささやかな考察を加えてみることとしたい。その場合、当然のことながら導きの糸となるのは、「文化接触と文化変容」という視点であることはいうまでもあるまい。

八世紀初頭に成立したとされる『古事記』も『日本書紀』も七世紀後半から展開した巨大な文化接触の産物にほかならない。おそらくは渡来人の手になると思われるほぼ完璧な漢文で表記された『日本書紀』はいうまでもなく、変態漢文で表記された『古事記』もまた、この時代の大規模な大陸文明との文化接触によってこそ成立し得たものである。大陸文明の接触によってもたらされた文字（漢字）という外来文化の受容なしには、『古事記』も『日本書紀』も存在し得なかったであろう。

こうした文化接触は、後漢帝国崩壊後数世紀の混乱をへてようやく成立した隋・唐帝国による中国の再統一という東アジア世界の激動を背景に、とりわけ朝鮮半島における百済の滅亡（六六〇年）と白村江の戦いにおける倭・百済連合軍の唐・新羅連合軍に対する敗北（六六三年）、百済王族をはじめとする多数の百済遺民の渡来（亡命）といった出来事を契機にますます加速され、勝者・唐帝国を徹底的に模倣するかたちで展開していったのである。

「日本」という国号の成立、「天皇」という称号の成立、平城京をはじめとする都城の建設、「律令」の制定と律令制的な行政・官僚機構の形成など、この時期の一連の変革は、たとえば歴史学者・保立道久が、石母田正、黒田俊雄、石上栄一さらには網野善彦らの議論の批判的検討を踏まえながら、東アジアの国際政治史の結果として生まれた「民族複合国家として軍国主義的性格をもつ開発独裁国家（——傍点、引用者）」の成立として把握しようとさえするものであった。[41] すなわち、

関晃が具体的に指摘しているように、律令制的な官僚機構をつくり出すうえで、渡来人の知識・技能は決定的な役割をもった［関　一九六六］。日本の律令制王国は後進国家として東アジアの文明と技術水準に追いつくことを最大の課題とし、実際上は韓半島から文明と人材の相当部分を受けいれた。逆に、それだからこそ、この時代の国家にとっては、渡来人の故国である中国・朝鮮などの先進国家と対等な立場、対等な政治的権威を確保することが国家存立の重要な前提であったのではないだろうか。そして、この事情こそが日本の国家内部に軍国主義や「侵略」への衝動を胚胎させたのであり、またこの屈折が一種のコンプレックスとしての「大国意識、差別意識」「小中華意識」を増大させたのである。[42]

もっとも律令制王国の「民族複合性」を八・九世紀まで持続するものとして強調する保立の議論[43]と、「人種・言語・領土・生産様式・宗教意識の同質性と歴史的持続性[44]」を過度に強調し、「われわれの『くに』が領域・民族・言語・水稲生産様式およびそれと結びついた聚落と祭儀の形態などの点で、世界の『文明国』のなかで比較すればまったく例外的といえるほどの等質性《ホモジエニティ》を、遅くとも後期古墳時代から千数百年にわたって引き続いて保持して来た[45]」と論じたことをもって、愛弟子・石田雄からさえもその「勇み足」を批判[46]されることとなった丸山の議論とを、このように関

連づけて論じることに違和感を感ずるむきもあろう。しかし、丸山が「われわれの『くに』」の等質性を後期古墳時代（六〜七世紀）までしか遡らせていないこと、保立が七〜八世紀の「律令制王国」を「民族複合国家」の最終段階と把握していることを勘案すれば、両者の認識にはさほど大きなくい違いはないのだともいえるのではなかろうか。

いずれにせよここでの問題は、『古事記』と『日本書紀』がこのような時期における文化接触の産物なのだということであり、とりわけ『日本書紀』は、『史記』『漢書』『後漢書』などに倣って、唐の太宗の勅命により国家事業として編纂された『晋書』『周書』『隋書』をはじめとする「正史」に対応するものとして、唐帝国に対する「対等な立場、対等な政治的権威」を誇示するためにこそ編纂された「小中華」＝「日本」の「正史」(47)にほかならなかったのだということである。

「正史」は、現王朝の正統性を主張するためにこそ編纂されるものである以上、「小中華」＝「日本」の「正史」たる『日本書紀』も、「日本」と号し、「天皇」と称した君主を戴く王朝の正統性を内外に――とりわけ「対等な立場、対等の政治的権威」を誇示すべき対象である唐帝国に対して――主張せんとしたものであることはいうまでもあるまい。そうであればこそ、『日本書紀』は随所で、『淮南子』『漢書』『後漢書』『三国志』『梁書』『隋書』『芸文類聚』『文選』『金光明最勝王経』などの舶載の漢籍類に拠る漢文的潤色をほどこした堂々たる漢文によって書き著されなければならなかったのであろう。(48)その意味で、『日本書紀』はきわめて徹底した文化接触の産物なのであり、この徹底性において、変態漢文を用いて表記され、「やまとことば」で訓《よ》むことを想定する『古事記』――漢字によって表記されているという限りで、それが文化接触の産物であることにはまったく疑う余地がないにしても――をはるかに上回るものであったということに注目しなければなるまい。

これは単に表記法の問題にとどまるものでない。神野志隆光が『古事記の世界観』において――丸山の「歴史意識の『古層』」の一節を参照しつつ――指摘していたように、『古事記』と『日本書紀』神代本文のあいだには、「世界像」＝「コスモロジー」の相違が横たわっているのであり、これもまた『古事記』と『日本書紀』との文化接触の産物としての徹底性に関わっているように思われるからである。この点について神野志は、つぎのように論じていた。すなわち、

『古事記』の冒頭部分が、アメノミナカヌシ、タカミムスヒ、カミムスヒの三神をはじめにすえることに注目したい。そこには、ムスヒのエネルギーを全ての根源とするものとして「神代」全体の展開を見通すという意識がひそめられている。……ムスヒ二神は全ての開始をになう生成力そのものとしてたちあらわれるというべきだろう。……丸山真男「歴史意識の「古層」」（日本の思想6『歴史思想集』）ののべたことを想起しながら、ムスヒのエネルギーのつむぎだすものとしてなりたたしめるということができる。この世界像はムスヒのコスモロジーと呼ぶのがふさわしい。

『日本書紀』のコスモロジーが、これとは根本的に異なることを見届けて、『古事記』の問題としてはなおいっそう明確となろう。(49)

その世界像は、のべたごとく、天地のはじまり自体から語るものとして、コスモロジーと呼ぶにふさわしい。そのコスモロジーは、端的に、陰陽のコスモロジーをいうことができる。……その陰陽の働きの具体化するところがイザナキ・イザナミとなって、天地の世界をさきに見たような「天」―「天下」の世界としてつくるのである。……

「陰陽」二元論を核心とし、それに貫かれたものとして、その世界像は、陰陽のコスモロジーということができる。中国的といえばそうなのだが、そうした中国的論理によってはじめて一貫した全体像を可能にしたのが、この

世界像なのである。[50]

『日本書紀』の陰陽のコスモロジーと、『古事記』のムスヒのコスモロジーと、その根本的な異質さを見なければなるまい。世界像という点で、両者の論理は全く異なるのである。[51]

神野志が論ずるように、『日本書紀』神代本文が「陰陽」二元論を核心とし、「中国的論理によってはじめて一貫した全体像を可能」としているのは、それが文化接触の産物として、ヨリ徹底性を有しているからにほかなるまい。唐帝国に対して「対等な立場、対等の政治的権威」を主張せんとし、『淮南子』『漢書』『後漢書』などの舶載の漢籍類に拠る漢文的潤色をほどこした堂々たる漢文によって書き著された『日本書紀』は、その「世界像」においても、決して唐帝国に恥じることのない大陸文明に由来する「陰陽のコスモロジー」によってこそ貫かれなければならなかったはずである。

これに対して、「陰陽のコスモロジー」とは異質な「世界像」＝「ムスヒのコスモロジー」によって語られる『古事記』は、文化接触の産物としてはヨリ不徹底なのであり、それが変態漢文によって記され、「やまとことば」で訓まれることを前提とすることとパラレルであることはいうまでもあるまい。[52]

『古事記』と『日本書紀（本文）』おける須佐之男／素戔嗚の物語の異同と、そこにおける「清明心」＝「キヨキココロ・アカキココロ」をめぐる対照性は、まさにこのような文脈のなかでこそ問題とされなければならないのではなかろうか。

「陰陽のコスモロジー」という中国的論理によって貫かれているとされる『日本書紀』神代本文が、七―八世紀の巨大な文化接触の産物としての徹底性を示すものだとすれば、他方で、それとは「異質」な「世界像」として『古事記』が依って立つところの「ムスヒのコスモロジー」とは、はたしていかなるものと理解されるべきなのであろうか。

すでに述べたように、変態漢文によって表記され、「やまとことば」で訓むことを前提とした『古事記』は、『日本書紀』とともにこの時代の巨大な文化接触の産物であることは否定できないにしても、その文化接触の産物としての徹底性においては、『日本書紀』に及ぶものではなかった。

『古事記』の依って立つ「ムスヒのコスモロジー」を、中国的論理に貫かれる『日本書紀』の「陰陽のコスモロジー」に対抗する何らかの積極的なイデオロギー――すなわち、律令制をはじめとする唐帝国の模倣による大改革を推進する「開明派」「改革派」勢力に対し、こうした改革によってその政治的・社会的地位を脅かされた勢力を背景とした「守旧派」「国粋派」の対抗イデオロギーとしてのそれ――の表明と見なすことも可能であるかもしれない。「正史」たる『日本書紀』や『続日本紀』が、天武および元明の勅命によるとされる『古事記』編纂の事実をまったく記さず、『古事記』が「日本」という「国号」を一切使用しないといった不可解な諸事実[53]は、さまざまな想像をたくましくさせるし、これまでも歴史家や国文学者の多彩な議論を招いてきた「問題」にほかならない。

筆者にはこうした「問題」に立ち入る余裕もないし、その能力もない。ただここで問題としたいのは、『古事記』の――『日本書紀』と比しての――文化接触の産物としての不徹底性によって、『古事記』には――『日本書紀』以上に――文化接触以前の神話や伝承の残滓がヨリ色濃くとどめられていると考えてもよいのではないかということである。

換言すれば、『古事記』と『日本書紀（本文）』の異同の狭間に、丸山眞男のいう「古層＝執拗低音」が幽かに透けて見えるのではないかということにほかならない。

丸山が「歴史意識の『古層』」において、「歴史意識（あるいはコスモスの意識）」の「古層＝執拗低音」とされる「つぎつぎ」「なる（なりゆく）」「いきほひ」という基底範疇を――「断片的な発想」として――聴き取ったのは、

『日本書紀』神代本文とは大きく異なったものとなっている『古事記』冒頭のつぎのような一節からであった。そしてそれは、神野志が――『日本書紀』神代本文の「陰陽のコスモロジー」とは異質な――『古事記』の「世界像」としての「ムスヒのコスモロジー」を見いだした場所でもあることはいうまでもない。すなわち、

> 天地初發之時、於二高天原一成神名、天之御中主神。……次高御産巣日神。次神産巣日神。此三柱神者、並獨神成坐而、隱レ身也。次國稚如二浮脂一而、久羅下那洲多陀用幣流之時、……如二葦牙一因二萌騰之物一而成神名、宇摩志阿斯訶備比古遲神。……次天之常立神。……此二柱神亦、獨神成坐而、隱レ身也。(54)

注意しなければならないのは、この『古事記』の一節そのものが「古層＝執拗低音」とされている訳ではないということである。丸山が抽出し、聴き取った「古層＝執拗低音」の幽かな響きは、変態漢文を用いて表記され、それ自体がすでに文化接触の産物である『古事記』のテクストそのものではあり得ない。(55)「古層＝執拗低音」としての「つぎつぎ」「なる（なりゆく）」「いきほひ」といった基底範疇は、まさに「断片的な発想」として、この一節のなかに、「次」「成」「日」という変態漢文による表記の向こう側に幽かに透けて見えるのみなのである。

　そして神野志が『古事記』に見いだした――『日本書紀』神代本文における中国的論理に貫かれた「陰陽のコスモロジー」とは異質なものとしての――「ムスヒのコスモロジー」とは、それ自身は文化接触の産物たる『古事記』が「歴史意識（あるいはコスモスの意識）」の「古層＝執拗低音」――丸山が「つぎつぎ」「なる（なりゆく）」「いきほひ」という「断片的な発想」として抽出したもの――によってこうむった微妙な修正と変容の結果なのだとさえ考えうるのではあるまいか。

　丸山のいう「古層＝執拗低音」がこのようなものなのだとすれば、前節までに見てきた『古事記』と『日本書紀』

神代本文とのあいだの須佐之男／素戔嗚をめぐる物語の異同と、そこにおける「清明心」＝「キヨキココロ・アカキココロ」をめぐる対照性の向こう側にもまた、倫理的価値意識の「古層＝執拗低音」が幽かに透けて見えていると考えることも可能なのではなかろうか。

たしかに丸山自身は「古層＝執拗低音」について、「直接には開闢神話の叙述あるいはその用字法の発想から汲みとられているが、同時に、その後長く日本の歴史叙述なり、歴史的出来事へのアプローチの仕方なりの基底に、ひそかに、もしくは声高にひびきつづけてきた、執拗な持続低音（basso ostinato）を聴きわけ、そこから逆に上流へ、つまり古代へとその軌跡を辿《たど》ることによって導き出されたもの[56]」、ないしは「日本神話のなかから明らかに中国的な観念……に基づく考え方やカテゴリーを消去」していき、そこに残るサムシングを抽出するという消去法によって発見される「断片的な発想[57]」なのだとするのみであり、その抽出にあたって、『古事記』と『日本書紀』の異同という問題について、神野志や水林ほどには充分に自覚的であったとはいえまい。

そしてそれは、すでに見たように、「記紀神話の世界でスサノヲは、高天ヶ原神話では悪とされ、出雲神話では善とされるという二重評価を受けている[58]」、あるいは「成敗を顧みぬ心情の純粋性に発した爆発的行動は、その激しさゆえに一方では恐れられ、他方ではその純粋性ゆえに尊重されるというアンビヴァレント〔両極志向的〕な評価をうけることになる。それはスサノヲへの価値判断の二面性に象徴されている[59]」といったスサノオの「二重評価」という問題の指摘にもつながっていよう。

こうした議論は、『古事記』と『日本書紀』神代本文という「相容れないものを同視してきたことの結果」もたらされた「スサノヲについて決まって指摘される『複雑な性格』ないし『矛盾した性格』」という「研究者の側の混乱」にすぎないとの水林の批判[60]から、丸山もまた免れえていなかったという事実を示すものかもしれない。

しかし同時に、『古事記』と『日本書紀』神代本文に、「ムスヒのコスモロジー」と「陰陽のコスモロジー」という異質な世界観を見いだした神野志の議論が、丸山の「歴史意識の『古層』」から強くインスパイアされたものであることもまた、否定できないはずである。丸山の「古層＝執拗低音」論と、神野志、水林の両者によって提起された、『古事記』と『日本書紀（本文）』のテクストを別個のものとして読むという方法は、決して矛盾するものではあるまい。いな、むしろ「古層＝執拗低音」論にとって、この方法はきわめて有効なものではないかとすら筆者には思われるのである。[61]

このように考えてきたとき、本章において――神野志隆光、水林彪の議論、とりわけ水林の須佐之男／素戔嗚をめぐる議論を導きの糸としながら――『古事記』および『日本書紀』神代本文のテクストに即して明らかにしたスサノオ神話の異同の狭間にこそ、倫理的価値意識の「古層＝執拗低音」として丸山が抽出せんとしていた「キヨキココロ・アカキココロ」が、その幽かな姿を垣間見せているのではあるまいか、筆者にはそう思えてならないのである。

スサノオ神話の異同と「キヨキココロ・アカキココロ」

本章において、水林彪の議論を導きの糸としながら、『古事記』と『日本書紀』神代本文のテクストに即して読みとられた両書の須佐之男／素戔嗚の「人物像」は、まさに対照的であるとさえいわねばならぬものであった。すなわち『古事記』における須佐之男は、一貫して「清き明かき心」を象徴するがごとき存在として描かれていたのであって、その「清き明かき心」は、亡き母・伊邪那美を恋い慕い、母の国・「根之堅州國」に行くことを望んで泣き啼き、「宇氣比」の勝利の喜びを無邪気に暴発させ乱暴狼藉をはたらくその「心情と動機の純粋性」にこそ示されていたのである。

そうであるが故に、その泣き啼く声のもたらす巨大な災厄や、その乱暴狼藉による「高天原」の破壊、さらには天照の「天岩屋戸」への籠りといった、その行為の悪しき結果にもかかわらず、須佐之男自身は決して悪神とは見なされていなかったのであり、最後はその念願をかなえるかたちで、母の国・「根之堅州國」へと「神夜良比」されることとなるのであった。

これに対して、『日本書紀』神代本文の素戔嗚は、一貫して「安忍」「無道」「暴悪」「無状」な悪神だったのであり、こうした「安忍」「無道」「暴悪」「無状」をこそ、「黒心」「濁心」と見なされる存在にほかならなかった。いいかえれば素戔嗚は、「清心」「赤心」とはまったく無縁な存在として描かれていたのである。

天照との誓約《うけひ》において明かされたのも、こうした「黒心」「濁心」にほかならなかったのであり、この誓約の敗北に対して開き直るようになされた「甚無状」なる乱暴狼藉の結果、悪神・素戔嗚はその罪の贖いとして「根國」へと放逐されることとなったのである。

こうした『古事記』、『日本書紀』神代本文の須佐之男／素戔嗚の「人物像」は、それぞれ一貫したものといえるのであり、そうしたものとして、対照的に描き出されていたといわなければならないだろう。

ただそこで注意しなければならないのは、水林彪が述べるように、「素戔嗚尊は悪の化身、須佐之男命は善の化身にほかならない[62]」ということではないということである。たしかに『日本書紀』神代本文の素戔嗚は悪神であろう。しかし『古事記』の須佐之男は、「善神」というより、「善悪以前の存在」であると考えられるべきであるように思われる。

『古事記』が描きだした須佐之男は、まさに「清き明かき心」を体現する存在であった。そしてそこにおける「清き明かき心」とは、亡き母・伊邪那美を恋い慕って泣き啼き、母の国・「根之堅州國」におもむくことをひたすらに念願する「心情と動機の純粋性」なのであり、「宇氣比」に「勝佐備」して、その喜びを爆発させるその無邪気さなのであって、その行為の結果がいかに巨大な災厄や破壊をもたらそうとも、その「純粋性」を疑ったものには「登賀米」ることさえはばかられるものであった。

それはまさに「善悪以前」の純粋な無垢性なのであり、丸山の「生誕直後の赤子は『なりゆく』霊《ひ》のポテンシャリティが最大であるだけでなく、キヨキココロ・アカキココロという……、倫理的価値意識の古層からみても、もっとも純粋な無垢性を表現しているからである[63]」という言明がかかわってくるのは、まさに須佐之男が体現するこうした「清き明かき心」にほかならなかったのである。

同時に確認しておかなければならないことは、こうした『古事記』の須佐之男が体現した「清き明かき心」には、和辻哲郎がその「清明心の道徳」に関してつぎのように論じていた「無私性＝全体性への帰依」という本質は、残念ながら到底見いだしようもないだろうということである。すなわち、

> 祭事による宗教的団結は、精神的共同体であるとともに感情融合的な共同体である。かかる共同体においては、「私」の利福のゆえに他の利福を奪おうとする者は同時に全体の統制にそむく者であり、従って全体性の権威にそむく者であった。かかる者はその私心のゆえに他と対抗し、他と融け合わず、他者より見通されない心境に住する。このように何人にも窺知することを許さない「私」を保つことは、その見通されない点においてすでに清澄でなく濁っており、従ってキタナキ心クラキ心にほかならないが、さらにそれは全体性の権威にそむくものとして、当人自身にも後ろ暗い、気の引ける、曇った心境とならざるを得ないのである[64]。

もっとも、こうした和辻の「清明心」の否定形としての「キタナキ心クラキ心」についていえば、『日本書紀』神代本文の素戔嗚が天照との誓約によって証された「黒心」「濁心」において、見出しうるのだということはできよう。そうであるとすれば和辻の「清明心の道徳」とは、すでに見たような異同をともなった『古事記』と『日本書紀』神代本文の須佐之男／素戔嗚の物語のうち、『日本書紀』神代本文において、その否定形においてのみ見出されるも

のだということになろう。

いずれにせよ問題は、『古事記』と『日本書紀』神代本文の須佐之男／素戔嗚の物語の異同とその対照性をいかなるものとしてとらえるべきなのかということであろう。

こうした対照性についてもまた、先に問題とした『日本書紀』神代本文の文化接触の産物としての徹底性という観点からとらえうるのではないかと筆者には思われる。

まず第一に、神野志隆光が『日本書紀』神代本文に「陰陽のコスモロジー」を見いだしていたことはすでに見たとおりであるが、『日本書紀』神代本文における素戔嗚の物語にも、こうした「陰陽のコスモロジー」の二元論的な世界像が影を落としているとも考えられよう。

丸山も指摘しているように、「天地開闢にしろ、初判にしろ、あるいは乾坤初分にしろ、それらすべてに共通しているのは、はじめ未分化であった天地が『天』と『地』と（あるいは陽と陰と）の反対の方向に向かって分離したという観念」であり、「つまりこの場合、宇宙論の核心は天地・陰陽・乾坤の二元的対立にほかならず、『天地絪縕、万物化醇。男女構ㇾ精、万物化生』（易経、繋辞下伝）というように、その後はすべて陰陽二元の結合から『万物』の化生または化育が説かれる」こととなる。(65)

『古事記』の須佐之男が天照、月讀とともに「三貴子」の一神として、父・伊邪那岐のみから生成したとされているのに対し、『日本書紀』神代本文の素戔嗚は、伊弉諾・伊弉冉の陽・陰二神から、「日神」（＝大日孁貴）「月神」、「蛭兒」とともに四神のうちの一神として誕生したとされている。しかもそこでの素戔嗚は、天上に送られた「日神」「月神」の一対とさらに対となるように、三歳になっても脚が立たず「天磐櫲樟船」に載せて流し棄てられた「蛭兒」と一対の神として位置づけられているようにも見える。そこには、陰／陽、男／女、日／月、日・月／「蛭兒」・素戔嗚というように、あくまでも二元的対立の発想が貫かれようとしているのではないかと思われるのである。

こうしてはじめから「日神」（＝大日孁貴）＝天照の対極に位置づけられた素戔嗚は――天照の善性のネガとして――一貫した悪神と描かれねばならぬという二元論的な要請が、中国的論理に貫かれる「陰陽のコスモロジー」に立ち、文化接触の産物としての徹底性を示そうとする『日本書紀』神代本文には存在したのではないかとも考えうるのではあるまいか。

もっとも、中国的論理としての陰陽二元論と善悪二元論は区別されるべきものであり、こうした観点のみから、『古事記』と『日本書紀』神代本文の須佐之男／素戔嗚の対照性を説明することには無理もあろう。そこで第二の観点として、あらためて顧みられるべきは、本稿第三章で検討した丸山の『講義録』において問題にされていた「災厄観」（ないしは「吉凶観」）と「罪悪観」（ないしは「善悪観」）の重畳という論点にほかなるまい。

すでに詳しく見たように、丸山はその『講義録』に収録された東大法学部での講義において、この論点ついてくり返し語っていたのだが、あらためてその最後の講義である一九六七年度講義（『講義録』［第七冊］）から引用してみれば、それはつぎのようなものであった。すなわち、

> いかなる宗教意識の発展においても、非日常的出来事に直面するたびごとに、demonを鎮撫、追放するという儀式が出発点において見られる。かくて呪術段階にある宗教に特徴的なことは、マジシャン（呪術師）がdemonよりも高位にあることである。すなわちマギー（呪術）は、demonにたいし強制力をもつと見なされている。宗教意識の発展は、こうした呪術師による外からの災厄の除去と福祉の招来という観念〔吉凶観〕から、人間が、神々の秩序に背反したために災厄がもたらされ、従順であったから福祉が到来するという観念〔善悪観〕に変ってゆく。そして原因は人間の側からの服従と背反にあるという観念から罪の意識がうまれ、行為の人格的責任が問題とされるようになった。こうした精霊（demons）から神々（gods）への発展とパラレルに、宗教の形態は、精霊

にたいする「強制」が神々にたいする「祈願・崇拝」にかわり、儀式も、神々を「信仰」する象徴としての形態をとるようになる。[66]

日本の神話でもこの罪の意識が見られる。スサノヲが高天ヶ原《たかまがはら》で犯した罪は神々の秩序を乱した罪であり、それは彼の人格に帰せられた。だからスサノヲはその罪によって高天ヶ原の世界から追放の刑に処せられる。しかし注目すべきことに八世紀に編纂された記紀の宗教意識では、異った段階のもの、すなわち外からの災厄観にたつハラヒ、キヨメの観念と、人格的責任の意識に立つツミの観念とが、長期にわたって重畳している。[67]

こうしたハラヒ、キヨメの思考様式を人間精神に内面化されたものとしてとらえると、清明心／赤心／直心／美心（キヨキ心、アカキ心、ナホキ心、ウルハシキ心）vs.〔対〕濁心／邪心／穢心／黒心（クラキ心、キタナキ心、クロキ心）という対置が出てくる。

しかし逆にいえば、内面的なるべき悪も、ケガレと同様に、「外」から〔demon の作用が〕付着したものであり、したがって、ミソギによって洗い流すことができる。Radikal Bose〔原罪〕という観念はここにはない。[68]〉

こうした丸山の議論の仕方もまた、神野志、水林の両氏の立場からすれば、「記紀を雑炊的に論ずる」[69]もの、ないしは「『古事記』を『日本書紀』と混淆して論ずる」[70]ものとの厳しい批判を免れえないように思われるところではある。しかしここで問われるべきは、丸山の指摘する「外からの災厄観にたつハラヒ、キヨメの観念」と「人格的責任の意識に立つツミの観念」という宗教意識上の異なった段階の観念の重畳という問題が、神野志や水林の提示する『古事記』と『日本書紀』神代本文を別個のテクストとして読むという方法にしたがったとき、どのようなものとしてあらわれてくるかということであろう。

丸山が「日本の神話」に見いだした「災厄観」（ないしは「吉凶観」）と「罪悪観」（ないしは「善悪観」）の重畳は、いうまでもなく『古事記』と『日本書紀』神代本文を別個のテクストとして読んだとき、その各々において異なったかたちであらわれている。

『古事記』のテクストにおいて、天照は須佐之男の高天原への参上に際して、「我那勢命之上來由者、必不善心。欲奪我國耳」と須佐之男の「不善心」をまずは疑っているのであって、そこにはすでに「罪悪観」（ないしは「善悪観」）が存在していることはあきらかであるとしなければなるまい。しかし『古事記』の須佐之男の物語が、全体としては、須佐之男の「善悪以前」の純粋な無垢性としての「清き明かき心」を中心に展開し、須佐之男によってもたらされた高天原の破壊や、天照の「天岩屋戸」籠りとその結果もたらされた「於是萬神之聲者、狭蝿那須……滿、萬妖悉發」という事態も、須佐之男の「不善心」に由来する「罪悪」ではなく、「善悪以前」の純粋な無垢性にもかかわらずその結果としてもたらされた「災厄」として、描き出されていたこともまた疑いようもあるまい。

他方、『日本書紀』神代本文のテクストにおいては、すでに述べたように、素戔嗚は一貫して「安忍」「無道」「暴悪」「無狀」な悪神にほかならなかったのであり、彼の「甚無狀」なる乱暴狼藉もその結果としての破壊も、すべて素戔嗚の「人格的責任」に帰せられるべき「罪悪」として描き出されているように見える。しかしそうであるにもかかわらず、なおもその誓約《うけひ》の場面において問われるのは、あくまでも素戔嗚の「清心」「赤心」なのであり、証されたのもまたその「黑心」「濁心」なのであって、「不善心」や「悪心」ではなかったのである。

このように、丸山のいう「災厄観」（ないしは「吉凶観」）と「罪悪観」（ないしは「善悪観」）の重畳は、『古事記』と『日本書紀』神代本文の両者に共通して見られるものの、明らかに『古事記』においては「災厄観」（ないしは「吉凶観」）が、他方『日本書紀』神代本文においては「罪悪観」（ないしは「善悪観」）が優位に立つかたちで重畳しているのだといわねばなるまい。まさに問われるべきは、この両者における重畳の仕方の違いという問題でなければならないのではあるまいか。

そこであらためて確認しておくべきことは、こうして重畳している「災厄観」（ないしは「吉凶観」）と「罪悪観」（ないしは「善悪観」）が、丸山の論じているように、「呪術師による外からの災厄の除去と福祉の招来という観念〔吉凶観〕から、人間が、神々の秩序に背反したために災厄がもたらされ、従順であったから福祉が到来するという観念〔善悪観〕」へという呪術的段階から宗教的段階への――あるいは「精霊（demons）」の段階から「神々（gods）」の段階への――宗教意識の発展に対応するものであったということであろう。そうであるとすれば、「災厄観」（ないしは「吉凶観」）が優位にたつ『古事記』の方が、「罪悪観」（ないしは「善悪観」）が優位に立つ『日本書紀』神代本文よりも、ヨリ古い段階での宗教意識の特徴をヨリ強く示しているということになるはずである。

そこに先にのべた『古事記』と『日本書紀』神代本文の文化接触の産物としての徹底性という視点を重ね合わせてみれば、問題の所在はおのずと明らかとなるのではあるまいか。すなわち、文化接触の産物としての徹底性をヨリ強く示し、ヨリ新しい段階の宗教意識に根ざした「罪悪観」（ないしは「善悪観」）の優位をあらわしている『日本書紀』神代本文と、文化接触の産物としては不徹底性を示し、ヨリ古い段階の宗教意識をあらわす「災厄観」（ないしは「吉凶観」）が優位にたつ『古事記』とのあいだの異同の狭間にこそ、須佐之男の「善悪以前」の純粋な無垢性、ないしは「心情と動機の純粋性」という意味での「清き明かき心」が垣間見えているのではないかということである。

そしてこれこそが、丸山が倫理的価値意識の「古層＝執拗低音」として抽出せんとしていた「断片的な発想」としての「キヨキココロ・アカキココロ」にほかならなかったのではなかろうか。

しかしそれにしても、この倫理的価値意識の「古層＝執拗低音」と目されるべき「キヨキココロ・アカキココロ」

は、和辻哲郎やその継承者たる相良亨たちの提示した「無私性＝全体性への帰依」をその本質とする「清明心の道徳」とは、あまりにも異質であるようにも思われる。

　本稿の最後にあらためて、和辻らの「清明心の道徳」についての認識と、丸山の倫理的価値意識の「古層＝執拗低音」としての「キヨキココロ・アカキココロ」についてのそれとのあいだに横たわる、この異質性のよって来たる所以に関する検討と考察を試みることとしたい。

注

（1）神野志隆光、東京大学出版会、一九八三年。
（2）同、吉川弘文館、一九八六年。
（3）同、日本放送出版協会、一九九五年。
（4）同、講談社現代新書、一九九九年。
（5）同、講談社現代新書、二〇〇七年。
（6）同『古事記の世界観』、iii頁。
（7）同前、一七―一八頁。
（8）同前、第二章「ムスヒのコスモロジー――『古事記』の世界像」、参照。
（9）『集』第十巻、三四―三五頁。なお同様の言及は「日本思想史における『古層』の問題」（『集』第十一巻所収）においてもくりかえされている。なお「日本思想史における『古層』の問題」における丸山は『古事記』冒頭の「天地初發之時」を、『日本書紀』の「天地開闢」ないしは「天地初判」に引きずられた通説的な読みである「あめつちはじめてひらけしとき」ではなく、「あめつちはじめてたつのとき」ないしは「あめつちはじめておこるのとき」と読んだ方がよいのではないかと語っている（『集』第十一巻、一九七頁）。他方、神野志は『古事記の世界観』においては、「あめつちはじめておこりしとき」という読みを採用している（一八頁）が、後の『古事記――天皇の世界の物語』では、「従来、中国の典籍の訓読とあわせるようにして『ひらく』とか『おこる』とかの訓みを『発』に考えてきたが、『古事記』の表現の立場をよく考えたとき、それは到底受け入れることはできない」として、「あめつちはじめてあらはれしとき」という読み方を新たに提起している（七〇頁）。

(10) なお、神野志は近著『複数の「古代」』（五〇頁以下）において、丸山の「古層＝執拗低音」論に対する批判を展開しているが、その点についての検討は他日に期したい。

(11) 同『古事記の世界観』、二九頁。なお、神野志はその根拠としてつぎの三点をあげる。すなわち、①「一書」の掲出の仕方は、小字双行が本来のかたちであり、その形態からしても、本文と「一書」とが決して同じ資格で待遇されるものではないことが明らかであること、②「一書」には省略があり、本文や先行の「一書」との重複をさけており、それ自体で独立した文章の性格をもたないということ、③第十段本文は、諸「一書」を組み合わせていわば総合化するかたちでできあがっているのだが、それも本文を「正伝」としてたてようとする態度であると認められることである（二九―三〇頁）。

(12) 同前、九―一〇頁。

(13) こうした水林の丸山批判に対しては、本書第Ⅰ部において、筆者なりの批判を試みている。

(14) 水林、岩波書店、二〇〇六年。

(15) 同前、四〇四―四〇五頁。

(16) 『講義録』［第六冊］、三二頁。

(17) 『講義録』［第七冊］、六八頁。

(18) 水林『記紀神話と王権の祭り 新訂版』、四〇五頁。

(19) 日本古典文學体系1『古事記祝詞』、倉野憲司、武田祐吉校注、岩波書店、一九五八年、七〇頁、七二頁。なお以降、本書よりの引用においては特に断ることなく、旧字体を新字体にあらためたところがある。

(20) 同前、七一頁の校注、参照。
(21) 水林『記紀神話と王権の祭り 新訂版』、二一頁。
(22) 同前、三七頁。ただ水林自身、こうした見解が『古事記』研究史においてまったく孤立したものだとしている。
(23) 『古事記祝詞』、七二頁。
(24) この「根之堅州國」が、伊邪那岐が伊邪那美を追っておもむいた「黄泉國」と同一の国か否かは議論の余地もあろうが、のちに「根之堅州國」の須佐之男のもとを訪れた大國主が、かつて伊邪那岐が塞いだ黄泉比良坂《よもつひらさか》をへて「葦原中國」に逃げ還っていることをみれば、同一と考えてよかろう。
(25) 水林『記紀神話と王権の祭り 新訂版』、四一〇―四一一頁。
(26) 『古事記祝詞』、八〇頁。
(27) 水林『記紀神話と王権の祭り 新訂版』、四七八―四七九頁。
(28) 『古事記祝詞』、七四頁、七六頁。
(29) 「女神」アマテラスが男装して待ち受けるという解釈が『日本書紀』との混淆から導かれるのだが、『古事記』のみに即して読めば、天照が「女神」であるとの明記されている訳ではなく、天照を「男神」と見なしても不都合はない。むしろ天照を「女神」と明記する『日本書紀』との関わりを排して虚心に読めば、『古事記』の天照は「男神」であるとも読み得よう。
(30) 『古事記祝詞』、七八頁。
(31) 同前、七八頁、八〇頁。
(32) 同前、八二頁、八四頁。
(33) 『集』第十巻、五六頁。
(34) 日本古典文學体系67『日本書紀 上』、坂本太郎、家永三郎、井上光貞、大野晋校注、岩波書店、一九六七年、八七頁。
なお以降、本書よりの引用においては特に断ることなく、旧字体を新字体にあらためたところがある。
(35) 同前、八九頁。
(36) 同前、八八頁の注によれば、左伝、隠公四年に「安忍無親、衆叛親離」とあるという。

(37) 同前、一〇三頁、一〇五頁。
(38) 同前、一〇七頁。
(39) 同前、一一一頁、一一三頁。
(40) 同前、一一三頁。
(41) 保立『黄金国家——東アジアと平安日本』、青木書店、二〇〇四年、三四—三五頁。保立はここでつぎのように論じている。すなわち、「とくに、この時期の国家の民族的複合性において重要なのは、いうまでもなく、白村江の敗戦によって、律令制王国の中枢部に新たな百済系と高麗系の王族・貴族が参加するにいたったことである。白村江の戦い以前から日本に『人質』として寄留していた百済の前皇太子・余豊璋は、百済亡国の危機のなかで、韓半島に戻り百済王として戦ったが、結局、白村江の敗戦で高句麗に遁走し、行方を絶った。しかし、その弟、善光王は日本にとどまっており、また敗戦によって多くの百済王族・貴族・官人らが日本に亡命してきたのである。……この百済王族・貴族の集団は、最初はいわば『亡命政権』ともいえる存在であった。……彼らは持統朝において姓《かばね》としての『百済王《くだらのこにきし》』号をうけ、百済王権は日本の王権の内部に包含されたと考えてよい……。つまり、この段階における『民族複合性』は、白村江における敗戦の結果として、いわば東アジアの国際政治史の結果として、後進国型の『開発独裁国家』のなかに生まれたという新しい特徴も有していたのである。百済系・高句麗系の亡命渡来人の『在日』経験が、一〇〇年もたたずに、故国への帰属意識と主体性を消失させたと考えることはできない。それが国際政治史が国内政治史に跳ね返る際の媒介となっていた可能性は高い。隣国の王族が多数の貴族・庶民とともに亡命してきていることの意味を軽く考えることはできない。そのような要素もふくめて、八・九世紀まで民族複合国家という国制的特徴は持続した。その意味で律令制王国は、民族複合国家の最終段階として位置づけることができるのではないだろうか」(三五—三六頁)。
(42) 同前、三五頁。なお、関晃への参照は、関『帰化人』、至文堂、一九六六年。
(43) 同前、三六頁。
(44) 『講義録』[第七冊]、一二五頁。
(45) 『集』第十巻、七頁。
(46) 石田『丸山眞男との対話』、みすず書房、二〇〇五年、一七一頁。

(47)「日本」という国号、その「正史」としての『日本書紀』のはらむ対外意識に関しては、さしあたり、網野善彦『日本論の視座』（小学館、一九九〇年、小学館ライブラリー、一九九三年）、吉田孝『日本の誕生』（岩波新書、一九九七年）、神野志隆光『「日本」とは何か』（講談社現代新書、二〇〇五年）などを参照。
(48)『日本書紀 上』「解説」、一九頁以下を参照。
(49) 神野志隆光『古事記の世界観』、二二―二八頁。
(50) 同前、三四―三五頁。もっともこうした議論は、丸山が「歴史意識の『古層』」においてすでに指摘していた論点（『集』第十巻、三四―三七頁）にインスパイアされたものだと見ることもできよう。
(51) 同前、三六頁。
(52)『古事記』のコスモロジーと変態漢文という表記法との関係性については、さしあたり坂本勝『古事記の読み方――八百万の神の物語』、岩波新書、二〇〇三年、などを参照。
(53) こうした問題については、神野志隆光『「日本」とは何か――国号の意味と歴史』、講談社現代新書、二〇〇五年、などを参照。
(54)『古事記・祝詞』、五〇頁。なお、この冒頭「天地初發之時」を、通説のように『日本書紀』を参照しつつ「あめつちはじめてひらけしとき」と訓むのか、丸山も指摘するように「あめつちはじめておこりしとき」と訓むのか（『集』第十一巻、一九七頁、もっとも丸山自身は「おこるのとき」と訓むのだが）、あるいは神野志のように「あめつちはじめてあらはれしとき」（神野志『古事記――天皇の世界の物語』、六八頁）と訓むのかには、『古事記』と『日本書紀』との関係、両者の「世界像」の異質性についての理解の違いがあらわれることとなる。『古事記』をいかに訓むかは、いまだそれ自体が「問題」でありつづけているのである。
(55) こうした点への誤解が、水林彪（『記紀神話と王権の祭り 新訂版』、二一一―二一二頁）をはじめ丸山の「古層＝執拗低音」論への批判者に見られることは、本書第Ⅰ部でも触れたとおりである。
(56)『集』第十巻、七頁。
(57)『集』第十二巻、一四七―一四九頁。
(58)『講義録』［第六冊］、三二一頁。

(59) 『講義録』〔第七冊〕、六八頁。
(60) 水林『記紀神話と王権の祭り 新訂版』、四〇四頁。
(61) 『集』第十巻、所収。
(62) 水林『記紀神話と王権の祭り 新訂版』、五〇一頁。
(63) 『集』第十巻、五六頁。
(64) 『和辻哲郎全集』第十二巻、八二頁。
(65) 『集』第十巻、三五頁。
(66) 『講義録』〔第七冊〕、五三―五四頁。
(67) 同前、五四頁。
(68) 同前、五五頁。
(69) 神野志『古事記の世界観』、一七頁。
(70) 水林『記紀神話と王権の祭り 新訂版』、一〇頁。

第七章　「清明心の道徳」の系譜と「キヨキココロ・アカキココロ」

「共同体的なるもの」と「清明心の道徳」

本稿の第五章および第六章における検討によって、丸山が倫理的価値意識の「古層＝執拗低音」として抽出せんとしていた「キヨキココロ・アカキココロ」なるものが、『古事記』の須佐之男に体現されるような「心情と動機の純粋性」、「善悪以前」の純粋な無垢性の無条件的な肯定を内容とする価値意識なのではないかということが明らかとなったように思われる。

それは、丸山の『講義録』から読みとれる「原型（プロトタイプ）」論から「古層＝執拗低音」論への展開の方向性からも、また、『古事記』および『日本書紀』神代本文のテクストに即した分析からも明白であるとしなければなるまい。さらにそれは、この「キヨキココロ・アカキココロ」について語られた丸山自身の「生誕直後の赤子は『なりゆく』霊《ひ》のポテンシャリティが最大であるだけでなく、キヨキココロ・アカキココロという……、倫理的価値意識の古層からみても、もっとも純粋な無垢性を表現しているからである[1]」という言明とも一致するものにほかならなかった。

本稿の第一章以下で検討した和辻哲郎らの「清明心の道徳」をめぐる議論は、そこに「無私性＝全体性への帰依」という本質――すなわち、「何人にも窺知することを許さない『私』を保つことは、その見通されない点においてすでに清澄でなく濁っており、従ってキタナキ心クラキ心にほかならないが、さらにそれは全体性の権威にそむくものとして、当人自身にも後ろ暗い、気の引ける、曇った心境とならざるを得ないのである」[2]と理解されたそれ――を見いだしていた。しかしこうした和辻らの議論は――たしかに『日本書紀』神代本文における「黒心」「濁心」の否定形とみなす理解は可能ではあるように思われるものの――『古事記』や『日本書紀』神代本文のテクストに即した検討からは、必ずしもストレートには導きだし得ないものであった。

ただし丸山の「原型（プロトタイプ）」論においてもまた、つぎのように論じられていたことを忘れてはなるまい。すなわち、

> キヨキ心自体は絶対的であるが、これは特定共同体にとっての禍福という相対的基準により制約されるから、容易に普遍的規範価値（超越神の命令、自然法など）にまで昇華しない。それはまた仏教や儒教を摂取するときの変容への条件ともなる。ただ上の二つを結合すると、特定共同体（もしくはその代表者としての首長）にたいする、アカクキヨキ心をもってする純粋な服従と献身は、上の二つの価値基準をともに満足させるので、もっとも評価が高い（その効果を問わず！「海ゆかば水漬《みづ》く屍　山ゆかば草むす屍　大君の辺《へ》にこそ死なめ　かへりみはせじ」「今日よりはかへりみなくて大君の醜《しこ》の御楯《みたて》といで立つわれは」[3]）。

このように丸山が、和辻が「清明心の道徳」の本質として見いだしていた「無私性＝全体性への帰依」と「キヨキ心」との関係を完全に否定していたわけではないこともまた明らかであろう。

しかしそれはあくまでも、①「キヨキ心」という絶対的基準（＝「心情の純粋性」）と②共同体的功利主義（＝「集団的功利主義」）という相対的基準との両立や後者による前者の制約という問題として把握されたものにほかならなかった。

本稿第五章においてもくり返し指摘したように、そもそも丸山の「文化接触と文化変容の思想史」という日本思想史の方法とその「原型（プロトタイプ）」論、さらには「古層＝執拗低音」論は、一方ではマルクス主義的な歴史的発展段階論からの離脱によって、他方では和辻哲郎の日本思想史への接近によって、もたらされたものであった。しかし同時に、その「原型（プロトタイプ）」論から「古層＝執拗低音」論への発展と成熟が、和辻の日本思想史からの再離脱によってこそもたらされたように思われることもまた忘れてはなるまい。

そしてこの再離脱において、「無私性＝全体性への帰依」ないしは「特定共同体（もしくはその代表者としての首長）にたいする、アカクキヨキ心をもってする純粋な服従と献身」を「清明心の道徳」そのものの本質とみなすのか、それとも「キヨキ心」（＝「清明心」、「キヨキココロ・アカキココロ」、「心情の純粋性」）と共同体的功利主義（＝「集団的功利主義」）という他の価値基準との結合ないしは前者の後者による制約によってもたらされるものと理解するのか——まさにこの点にこそ、和辻らの「清明心の道徳」をめぐる議論と丸山の倫理的価値意識の「古層＝執拗低音」をめぐるそれとのひとつの決定的な分岐があったのではないかと、筆者には思われるのである。

それは換言すれば、和辻がその「清明心の道徳」の基盤に「感情融合的な共同体」の成立を前提として想定し、また丸山が「共同体的功利主義」という価値基準を問題としていることからみても明らかなように、「共同体的なるもの」の位置づけにこそ両者の分岐があったのではないかということにほかならない。

すでに本稿第一章で検討したように、「無私性＝全体性への帰依」をその本質として把握された和辻哲郎の「清明心の道徳」は、「精神的共同体であるとともに感情融合的な共同体」（ないしは「感情融合的な精神共同体」）として特徴づけられた「祭事による宗教的団結」（＝「祭事的団結」）の成立と不可分のものとされていた。しかもこうした「祭事による宗教的団結」は、その社会構造論の立場から、「祭り事の統一」（＝「祭祀的統一」）として把握された「最も古い時代における国民的統一の成立」という社会構造の変革と、その変革によってもたらされたとされる新しい社会構造――すなわち、「単なる生活共同体ではなくして精神的共同体であり、また単階的集団ではなくして複階的団体、すなわち祭祀的統一たる地方団体をさらに祭祀的に統一せる高次の団体[4]」であると特徴づけられたそれ――に基づくものとして提示されていたのであった。

和辻の「清明心の道徳」をめぐる議論は、必ずしも『古事記』『日本書紀』といった古代の文献のテクストに表わされた「清明心」そのものの倫理内容に即した分析と検証から得られたものではなく、こうした「単なる生活共同体ではなくして精神的共同体」であるとされ、「精神的共同体であるとともに感情融合的な共同体」であるとされた「祭事による宗教的団結」の成立という社会構造論の展開から、むしろ論理的に導出されたものであった。そうであればこそ、和辻の「清明心の道徳」はそもそも「共同体的なるもの」と不可分一体とされなければならなかったのである。

和辻の「清明心の道徳」の継承者である相良亨[5]は、自らの近世儒学や国学の分析から見いだした「心情の純粋性の尊重」の伝統ないしは「特質」の起源を、主に『古事記』の須佐之男の物語にまでさかのぼろうとした。しかしその「清明心」への理解は――「この清明とはいわば底までもすいて見える清流の透明さにもたとえられよう。それは曇りかくされるところのない心、二心のない心であろう。感情融合的な共同体において、他者より見通されない、したがって後ろぐらいところのない心のない状態、換言すれば私のない心の状態、それが清明心なのである[6]」とされているように――和辻のそれとなんら変わるものではなかった。すなわち相良もまた、「清明心」と「感情融合的な共同体」を不可分のものとして理解していたのであり、「古代の日本人は、清明なる心、先にも述べたような私のない心、さらにいえば心情の純粋さを求めたのであった」[7]というように、自らの見いだした「心情の純粋性の尊重」という「特質」をそこに無媒介にすべりこませていたにすぎないのである。

「歴史心理学 psycho-history」の立場から和辻の「清明心の道徳」をめぐる議論を批判的に継承した湯浅泰雄は、和辻のいう「祭り事の統一」（＝「祭祀的統一」）の実態を、その「低層」と「上層」が異質な思想的性格をもつ複合体を形成している「二重の祭事的統一」としてとらえ直すとともに、その「底層」（＝「古代農耕社会の底辺の習俗」）における「古代神道」を、アニミズムやマナイズムといった「未開宗教」の特徴をしめすものだとしていた。それにとどまらず湯浅は、吉田孝の議論[8]やタイの伝統社会との比較を念頭におきつつ、いまだ開墾と荒廃のたえざるくり返しであり、一定の土地への定住の習慣も確立していない流動的な「古代社会の低辺」においては、血縁的・地縁的な「習俗的規制力」がきわめて弱いものでしかなかったこと――すなわち、帰依すべき「全体性」がいまだ未確立であったこと――を指摘し、いわば和辻の「感情融合的な共同体」における「無私性＝全体性への帰依」を本質とする「清明心の道徳」論の根幹を掘り崩すかのような議論を展開していたのだった。

にもかかわらず湯浅は、「清明心の道徳が、日本人の道徳観念の最も古い形態であるという和辻の指摘は、基本的に正しいと思う」[9]とし、この「清明心」の内容についてもまた、「自己中心的な私利私欲を排し、心中に『一物をたくはへず、私の心なき』（親房）内面的心情の純粋さを理念とするもの」、もしくは「別な言い方をすれば、それは集団的帰属性を重視する態度である」としていたのであった。[10]

このように、一方では和辻の議論の根幹を掘り崩すかに見えながら、他方ではそれを裏切るかのように、和辻以来の「清明心の道徳」の理解を肯定することとなったのも、湯浅が――本稿第三章で検討したように――「弥生時代以来徐々に発達してきた稲作農村社会の習俗、特に人口灌漑設備の建設と維持のために必要な地域共同体の習俗（――傍点は引用者）」[11]に、この「清明心の道徳」の歴史的母胎をもとめたからにほかならない。

さらには、柳田国男以来の民俗学の南島（＝琉球諸島）の民俗への関心と和辻の「清明心の道徳」をめぐる議論との接合をめざした民俗学者・荒木博之が、「清明心」＝「清み明き心」について、つぎのように語っていたことをあらためて想起してもよいであろう。すなわち、

日本的共同体は、おそらく原初的には、中心に聖なる森ウタキを頂き、ウタキに直属する根所の根人、根神の、神の意志を体した絶対的支配体制のもとに、神への私心なき帰依を誓った民草によって構成されていたと思われる。こういったきわめて特別な神聖共同体にあっては、民草は神への絶対的帰依、一点の私心もさしはさまない心、すなわち、「すみあかき心」をイデーとして要求される。なぜならば日本の神は、個性の全き否定の上にたった「すみあかき心」のみに示現し給うからである。[12]

このように和辻哲郎の「清明心の道徳」論と、それを継承せんとする相良、湯浅、荒木らの議論においては、「清明心の道徳」と「共同体的なるもの」との不可分性こそが常に前提とされていたのである。

それでは、丸山の「原型（プロトタイプ）」論と「古層＝執拗低音」論はどうだったのであろうか。

周知のように丸山は、自らの「古層＝執拗低音」論の基礎には、「われわれの『くに』が領域・民族・言語・水稲生産様式およびそれと結びついた聚落と祭儀の形態などの点で、世界の『文明国』のなかで比較すればまったく例外的といえるほどの等質性《ホモジエニティ》を、遅くとも後期古墳時代から千数百年にわたって引き続いて保持して来た、というあの重たい歴史的現実が横たわっている」[13]のだと論じていた。

こうした丸山の議論にたいしては、その愛弟子の石田雄からさえ、「近代日本における、つくられた伝統としての等質性の神話というものを後期古墳時代まで遡ら[14]」せるものだという批判が寄せられることともなったのであり、他

の多くの論者からも、「日本的なるもの」を実体化し、日本民族の一貫性と等質性（いわゆる「単一民族神話」）という近代日本の「つくられた伝統」に与するものだという咎により、激しい非難が投げかけられてきたのだった。

しかし、丸山の「古層＝執拗低音」論を批判する論者の多くには——すでに本書第Ⅰ部で指摘したように——丸山のいう「古層＝執拗低音」自体もこうした「等質性」をもった「領域・民族・言語・水稲生産様式およびそれと結びついた聚落と祭儀の形態」に由来するものだという理解（＝誤解・誤読）が共通して見られるように思われる。

たとえば、『思想史家 丸山眞男論』の「あとがき」で平石直昭は、同書のもととなった一九九九年の日本思想史学会大会シンポジウム「丸山思想史学の地平」における末木文美士の報告を要約して、つぎのように記していた。すなわち、

> 氏（末木——引用者）によれば、丸山の原型論の背後には、高度成長下の社会変動や六〇年安保による民主化運動の挫折がある。そうした現代的関心が古代に投影されて原型論が作られた。そこには単一民族一貫性論があり「原型」の原型は村落共同体的な場での発想とされるが、それは歴史的実体をもたぬ虚構であろう。近代化論がゆきづまる中で、柳田民俗学や人類学が注目されたが、丸山の原型論にもそれと共通の関心がある。そうした方法は共時的な民俗の中に過去を探ろうとする点で歴史の無視に陥る危険があり、とくに中世の問題を考えるとき、近現代的な関心を古代に投影するため中世固有の意味が消えてしまう（——傍点は引用者）[15]。

ここでは、丸山の「古層＝執拗低音」の原型が「村落共同体的な場での発想」にあると理解されている。また米谷匡史も「丸山真男の日本批判」において、つぎのように論じていた。すなわち、

このように丸山は、戦後の精神革命を執拗にはばむ人間関係・行動様式の残存にいらだち、天皇制をその集約的表現とみなすようになっていた。そして「日本の思想」において、近代的主体の確立をはばむこの要因を、「精神的雑居性」「無構造の伝統」、そしてその「原型」としての「固有信仰」と呼ぶようになったのである。……丸山は、頂点における「国体」と底辺における村落共同体を前近代性の温床と考えており、それをどちらも「固有信仰」という古来の《日本的なもの》によって規定しようとしている。……丸山はその原型を宣長が古代日本に見た「固有信仰」にまで遡及している。かくして、「過去的なもの——極端には太古のもの——の執拗な持続」……が語りはじめられることになる。このとき、丸山は「古層」論にいたる山を一歩踏み越えていたのである（——傍点は引用者）[16]。

しかしこうした議論は、丸山こそは「日本的なるもの」を実体化し、「単一民族神話」という「つくられた伝統」に与するものにほかならず、その「古層＝執拗低音」もこうした「等質性」をもった「領域・民族・言語・水稲生産様式およびそれと結びついた聚落と祭儀の形態」に由来すると考えられているはずだとする不当な思い込みの産物でしかあるまい。

たしかに本稿第五章でも検討したように、「原型（プロトタイプ）」論の初期の段階での丸山は、自然的・空間的所与に規定された日本の文化と思想の出発点の独自性を、①日本は歴史的古代から、人種的、言語的、文化的に高度の民族的同質性を保持して今日に至っていること、すなわち、日本列島が政治的に統一されるはるか前から、日本人は高度の民族的同質性をもっていたこと、②水田稲作という社会の底辺における支配的生産様式と、それに結びついた共同体的規制、宗教儀式（農耕儀礼、アニミズムとシャーマニズム）の持続性が強かったこと、③後続するヨリ高度の文化形態の重畳的累積および基底との相互作用、すなわち基底は根本的変革を蒙らないが、上層はつねにその時代における先進的な文化と接し、テクノロジー・政治・経済制度がこれに適応して変化するという、持続性と変化性の二重構造が存することの三点に整理していた。[17] そのうえで、「日本において特徴的であったことは、ヤマタイ国からヤマト国家への発展過程に見られるごとく、血縁ないし祭祀共同体から政治的権力への移行が連続的に行なわれると同時に、その支配形態の変化、すなわち祭祀共同体の首長から政治的権力の主体への移行も、連続的発展として現われたことであった[18]」とし、さらには資本制が〝半封建的〟基盤のうえに発展したという近代資本制国家における問題もふくめ、「日本の特殊性として、社会結合における同族団的結合があげられねばならない[19]」ことを強調していたのであった。

この段階における丸山の「原型」は一見したところ、和辻らの議論にも通じるような「血縁ないし祭祀共同体」や「同族団的結合」の持続性、さらにはその基礎にある水田稲作という社会の底辺における支配的生産様式の持続性という「原型」の基盤ともいうべきものからこそ導出されているかのようにも見える。こうした初期の「原型（プロトタイプ）」論が、「古層＝執拗低音」論に向けて、いかなる方向へと発展・成熟していったのかは、本稿第五章の全体を通じて明らかにしようと試みたところであった。

しかしここであらためて強調したいことは、こうして日本における歴史的古代以来の高度な「民族的同質性」の保持や、「血縁ないし祭祀共同体」や「同族団的結合」の持続性、さらにはその基礎にある水田稲作という社会の底辺における支配的生産様式の持続性を過度に強調するきらいのあったこの段階にあっても、丸山がすでにつぎのように――米谷が自らの思い込みによって見いだそうとしたような――「固有信仰」の存在を明確に否定していたということである。すなわち、

これによってしばしば固有神道とか古神道とかいわれているような固有の信仰が、もともと日本にあったと考え

てはならない。それらの諸観念は南方諸島、朝鮮、南アジア、中国北部にみられる神話と大きな類似性をもっているがゆえに、それらの混合物と考えられる。アニミズムやシャーマニズムの諸観念にしろ、同じことがいえる。ただ、ここで特徴的なことは、通常異なった段階に属する宗教意識が、その後に流入した高度のイデオロギー的体系と融合したことである。いいかえれば原初的な神話的観念が文明のなかに深く入り込み、後世の歴史の中に構造化されている〔ところに、この国の宗教意識の特徴がある〕[20]。〉

このように、「民族的同質性」、「血縁ないし祭祀共同体」や水田稲作という支配的生産様式などの持続性についての過度の強調にもかかわらず、この段階の丸山の議論においてもすでに、それらと結びついているとされるような「固有信仰」の存在は明確に否定されていたのである。そしてむしろそこでは、日本における宗教意識の特徴は、「通常異なった段階に属する宗教意識が、その後に流入した高度のイデオロギー的体系と融合した」こと、ないしは「原初的な神話的観念が文明のなかに深く入り込み、後世の歴史の中に構造化されている」ことにこそ求められていたのであった。

そうであればこそ、「原型」的思考様式（ないしは「原型的世界像」）の特質はなによりもまず、「善悪観」と「吉凶観」との――すなわち、善悪という罪と人格的責任の観念と、吉凶という善悪以前の災厄の観念（＝清明－黒濁という道徳意識以前の未開の呪術的思考）との――重畳として把握されることとなったのであり、さらには、こうした「原型的世界像」における行動の価値基準もまた、①「集団的功利主義」という「共同体的なるもの」と不可分な特殊主義的（particularistic）契機からのみではなく、これとは区別された②「心情の純粋性」というヨリ多く感情的・情動的次元に位置する――すなわち、「思想の成層」のヨリ下層、さらにいえばヨリ「古層」に位置する――普遍主義的（universalistic）契機からも（さらには、③「活動・作用の神化」という第三の契機をも含めて）また把握されることとなったのであろう。

くり返し指摘したように、「原型（プロトタイプ）」論は、「古代文献に残されている神話・説話・古代伝承のなかから、明らかに儒仏道教等の比較的に大陸的思想の影響とみられる諸観念を除き、後代の民間信仰や民間伝承等を参照して、古代から持続的に作用している宗教意識を再構成[21]」しようと試みるものにほかならなかった。したがって、「原型（プロトタイプ）」の再構成にあたっては、①「血縁ないし祭祀共同体」や水田稲作という支配的生産様式などの「共同体的なるもの」と不可分の「共同体的功利主義」（＝「集団的功利主義」）という特殊主義的（particularistic）契機（ないしは外面的・相対的価値基準）と②「心情の純粋性」（＝「純粋動機主義」）という普遍主義的（universalistic）契機（ないしは内面的・絶対的価値基準）という両契機の相互関係――制約、両立、結合、矛盾、相克――こそが問題とされざるを得なかったのである。

とりわけこの両者の結合が問題とされる限りでは、すでに本章の冒頭でも見たように、「特定共同体（もしくはその代表者としての首長）にたいする、アカクキヨキ心をもってする純粋な服従と献身は、上の二つの価値基準をともに満足させるので、もっとも評価が高い[22]」とされることとなり、丸山の議論は和辻らの「清明心の道徳」に寄り添うこととなる。しかしひとたび両契機の矛盾や相克、「共同体的功利主義」の制約からの「心情の純粋性」の解放ということが問題となるや、丸山の議論は和辻のそれから再び離脱しはじめることとなるのである。

「原型（プロトタイプ）」論が、「日本神話のなかから明らかに中国的な観念……に基づく考え方やカテゴリーを消去」していき、そこに残るサムシングを抽出することによって発見される「断片的な発想[23]」としての「古層＝執拗低音」を単離 isolate せんとする「古層＝執拗低音」論へと発展・成熟することとなれば、両者の分岐はヨリ決定的なものとならざるを得まい。

丸山が倫理的価値意識の「古層＝執拗低音」として単離 isolate すべきは、当然ながら、「共同体的功利主義」（＝

「集団的功利主義」）という契機ではなく、ヨリ多く感情的・情動的次元に位置する普遍主義的（universalistic）な契機としての「心情の純粋性」（＝「純粋動機主義」）なのであり、和辻的な「無私性＝全体性への帰依」を本質とする「清明心の道徳」がはらむ「共同体的なるもの」の制約から解放された「キヨキココロ・アカキココロ」そのものでなければならなかったのである。

アニミズム・マナイズムと「キヨキココロ・アカキココロ」

丸山が倫理的価値意識の「古層＝執拗低音」として単離 isolate せんとしていた「キヨキココロ・アカキココロ」なるものが、「心情の純粋性」（＝「純粋動機主義」）という感情的・情動的次元に位置する普遍主義的（universalistic）な契機にほかならなかったのだとすれば、はたしてその本質はいかなるものなのだと考えればよいのだろうか。

筆者はすでに本書第Ⅰ部において、丸山のいう「古層＝執拗低音」は、網野善彦の『飛礫』というモチーフ[24]とも相通ずるものであり、それらはともに「未開の野性」ともいうべき〈人類史的〉な基層に位置づけられ得る普遍的要素[25]にほかならなかったのではないかと論じてきた。本稿におけるこれまでの検討は、丸山思想史と網野史学との一接点を探ろうと試みた本書第Ⅰ部が見いだした論点を再確認するための作業だったともいえるだろう。

もはやあらためていうまでもあるまいが、『古事記』の須佐之男が体現するような「心情の純粋性」（＝「純粋動機主義」）という普遍主義的（universalistic）な契機としての「キヨキココロ・アカキココロ」とは、まさに「未開の野性」ともいうべき〈人類史的〉な基層に位置づけられ得るような普遍的要素にほかならなかったのではあるまいか。

端的にいってしまえばそれは、アニミズムanimism[26]ないしはマナイズムmanaism[27]といった〈人類史的〉な基層に位置づけられるべき普遍的な宗教意識と深くかかわるものにほかなるまい。

ここであらためて想起すべきは、丸山がその「原型（プロトタイプ）」論の行動の価値基準をめぐる議論において、①「共同体的功利主義」（＝「集団的功利主義」）という特殊主義的契機や②「心情の純粋性」（＝「純粋動機主義」）という普遍主義的契機とならんで、③「活動・作用の神化」という第三の契機を一貫して重視してきたことであろう。煩を厭わずあらためて提示してみるならば、それはつぎのような議論であった。すなわち、

> ここで原型的思考にとって重要な第三の契機が登場する。それは、いわば活動作用そのものを〈本体よりも〉神化する傾向である。アニミズムから多神教への宗教意識の発展においては、超自然的な力をもつ実体がタマ（精霊）として予想され、これが人格化あるいは物化されて神観念が生ずる（人格神と物神崇拝）のが一般的プロセスである。〈……ところが、〉日本神話（原型的思考―後筆）では、こうして一方ではタマが現象から分離されて呪術的克服ないしは礼拝の対象となった後においても、それと並んで他方では、むしろタマのはたらきそのものが神聖視される傾向が強い。……〔こうして〕超人間的なエネルギーがまさにその能力において神化されるところからして、荒ぶる神は、一方では呪術的克服ないし追放の対象とされながら、他方では英雄神的崇敬と祭祀の対象となるという二重性が賦与される。[28]

アニミズムから多神教への発展過程においては、自然現象の背後に超自然的な性質や力をもつタマが実体として分離され、その実体が自然現象を動かし、自ら作用を及ぼすとされる。ところが古代日本人の宗教的思考では、タマが現象から分離され、人格化あるいは物化されて宗教的儀礼の対象とされた後にも、それと併行して、神々の活

動、その活動の過程における神々や自然物の生成のプロセスが神聖化され、神々の「本質」よりも重視される傾向がある。……このように機能がそれとして神聖化されると、あらぶる神の超人間的エネルギーは、一方で特殊集団に害悪を与えるという意味では悪であり呪術的コントロールの対象とされながら、他方でその荒ぶるという活動自体は必ずしも悪ではなく、英雄神として崇拝されるという二重性格をもつ。活動の神化が心情の純粋性と結びつくと、内なるエネルギーを純粋な動機から（成敗利鈍をかえりみず）外に爆発させる行動は、畏れられながら、尊敬されるという ambivalent〔両極併存的〕な評価が生れるわけである。記紀神話の世界でスサノヲは、高天ヶ原神話では悪とされ、出雲神話では善とされるという二重評価を受けている。(29)

〈……「原型」的思考の特徴は、実体的思考よりも機能的思考が優位しているということである。それは形而上学形成力の弱さを示すとともに、一種のプラグマチックな適応性に富むという implication〔内包〕をもつ。しかも作用、機能、活動それ自体の神化が、先述の心情の純粋性を絶対とする動機主義と結合すると、成敗を顧みぬ心情の純粋性に発した爆発的行動は、その激しさゆえに一方では恐れられ、他方ではその純粋性ゆえに尊重されるというアンビヴァレント〔両極志向的〕な評価をうけることになる。それはスサノヲへの価値判断の二面性に象徴されている（この「伝統」は、源為朝・悪源太義平らの人間と行動への評価につらなっている。「荒事」「荒ぶる神」）。そして結果を比較考量して lesser evil をとる行為はズルイことになる。(30)〉

スサノオの「二重評価」という論点については、第六章で詳論したので、ここであらためてくり返すつもりはない。ここであらためて何よりも重視したいのは、「活動の神化が心情の純粋性と結びつくと、内なるエネルギーを純粋な動機から（成敗利鈍をかえりみず）外に爆発させる行動は、畏れられながら、尊敬されるという ambivalent〔両極併存的〉な評価が生れるわけである」、ないしは「作用、機能、活動それ自体の神化が、先述の心情の純粋性を絶対とする動機主義と結合すると、成敗を顧みぬ心情の純粋性に発した爆発的行動は、その激しさゆえに一方では恐れられ、他方ではその純粋性ゆえに尊重されるというアンビヴァレント〈両極志向的〉な評価をうけることになる」ということにほかならない。

ここで丸山が強調していることとは、「作用、機能、活動それ自体の神化」という第三の契機との結合によってこそ、第一の契機としての特殊集団（＝共同体）への禍福を問題とする「集団的功利主義」（＝「共同体的功利主義」）という価値基準を超えて、「心情の純粋性」という第二の契機の尊重がもたらされるのだという点なのである。換言すれば、「心情の純粋性」（＝「純粋動機主義」）としての「キヨキココロ・アカキココロ」を、「共同体的なるもの」としての「集団的功利主義」（＝「共同体的功利主義」）の制約から解放し、両契機の結合ではなく矛盾や相克をもたらすものこそ、「作用、機能、活動それ自体の神化」という第三の契機にほかならないということである。

「集団的功利主義」（＝「共同体的功利主義」）と「心情の純粋性」（＝「純粋動機主義」）との結合による「無私性＝全体性への帰依」を本質とした和辻的な「清明心の道徳」から、「心情の純粋性」（＝「純粋動機主義」）としての「キヨキココロ・アカキココロ」を別個の契機として自立せしめるものこそ、「作用、機能、活動それ自体の神化」という第三の契機にほかならないのである。

そしていうまでもなく、この「作用、機能、活動それ自体の神化」という第三の契機こそ、アニミズム animism 的なるもの、否、むしろ――プレ・アニミズム pre-animism としての――マナイズム manaism 的なるものにほかなるまい。それはまさに〈人類史的〉な基層に位置する「未開の野性」ともいうべきものである。

周知のようにアニミズム animism とは、イギリスの人類学者E．B．タイラーが『原始文化』（一八七一年）で提唱したもので、人間をはじめ動植物からその他の無生物にいたるすべてのものが、それ自身のアニマ anima をもつとする宗教意識の原初的な形態であり、「未開社会」において普遍的に見いだされるものとされている。『講義録』における丸山が、「アニミズムから多神教への宗教意識の発展においては、超自然的な力をもつ実体がタマ（精霊）として予想され、これが人格化あるいは物化されて神観念が生ずる（人格神と物神崇拝）のが一般的プロセスである」[31]と論ずるとき、丸山もまたこのようなアニミズムへの一般的理解に立っていることは疑うべくもあるまい。

　これにたいしてマナイズム manaism とは、アニマティズム animatism とも呼ばれ、タイラーのアニミズムを前提にしつつ、イギリスの人類学者R．R．マレットが提起したものである。それは、ポリネシア諸島やメラネシア諸島のマナ mana という観念によって表現されるような、アニマ anima をアニメイトする「非人格的な力」ないしは「生命力」への信仰にもとづく宗教意識の形態であって、プレ・アニミズム pre-animism ともいうべき、ヨリ根源的かつ普遍的な宗教意識だとされる。

　丸山が「原型（プロトタイプ）」論で重視した「作用、機能、活動それ自体の神化」という第三の契機とはまさに、「タマが現象から分離されて呪術的克服ないしは礼拝の対象となった後においても、それと並んで他方では、むしろタマのはたらきそのものが神聖視される傾向が強い。……〔こうして〕超人間的なエネルギーがまさにその能力において神化される」[32]とされているように、アニマ anima としての「タマ」の「はたらきそのもの」、すなわちアニマ anima としての「タマ」の背後にあり、「タマ」（＝アニマ anima）をアニメイトする「超人間的なエネルギー」そのものの神化をこそ意味するものであろう。こうした「タマ」（＝アニマ anima）をアニメイトする「超人間的なエネルギー」なるものが、プレ・アニミズム pre-animism としてのマナイズム manaism（ないしはアニマティズム animatism）におけるマナ mana に相当するものであることは、もはや明白だといわねばなるまい。

　丸山が倫理的価値意識の「古層＝執拗低音」として単離 isolate せんとしていた「キヨキココロ・アカキココロ」とは、こうして、「作用、機能、活動それ自体の神化」というマナイズム manaism 的な契機を背景とし、それと結合してあらわれるような「心情の純粋性」（＝「純粋動機主義」）にほかならなかったのである。

第六章でも明らかとしたような『古事記』の須佐之男は、まさにこうした両契機の結合によってこそ――「畏れられながら、尊敬されるという ambivalent〔両極併存的〕な」存在であるという以上に――「善悪」を超越した「善悪以前」の存在として、「キヨキココロ・アカキココロ」の体現者たり得たのである。

もっともこの「原型（プロトタイプ）」論の段階における丸山が、もっぱら「タマ」という言葉にのみ関心を集中し、マナ mana に相当する「やまとことば」としての「ヒ」については、いまだ必ずしも十分には注目していないという点にも注意を喚起しておかなければなるまい。「原型（プロトタイプ）」論から「古層＝執拗低音」論にむけての丸山の認識の発展は、たとえばこうした点にもうかがえよう。

「タマ」は、「和魂《にぎたま》」「荒魂《あらたま》」「奇魂《くしたま》」「幸魂《さきたま》」「国魂《くにたま》」「鎮魂《たましずめ》」といったかたちで頻繁に登場する霊的存在 spiritual being を指し示す言葉であり、まさに人間をはじめ動植物からその他の無生物までのすべてのものがもつとされるアニマ anima に相当する「やまとことば」である。これにたいして、こうした「タマ」（＝アニマ anima）をアニメイトする「超人間的なエネルギー」ないしは「霊力」を指し示す言葉を古代の「やまとことば」に求めるとすれば、それは「ヒ」ということになろう。

この「ヒ」は、タカミムスヒ（＝『古事記』では「高御産巣日」、『日本書紀』では「高皇産靈」）やカミムスヒ（＝『古事記』では「神産巣日」、『日本書紀』では「神皇産靈」）などのムスヒの「ヒ」であり、またそれはヤソマガツイヒ（『古事記』では「八十禍津日」、『日本書紀』のでは「八十枉津日」）やオホナオビ（『古事記』では「大直毘」、『日本書紀』では「大直日」）のマガツヒやナオビの「ヒ」でもあって、「日」「霊」「毘」といった漢字を用いて表記される。「タマシヒ」の「ヒ」もまたこの「ヒ」なのであって、そもそもアニマ anima としての「タマ」とは、このような意味での「ヒ」の塊りをこそ意味するのであろう。[33]

こうした「ヒ」こそが、「やまとことば」においてマナmanaに相当するものであり、丸山が「原型的世界像」において見いだした「作用、機能、活動それ自体の神化」という第三の契機は、このような「ムスヒ」「マガツヒ」「ナオビ」のような「ヒ」（＝「日」「霊」「毘」）への信仰を意味したはずである。

すでに第六章で見たように『古事記』と『日本書紀』神代本文のあいだに横たわる「世界像」＝「コスモロジー」の異質性を強調する神野志隆光が、『日本書紀』神代本文の「陰陽のコスモロジー」と対比して、『古事記』に「ムスヒのコスモロジー」を見いだしたことも、決して故なしとはしない。神野志のいう「ムスヒのコスモロジー」とは、まさにこうした「ヒ」（＝マナmana）への信仰に基礎づけられたマナイズムmanaism的な「世界像」＝「コスモロジー」としてこそ理解されるべきであろう。[34]

もちろん、「原型（プロトタイプ）」論の段階における丸山が、こうした「ヒ」（＝マナmana）の存在をまったく念頭においていなかったというわけではない。現に丸山は、『講義録〔第四冊〕』において、つぎのように語っていた。

たとえば、災禍をもたらすマガツヒノカミは、〔イザナギが〕死の世界からもち来ったタマとして神格化されるが、しかも注意すべきはそれが、ミソギという呪術的行為の過程において化生した神である〔ということである〕。したがってそれに対応してナホビノカミが、同じミソギの過程から生れ出る。つまりここでは、呪術によって、すでに存在している善神を呼び出すのではなくて、ケガレを水で清める行為のなかから、直毘のタマが生れる。それは禍害を祓う呪的な力、活動、そのエネルギーの神化なのである。[35]

ただここでの丸山の関心はいまだ、「マガツヒ」や「ナオビ」の「ヒ」にではなく、それらがあくまでも「タマ」

として、「神格化」されて化生することにむけられている。

しかし「古層＝執拗低音」論の段階にいたった丸山は、「歴史意識の『古層』」において見られるように、「タマ」だけではなく「ヒ」にもたびたび言及するようになるのである。すなわち、

　このような「いきほひ」の観念は「みたまのふゆ」（神霊・霊威・恩頼）という、あのきわめて象徴的な表現に示されるように、生長・増殖・活動のタマあるいはヒ（霊力）への信仰を媒介として「なる」のカテゴリーと連動し、一層その価値序列を高めることになる。[36]

　そこにはおそらく二つの契機の相乗作用がはたらいたと考えられる。その一つは『孫子』的な力学的運動量《モメンタム》としての「勢」と、さきに見たように、時間系列のなかで展開される生成・増殖の霊《ひ》としての「いきほひ」との間の癒着現象であり……。[37]

　生誕直後の赤子は『なりゆく』霊《ひ》のポテンシャリティが最大であるだけでなく、キヨキココロ・アカキココロという……、倫理的価値意識の古層からみても、もっとも純粋な無垢性を表現しているからである。[38]

最後の部分は、これまでもたびたび引証してきたところではあるが、本稿の主題である倫理的価値意識の「古層＝執拗低音」としての「キヨキココロ・アカキココロ」との関係においても、この「ヒ」（＝「日」「霊」「毘」）が重要な位置づけを与えられていたのだということをあらためて確認しなければなるまい。

こうした「古層＝執拗低音」論の展開において丸山が、こうした「ヒ」（＝「日」「霊」「毘」）の神格化されたもの

にほかならないタカミムスヒ[39]について、つぎのような重要な言及を行なっていることにも注目しておかなければならないであろう。すなわち、

「天地初発之時」に生坐した三神のうち、前記タカミムスヒの神は、のちにはヨリ人格神的な形をとって、天孫降臨に周知のように重大な役割を演じ、さらに『紀』においては人皇第一代神武の東征の発起にあたって、真先に回想される（巻三の巻頭）だけでなく、東征の過程で……神武みずからの身に憑《よ》りつくことになっている。つまり「天地初発之時」のなかにこめられた象徴的な意味は、単に『記』冒頭の一節の書き出しであることをはるかにこえて、神代全体の主題の暗示とも見られ、事実、日本の歴史意識の歴史のなかでは、さきのA・Bの範疇と化合しつつ、一種の歴史的オプティミズムの原点となる運命をもった。とくにそれが後述するような、「いま」中心の観念と結びつくとき、新たなる「なりゆき」の出発点としての「現在」（生《あ》る→現《あ》る）は、まさに不可測の巨大な運動量《モメンタム》をもった「天地初発」の場から、そのたびごとに未来に向かっての行動のエネルギーを補給される可能性をはらむこととなる。[40]

したがって、神武創業説話において、ムスヒの霊が呼び起こされ、また、さきに見たアマテラスの「いつの雄たけび」がそのままリフレインされている（紀）ように、歴史的劃期においては、いつも「初発」の「いきほひ」が未来への行動のエネルギー源となる傾向が見られる。[41]

「原型（プロトタイプ）」論から「古層＝執拗低音」論にむけての丸山の認識の発展は、このようにして、「ヒ」（＝「日」「霊」「毘」）――すなわち「やまとことば」においてマナ mana に相当するもの――への注目により、「古層＝

執拗低音」のマナイズム manaism（＝プレ・アニミズム pre-animism）的な本質の一層の明確化によってもたらされたのだとも考えられよう。

ところで「清明心の道徳」の本質を「無私性＝全体性への帰依」に求めてきた和辻哲郎らもまた、こうしたアニミズム animism やマナイズム manaism の問題をまったく無視していたわけではなかった。

和辻の「祭り事の統一」（＝「祭祀的統一」）を「低層」と「上層」が異質な思想的性格をもった「二重の祭事的統一」としてとらえ直した湯浅泰雄が、その「底層」（＝「古代農耕社会の底辺の習俗」）における「古代神道」に、アニミズムやマナイズムといった「未開宗教」の特徴を見いだしていたということはすでに見たとおりである。それにもかかわらず湯浅が、和辻以来の「清明心の道徳」への理解を否定しなかった次第についても、前節において振り返ったところであり、ここでくり返す必要はあるまい。

和辻自身についていえば、記紀の物語に現われる神のあり方についての、①「祀る神」②「祀るとともに祀られる神」③「単に祀られるだけの神」④「祀りを要求する祟りの神」という、周知の如き四種類への区分論をあらためて想起しなければなるまい。(42)この四区分における③「単に祀られるだけの神」と④「祀りを要求する祟りの神」こそが、アニミズム的ないしはマナイズム的な「タマ」（＝アニマ anima）や「ヒ」（＝マナ mana）に深くかかわるものであると考えてよかろう。和辻は③「単に祀られるだけの神」の例として、ヤマツミ、ワタツミ、クニタマ、ミトシなどの神の名をあげ、④「祀りを要求する祟りの神」の例として、御諸山（三輪山）の蛇体神たる大物主神の名をあげているが、ヤマツミ、ワタツミの「ミ」がイカズチの「チ」などと並んで、「ヒ」と同様に何らかの「霊力」を表わす言葉であったことは周知のことであろうし、また大物主の「モノ」が――祭祀氏族としての物部氏の名の由来であるように――「タマ」と同様になんらかの霊的存在 spiritual being を指し示す言葉であったこともまた疑うべくもない。

しかし、この神の四区分論における和辻の議論の特質は、こうした③「単に祀られるだけの神」や④「祀りを要求する祟りの神」の意義を限りなく無化し、あくまでも②「祀るとともに祀られる神」の意義をこそ強調しようとするところにあったのである。すなわち、

この視点をもって記紀における神々を考察すると、われわれは一つの驚くべき事実に衝き当たる。神代史において最も活躍している人格的神々は、後に一定の神社において祀られる神であるにもかかわらず、不定の神に対する媒介者、すなわち神命の通路、としての性格をもっている。それらは祀られるとともにまた自ら祀る神なのである。そうしてかかる性格を全然持たない神々、すなわち単に祀られるのみである神々は、多くはただ名のみであって、前者ほどの崇敬をもって語られていない。[43]

和辻がこのように③「単に祀られるだけの神」や④「祀りを要求する祟りの神」の意義を限りなく無化し、あくまでも②「祀るとともに祀られる神」の意義をこそ強調するのは、「重大なのは祭祀そのものであって、祀られる神自身ではない。祭祀の持つ呪力は祀られる神よりは強い」のだということ、さらには「祀られる神の力として感ぜられるものは、実は祭祀そのものの呪力であった」[44]のだということを主張するためにはかならない。そして和辻はさらに進んで、ここから「祭り事の統一」としての「最も古い時代における国民的統一の成立」の歴史的意義と、そこにおいて「祭り事の統一者」としての天皇が、「超人間的超自然的な能力を全然持たないにもかかわらず、現神として理解せられていたゆえん」[45]を導出しようとしたのであった。

しかし和辻は、「祭り事の統一」としての国民的統一や「祭り事の統一者」としての天皇という問題を導出せんとすることにあまりにも性急でありすぎたのかもしれない。

なぜなら「祭祀そのもの」の持つ呪力を「祀られる神」（＝「タマ」や「ヒ」としての神）よりも強からしめるものこそ実は、丸山のいう「作用、機能、活動それ自体の神化」というマナイズム manaism 的な契機にほかならないのかもしれぬからである。『講義録』において丸山は、つぎのように語っている。すなわち、

日本神話（原型的思考―後筆）では、こうして一方ではタマが現象から分離されて呪術的克服ないしは礼拝の対象となった後においても、それと並んで他方では、むしろタマのはたらきそのものが神聖視される傾向が強い。……〈それゆえ、政治的秩序の形而上学をつくる際〔も〕、まつる行為に中心が置かれ、まつられる対象はそれに比べて重んじられない。ここから、祭祀行為（共同体の「まつり」―後筆）の統率者としての天皇（氏上―後筆）の「神格化」が理解される。[46]〉

ここでの丸山は明らかに和辻の「清明心の道徳」をめぐる議論を参照している。しかし和辻が「祭祀そのもの」の持つ呪力の前に「祀られる神」（＝「タマ」や「ヒ」としての神）の意義を限りなく無化していこうとしたまさにその背後にこそ丸山は、「作用、機能、活動それ自体の神化」というマナイズム manaism 的契機を見いだそうとしているのである。ここにも和辻と丸山の「清明心の道徳」／「キヨキココロ・アカキココロ」をめぐる交錯が姿をあらわしていたのだといえよう。

さて本節の最後に、柳田民俗学と和辻の「清明心の道徳」論を接合しようとした荒木博之の議論[47]についても、ひとこと触れねばなるまい。

荒木が一方では、アニミスティックな自然霊が日本人の自然認識の態度、自然とのかかわり方と深くつながっていることを認めつつも、他方では「日本的共同体」＝「シマ的ミクロコスモス」における「共同体の神」とアニミス

ティックな自然霊的神とを断固として峻別し、神聖なる共同体への私心なき絶対的帰依を内容とするその「清《す》み明《あか》き心」の母胎を、あくまで前者に求めたことはすでに見たとおりである。

柳田にしたがって、南島（＝琉球諸島）と古代日本の「連続」をこそ問題にせんとする荒木は、「清ら」（＝「きよら」）という琉球の言葉についての興味深い分析をふくむすべての議論を、こうした「日本的共同体」＝「シマ的ミクロコスモス」における「清《す》み明《あか》き心」の問題へと回収してしまったのである。

しかし、もし本稿が明らかにしたように、「心情の純粋性」（＝「純粋動機主義」）としての「キヨキココロ・アカキココロ」が〈人類史的〉な基層に位置づけられるべきマナイズム manaism 的な宗教意識にかかわるものだとするならば、そして南島（＝琉球諸島）における「清ら」＝「きよら」にもまた同様の性格が見いだされるのだとするならば、そこには荒木が見ようとしたものとはまったく異質な光景が広がってくるのではあるまいか。

そもそもマナ mana なるものがメラネシア諸島やポリネシア諸島において見いだされた観念にほかならなかったという点からしても、また丸山がしばしば言及してきたような日本列島と南太平洋諸島の地理的契機の意義という問題からしても、赤坂憲雄が『海の精神史――柳田国男の発生』において垣間見たような「日本《ヤマト》の島々―沖縄の島々―太平洋上の島々と連なる〝島々の史学〟」(48)の可能性もまた、まさにそのあたりからこそ、はじめて開かれてくるのではないかと筆者には思われるのである。

超越的絶対者と「キヨキココロ・アカキココロ」

すでに本稿第二章においても検討したように、和辻哲郎や相良亭の「清明心の道徳」をめぐる議論には、その方法的な異質性にもかかわらず、ひとつの重要な論点が共有されていた。それは「絶対者」（ないしは「究極者」「超越者」）の不在と、それに由来する「絶対的規範」の不在をめぐる問題であった。

和辻によれば、「無私性＝全体性への帰依」をその本質とする「清明心の道徳」は、「最も古い時代における国民的統一」としての「祭り事の統一」によってもたらされた社会構造の自覚として現れてくる倫理思想にほかならないのだが、こうした「祭り事の統一」が可能であった所以は、「絶対者」（ないしは「究極者」「超越者」）が一定の神として把握されなかったことにあるのだという。

和辻によれば、「絶対者」を一定の神として対象化することは、「絶対者」を限定することにほかならない。そして「絶対者」を一定の神として把握しないということは、宗教の発展段階としては原始的ではあるものの、「絶対者に対する態度としてはまことに正しい」というのである。[49] 換言すれば、ユダヤ・キリスト教的な「絶対性と唯一性を主張して他の神を排斥する神」は、「私」をもって世界を支配しようとする神にほかならないのであり、こうした神の「非正義性」に対して和辻は、「私を没して公の立場に立つ神」によって立てられるアマテラスやオオクニヌシの「社会的正義」をすら対置しようとしたのだった。[50]

すなわち和辻は、神々に対してさえ、「無私性＝全体性への帰依」という「清明心の道徳」の実現を求めていたのであり、「私」をもって支配する「唯一絶対神」など、彼にとっては非道徳で「非正義」な存在でしかなかったのである。

かくして和辻は、「絶対者」の不在という問題を「清明心の道徳」と深く結びついたものとして提示しつつ、これを肯定的に評価したのであった。

これとは対照的に相良亨は、「絶対的規範のないところ、この『誠実』だけがよりどころであり、それは切り札的な権威をもっている。私はこのような仕方でわれわれの内にある『誠実』が、批判的に問題にされなければならないと思うのである」[51]として、「絶対者」（＝「絶対性を保証するよりどころ」）の不在をこそ、克服すべき「誠実」と深く結びついた問題だとしていたのだった。

「絶対者」の不在をこそ問題視した相良は、古代の日本人が「規範に対する心情の純粋性」ではなく、「心情の純粋性自体」（＝「清明心」）を重視していたことに注目し、「心情の純粋性の尊重」（＝「清明心」）の伝統と大陸から流入した外来思想としての「理法」への関心との関係をめぐる思想史を展開しようと試みた。こうした試みをとおして相良は、一方では、①日本人には普遍的な規範意識が形成されたことはなく、個別的な規範は事態に虚心に対するときに直覚的に捉えられてくるものだとされ、規範自体よりも主体の姿勢と心情のあり方が重視されてきたのだということ、他方では、②規範を説き真理を説いても日本人の心の底辺において支配していたのは「自他人倫の和合」にほかならなかったのだということを見いだすこととなったのである。

その結果として相良は、「超越的なるものの否定は、その対極である人倫重視の方向をとってあらわれざるをえない。それはまず神あるいは個人ありきに対して、まず人倫ありきである」[52]と喝破するに至り、ついには「倫理を神や理性のロゴスとしてではなく、人間共同体の組織法則として捉える和辻の試みは、日本の伝統を生かしつつ、普遍的な理法を考えていく確かに有力な一つの試みであった」[53]として、和辻倫理学への回帰を表明することとなる。

そもそも相良の「清明心」は、「清明なる心、先にも述べたような私のない心、さらにいえば心情の純粋さ」[54]というように、「心情の純粋性の尊重」という契機と「無私性＝全体性への帰依」という契機を無媒介に結合したものに過ぎなかった。相良の議論は「心情の純粋さ」としての「清明心」を源流とした「誠実」の克服を求めることにはじまり、「私のない心」としての「清明心」の系譜につらなる「自他人倫の和合」への配慮という伝統を見出すことへと、ついには帰着したようにも思われる。

「絶対者」（ないしは「究極者」「超越者」）の不在という問題は、和辻にとっては「無私性＝全体性への帰依」を本質とする「清明心の道徳」と深く結びついた肯定されるべきもの、相良にとってはその克服すべき「誠実」（＝「心情の純粋性の尊重」）と深く結びついた否定されるべきものではあったが、両者はともに、「絶対者」（ないしは「究極者」「超越者」）の不在の裏側に顕われる「自他人倫の和合」という共同体的な倫理的価値の肯定へと導かれたのであった。それはまさに相良のいうとおり「超越的なるものの否定は、その対極である人倫重視の方向をとってあらわれざるをえない」からにほかなるまい。

和辻にとっても、相良にとっても、「絶対者」（ないしは「究極者」「超越者」）と「自他人倫の和合」という「共同体的なるもの」は、対極的なものとして、あくまでも二項対立の関係において議論されていたからである。

それでは、「キヨキココロ・アカキココロ」に「心情の純粋性」（＝「純粋動機主義」）という普遍主義的(universalistic)な契機（＝「絶対的基準」）を見いだそうとしていた丸山は、和辻や相良が「清明心の道徳」と深く結びつけて論じてきた「絶対者」（ないしは「究極者」「超越者」）の不在とそれに由来する「絶対的規範」の不在という問題にどのように臨もうとしていたのであろうか。

水林彪は『思想史家　丸山眞男論』[55]所収の「原型（古層）論と古代政治思想論」において、笹倉秀夫の『丸山真男論ノート』[56]をも参照しつつ、つぎのように論じている。すなわち、

> 「原型（古層）」は、「普遍者」ないし「超越者」の意識との対において措定されたものだということが重要だと思います。そして、丸山は一人の人間として、ある種の「普遍者」ないしは「超越者」の思想にコミットしていたわけです。「普遍者」ないしは「超越者」の思想として丸山は、講義や論文などではインド的涅槃、中国的天道、ユダヤ教的キリスト教的神などをあげていますが、現代に生きる一人の人間として彼がコミットしようとした普遍的思想は、明らかに西欧近代に生まれた、しかし決してローカルなものではなく「人類普遍の遺産」と丸山が考えるところの、自由や民主主義などの理念でありました[57]。

丸山がこの話を紹介する背景には、歴史を超えた何ものかへの帰依なしには、個人が不条理な周囲の動向に抗して立ちつづけられない、そして、不条理の絶えない現代社会においてはそのような歴史を超えた何ものかへの帰依が必要である、しかし、この国には、不幸なことに、そのような普遍的超越的価値への帰依という精神が伝統的にきわめて弱い、という思いがあります。丸山は……原型（古層）的歴史意識……が、「一人ひとりの主体としての責任の問題の発生しない大勢順応主義」……という形で確実に現代にも生きていて、それが、この国を「なりゆき」の流動性と「つぎつぎ」の推移との底知れない泥沼に導くであろうことを案じているわけです(58)。

筆者自身は笹倉の議論にも依拠しながら拙著『丸山眞男――「近代主義」の射程』で論じたように、丸山が現代において追求した「自己内対話」する主体は、水林のいうような「歴史を超えた何ものか」＝「普遍的超越的価値」への帰依を必然的にともなわねばならぬものとは考えないが(59)、こうした水林の議論は丸山への理解としては至極一般的なものであるといわなければなるまい。

ところで、丸山の「原型（プロトタイプ）」論および「古層＝執拗低音」論の執拗な批判者たる米谷匡史がつぎのように論じていたことは、これまでもたびたび言及したところである。すなわち、

このように丸山は、戦後の精神革命を執拗にはばむ人間関係・行動様式の残存にいらだち、天皇制をその集約的表現とみなすようになっていた。そして「日本の思想」において、近代的主体の確立をはばむこの要因を、「精神的雑居性」「無構造の伝統」、そしてその「原型」としての「固有信仰」と呼ぶようになったのである。……丸山は、頂点における「国体」と底辺における村落共同体を前近代性の温床と考えており、それをどちらも「固有信仰」と

いう古来の《日本的なもの》によって規定しようとしている。(60)

「『原型（古層）』は、『普遍者』ないし『超越者』の意識との対において措定されたものだ」とする水林の理解が正しいものであり、また米谷の批判が正当なものであるとするならば、要するに丸山の「原型（プロトタイプ）」論および「古層＝執拗低音」論とは、和辻の「清明心の道徳」をめぐる議論を単に〈逆立ち〉させただけのものにすぎないのだということになる。すなわち、「超越的なるものの否定は、その対極である人倫重視の方向をとってあらわれざるをえない」というかたちで、「絶対者」（ないしは「究極者」「超越者」）と「自他人倫の和合」という「共同体的なるもの」とが、あくまでも二項対立の関係において語られているという点においては、そこには本質的な違いはなんら見いだし得ないのであり、「絶対者」（ないしは「究極者」「超越者」）と「共同体的なるもの」との価値的な評価が、和辻と丸山とのあいだでは、単に転倒させられているにすぎないということになるのである。

丸山の「原型（プロトタイプ）」ないしは「古層＝執拗低音」――とりわけ後者――を「共同体的なるもの」との関係で、米谷のように――そしておそらく水林のようにも――捉えることが重大な誤読だとせざる得ないことは、本稿でしばしば指摘してきたところではあるが、そのことは「原型（プロトタイプ）」ないし「古層＝執拗低音」と「絶対者」（ないしは「究極者」「超越者」）との関係においても、あらためて確認されなければなるまい。

相良亨の門下に日本倫理思想史を修め、和辻哲郎を含む「京都学派」についての研究に携わってきたという田中久文は、その著書『丸山眞男を読みなおす』において、正しくも、つぎのような指摘を行なっている。すなわち、

しかし、丸山の説く「原型」は、さまざまな問題点を抱えているとはいえ、決して決定論的なものではない。まず丸山は、「原型」というものがすべての日本人を宿命的にしばっているものとは考えていない。六〇年代の東大

での日本政治思想史の講義録をみると、「原型」を克服して主体性を獲得した思想の細い鉱脈を、日本思想史のなかから掘りだそうとしている。具体的にいえば、十七条憲法、武士のエートス、鎌倉新仏教、キリシタン、一部の儒教などがそれである。

しかも、そうした「原型を超えた思想」は、「原型」とつねに対立関係にあるばかりではない。「原型」が「原型を超えた思想」を変質させてしまうことはもとより、逆に「原型」のなかから「原型を超えた思想」が生い立っていったり、さらには「原型を超えた思想」が一時的とはいえ「原型」を変容させたりする様子が、六〇年代の講義では詳細に語られている。(61)

田中のこうした理解は、『丸山眞男講義録』に真摯に向きあう「読みなおし」から得られたものであり、さきの水林のような――ましてや米谷のような――理解からは、決して見いだされ得ないものだといってもよかろう。もっとも、田中が『丸山眞男講義録』に見いだした特徴には、水林彪も、そして『丸山眞男講義録』の編者であり解題者でもある飯田泰三も当然のことながら気づいていなかったわけではない。

それは、水林の「後期の丸山には、わが国固有の原型（古層）的意識と舶載の普遍意識の対抗、前者による後者の日本化という思想史の構想（原型（古層）論＝A構想）とは別に、原型（古層）的なものからの普遍思想的契機の自生的な成長とその挫折という思想史の構想（B構想）が存在した(62)」のではないかという指摘に明確にうかがえるのであり、また『丸山眞男講義録』の「解題」における飯田のつぎのような議論からも明らかであろう。すなわち、

ところがこの「武士のエートス」は、その構図とは様相を異にし、むしろそれ自身、底辺的・土着的な世界に根ざしながら、そこから新たに内発的に……形成されてきて、独自の「普遍者の自覚」への回路を作りだしていく可

能性をはらんだものとしても、とらえうるものであった。……このとき丸山は、「原型」と「普遍者の自覚」との二項対立的な葛藤・絡み合いを中軸に据えた、六三・六四年度講義の際の構図とは別の可能性を、日本思想史の中に探っていたともいえようか。(63)

その点で、丸山の「古層」論を、さらに修正・発展（?）させることができないかと考える。すなわち、〈体制の下部構造〉としての「（天皇制的）古層」のさらに深層に、いわば〈人類史的〉下部構造として「太古の祖型」（ベンヤミン）が想定できないかということである。解体期において、その解体（→自己解体）を徹することによって、「日本的古層」（による惑溺）を否定し突き抜け、さらに下降してゆくことで、或る普遍的で原理的な基層（いわば〝原初的普遍性〟）に到達できるのではないか。いいかえれば、原初の混沌、ないしは「自然状態（タブラ・ラサ）」に帰り、そこから或る原理的なものを捉え直してきて「再生」「蘇生」してくるということが、「転形期」においては可能なのではないか。(64)

しかし、水林にしても、飯田にしても、田中のいう「逆に『原型』のなかから『原型を超えた思想』が生い立って」いくことについての丸山の議論を、「原型（プロトタイプ）」論ないしは「古層＝執拗低音」論にとっての本質的契機だとはとらえていなかったのである。すなわち、それは水林にとっては、「原型（古層）論＝A構想」とは別の「B構想」だと理解されていたのであり、飯田にとってもあくまでも、「『原型』と『普遍者の自覚』との二項対立的な葛藤・絡み合いを中軸に据えた、六三・六四年度講義の際の構図とは別の可能性」としてとらえられていたのである。

それはすでに見たように、水林が「『原型（古層）』は、『普遍者』ないし『超越者』の意識との対において措定されたものだ」とあくまでも考えていたからにほかならず、また、飯田が丸山の「古層＝執拗低音」を、あくまでも〈体制の下部構造〉としての「（天皇制的）古層」であると理解し、それ自体が――修正・発展を加えるまでもなく――すでに〈人類史的〉下部構造として「太古の祖型」（ベンヤミン）ともいうべきものだったのだということに、ついに思い至らなかったからにほかなるまい。

本稿がこれまでの検討で明らかにしてきたことは、つぎのようなことであった。すなわち第一に、丸山の「原型（プロトタイプ）」論は、あくまでも「古代文献に残されている神話・説話・古代伝承のなかから、明らかに儒仏道教等の比較的に大陸的思想の影響とみられる諸観念を除き、後代の民間信仰や民間伝承等を参照して、古代から持続的に作用している宗教意識を再構成[65]しようと試みるものだったのであり、この再構成によって提示された「原型（プロトタイプ）」においては、①「血縁ないし祭祀共同体」や水田稲作という支配的生産様式などの「共同体的なるもの」と不可分の「共同体的功利主義」（＝「集団的功利主義」）という特殊主義的（particularistic）契機（ないしは外面的・相対的価値基準）と②「心情の純粋性」（＝「純粋動機主義」）という普遍主義的（universalistic）契機（ないしは内面的・絶対的価値基準）という両契機の相互関係――制約、両立、結合、矛盾、相克――こそが問題とされていたのだということ。

第二に、「原型（プロトタイプ）」論が、「日本神話のなかから明らかに中国的な観念……に基づく考え方やカテゴリーを消去」していき、そこに残るサムシングを抽出することによって発見される「断片的な発想[66]」としての「古層＝執拗低音」の単離 isolate を試みんとする「古層＝執拗低音」論へと発展・成熟することで、丸山が倫理的価値意識の「古層＝執拗低音」として単離 isolate しようとしていたのは、「心情の純粋性」（＝「純粋動機主義」）としての「キヨキココロ・アカキココロ」そのものだったと思われること。

そして第三に、この倫理的価値意識の「古層＝執拗低音」として単離 isolate されるべき「心情の純粋性」（＝「純粋動機主義」）としての「キヨキココロ・アカキココロ」とは、『古事記』の須佐之男が体現するような、そして、「作用、機能、活動それ自体の神化」というマナイズム manaism 的な「ヒ」（＝「日」「霊」「毘」）への信仰とも深くかかわる、「未開の野性」ともいうべき〈人類史的〉な基層に位置づけら得るような普遍的要素にほかならなかったのではないかということである。

　このようにして、丸山の「原型（プロトタイプ）」がそもそも、「共同体的なるもの」ともいうべき契機と「未開の野性」ともいうべき〈人類史的〉な基層に位置づけられるべき契機との二つの契機から再構成されたものなのであり、そして「古層＝執拗低音」が、後者の契機をヨリ基層に位置する「断片的な発想」として単離 isolate しようとするものだったとするならば、丸山の「古層＝執拗低音」論は――「原型（プロトタイプ）」論もすでに――「絶対者」（ないしは「究極者」「超越者」）と「自他人倫の和合」という「共同体的なるもの」との二項対立という和辻的な論理の枠組みから解放されたものだったというべきなのではなかろうか。

　そうだとすれば、丸山の「古層＝執拗低音」は、けっして水林彪がいうような「『普遍者』ないし『超越者』の意識との対において措定されたもの[67]」などではなく、むしろ①「絶対者」（ないしは「普遍者」「究極者」「超越者」）という契機、②「共同体的なるもの」（＝「自他人倫の和合」）という特殊主義的（particularistic）契機、さらには③「未開の野性」ともいうべき〈人類史的〉な基層に位置づけられ得る普遍主義的（universalistic）な契機という三契機からなる三項関係（＝トリアーデ）においてこそ、措定されていたと見なすべきであろう。

　しかもこのことは、丸山の「原型（プロトタイプ）」論の段階からすでに明確に語られていたことなのである。すなわち、

　　これにたいして心情が純か不純かは、普遍的基準である。しかるに記紀神話では、共同体の功利主義と心情の純

粋性（きよき心）とが結合している。このため日本では、〉キヨキココロ、ウルハシキココロという絶対的基準が、共同体的功利主義の相対性と特別主義に制約されるので、共同体的規範から、特定の共同体や具体的人間関係をこえた普遍的な倫理規範（超越的な唯一神の命令とか、超越的な天道とか、普遍的なダルマ〔dharma〕とかいう「自然法」観念に基礎をおく）への昇華がはばまれることになる。〈これが儒教、仏教の受容形態を制約する。〉(68)

『丸山眞男講義録［第七冊］』におけるこの一節にこそ、田中久文が『丸山眞男講義録』から読み取った「『原型』が『原型を超えた思想』を変質させてしまうことはもとより、逆に『原型』のなかから『原型を超えた思想』が生い立っていったり、さらには『原型を超えた思想』が一時的とはいえ『原型』を変容させたりする」(69)という「原型」と「原型を超える思想」との関係を解く鍵があったのであり、これこそ「『原型（古層）』は、『普遍者』ないし『超越者』の意識との対において措定されたものだ」としか見なし得なかった水林が――そして、おそらく飯田も――見落とした点なのだとしなければなるまい。

ここで丸山は明らかに、①「キヨキココロ、ウルハシキココロという絶対的基準」、②「共同体的功利主義」ないしは「共同体的規範」、③超越的な唯一神の命令とか、超越的な天道とか、普遍的なダルマとかいう「自然法」観念に基礎をおく「普遍的な倫理規範」との三項関係（＝トリアーデ）をこそ問題としているのである。

すなわち丸山は、一方で、①の「キヨキココロ、ウルハシキココロという絶対的基準」（＝「未開の野性」ともいうべき〈人類史的〉な基層に位置づけられ得る普遍主義的な契機）が③の超越的な唯一神の命令とか、超越的な天道とか、普遍的なダルマとかいう「自然法」観念に基礎をおく「普遍的な倫理規範」（＝「絶対者」ないしは「普遍者」「究極者」「超越者」という契機）へと昇華する可能性を認めつつ、それが②の「共同体的功利主義」ないしは「共同体的規範」（＝「共同体的なるもの」、「自他人倫の和合」といった特殊主義的契機）によってはばまれるという関係ともに、他方で、こうした①の契機と②の契機の結合が儒教、仏教といった外来的な③の契機の「受容形態」を制約し、一定の変容ないしは修正をもたらすという関係を――すなわち相対的に区別されるべき二つの関係を――この三項関係（＝トリアーデ）のなかに見いだしていたのである。

こうした三項関係（＝トリアーデ）が具体的な歴史的展開のなかでどのような様相を呈するのかという問題の解明は、『丸山眞男講義録』全体にたいするヨリ詳細な検討をもふまえつつ、また筆者が本書第Ⅰ部でその課題意識の共通性に注目した網野善彦をはじめとする他の論者の歴史研究や思想史研究の成果をも参照しながら、しかるべき覚悟のもとに挑まなければなるまい。いずれにせよそれは、あの丸山をして、「それは気の遠くなるような課題だ」[70]といわしめるほどのものだったのであり、到底本稿のなし得るところではない。

注

（1）『集』第十巻、五六頁。
（2）『和辻哲郎全集』第十二巻、八二頁。
（3）『講義録』［第七冊］、六六頁。
（4）『和辻哲郎全集』第十二巻、七四頁。
（5）相良の門下である田中久文はその著書『丸山眞男を読みなおす』（講談社選書メチエ、二〇〇九年）において、和辻を含む京都学派との関わりを意識しつつ丸山の『講義録』を読むという意欲的な試みを行なっているが、その「あとがき」において、相良と丸山との交流をうかがわせるエピソードをつぎのように紹介している。すなわち、「当時丸山は、私の恩師である相良亨先生と岩波書店の『日本思想大系』の編集をしていたので、相良先生からはしばしば編集会議での丸山との興味深いやりとりを伺った。お二人は互いをライバル視していたように私には思われた。そうしたことを相良先生の追悼文集に書かせて頂いたとき、奥様から頂戴したお礼状に、『主人が西荻窪のこけし屋（フランス料理店）で、最後に丸山先生と御会いしたのは、先生の御体調がもう御悪い頃でしたが、先生の変わらぬ情熱に感動して居りました』と書かれていた。丸山と相良先生とは、最後まで啓発し合っていたのであろう」。

（6）相良前掲書、三九頁。
（7）同前、三九―四〇頁。
（8）吉田「律令制と村落」、岩波講座『日本歴史3』、岩波書店、一九七六年、参照。
（9）湯浅前掲書、一一七頁。
（10）同前、一一八頁。
（11）同前、一二一頁。
（12）荒木前掲書、一三九―四〇頁。
（13）『集』第十巻、六―七頁。
（14）石田『丸山眞男との対話』、一七一頁。
（15）大隅・平石編前掲書、三八五頁。なお、同書に収録された末木自身の論稿には、このままの表現は見当たらない。
（16）米谷、前掲、一四八―一四九頁。
（17）『講義録』［第四冊］、四五―四六頁。
（18）同前、四七頁。
（19）同前、四七―四八頁。
（20）同前、五三―五四頁。
（21）同前、五三頁。
（22）『講義録』［第七冊］、六六頁。
（23）『集』第十二巻、一四七―一四九頁。

(24) 網野善彦『蒙古襲来——転換する社会』、参照。なお、網野史学における『飛礫』というモチーフの意義については、網野の義理の甥でもある中沢新一『僕の叔父さん 網野善彦』（集英社新書 二〇〇四年）に詳しい。

(25) 『講義録』［第四冊］における飯田泰三による「解題」（三四五—三四六頁）を参照。ここでの飯田は「〈体制の下部構造〉としての『〈天皇制的〉古層』のさらに深層に、いわば〈人類史的〉下部構造として『太古の祖型』（ベンヤミン）が想定できないか」としているのであり、丸山の「古層＝執拗低音」そのものを〈人類史的〉な基層に位置づけようとする筆者の見解は、飯田のそれとは大きく異なる。なお同「解題」は、飯田『戦後精神の光芒——丸山眞男と藤田省三を読むために』（みすず書房、二〇〇六年）に「丸山思想史学における鎌倉仏教論の位置——原型＝古層論との関連において」として所収されている。

(26) ここではさしあたりアニミズムを、イギリスの人類学者E.B.タイラーの『原始文化』（一八七一年）における議論に即して、ラテン語のアニマanimaにもとづくものであり、人間をはじめ動植物からその他の無生物にいたるすべてのものがそれ自身のアニマanimaをもつとする「未開社会」に普遍的に見いだされるような宗教的意識として理解することとしたい。

(27) 同様にここではさしあたりマナイズムを、イギリスの人類学者R.R.マレットの議論に即して、ポリネシア諸島やメラネシア諸島のマナmanaという語によって表わされるような、アニマanimaをアニメイトする非人格的な力ないしは生命力についての観念にもとづく宗教意識であって、プレ・アニミズムともいうべきアニミズムよりさらに根源的かつ普遍的な宗教意識であると理解することとしたい。

(28) 『講義録』［第四冊］、六一—六二頁。

(29) 『講義録』［第六冊］、三〇—三一頁。

(30) 『講義録』［第七冊］、六八頁。

(31) 『講義録』［第四冊］、六一頁。

(32) 同前、六一—六二頁。

(33) 日本古代史学の大家たる上田正昭は、『日本人の〝魂《たま》〟の起源』（情報センター出版局、二〇〇八年）において、「眼の衰微を『メシヒ』というように、『タマ』の衰微が『タマシヒ』です。衰微した『タマシヒ』を振起するのが、『タマフリ』です」（一九〇頁）としている。上田の長年の日本古代史研究の蓄積のうえになされたこの言及を否定する準備も能力も、いまの筆者にはそなわっていない。したがって、「タマシヒ」が「ヒ」（＝「日」「霊」「毘」）の塊りという意味ではないかという筆者の考えは、当面保留するほかはない。しかし、かりに上田のいうとおりであったとしても、それが本稿の論旨に大きな影響を及ぼすものではないと考える。

(34) 神野志隆光『古事記の世界観』、参照。

(35) 『講義録』〔第四冊〕、六一―六二頁。

(36) 『集』第十巻、三四頁。

(37) 同前、四一―四二頁。

(38) 同前、五六頁。

(39) 溝口睦子は、その著書『王権神話の二元構造』（吉川弘文館、二〇〇〇年）および『アマテラスの誕生――古代王権の源流を探る』（岩波新書、二〇〇九年）において、「天孫降臨の司令神」としてのタカミムスヒこそ、アマテラスに先行する「日神＝太陽神」にほかならず、その起源は北方ユーラシアの遊牧民族により形成された諸「帝国」の王権思想にあらわれる「天の至高神」なのではないかとするきわめて興味深い議論を提起している。溝口はその意味では、タカミムスヒ自体もまた、「中華帝国」との文化接触に先立つ五世紀以前の北方ユーラシアとの文化接触の産物にほかならないとしているのであり、こうした議論自体は丸山の「文化接触と文化変容の思想史」という方法と必ずしも矛盾するものではないように思われる。ただ、「産巣日」の神の「日」をもって、「日神＝太陽神」とみなすことにはいささか無理があるのではないかとも筆者は考える。そうだとすれば「禍津日」の神も「直日」の神もまた「日神＝太陽神」であるとしなければならないように思われるからである。ただ溝口の提起自体は、古代の文化接触をもっぱら「中華帝国」とのそれと考える惰性を打ち破り、とりわけ五世紀以前における北方ユーラシアの諸「帝国」との文化接触と「倭」王権の成立との関係を考察する上できわめて重要なものであろう。しかし同時に、仮に溝口の主張するようにタカミムスヒの起源が北方ユーラシア系の「天の至高神」であったとしても、それが「日神＝太陽神」と「天孫降臨の司令神」の地位をアマテラスに譲るとともに（この次第をこそ溝口は考察しているのだが）、みずからは「ムスヒの神」へと変容をとげざるを得なかった次第をこそ、「文化接触と文化変容」の問題として十分に考察することが必要なのではないかとも考える。こうした問題についての筆者なりの考察は他日に期したい。
(40)『集』第十巻、三七頁。
(41)同前、三八頁。
(42)『和辻哲郎全集』第十二巻、五七頁。
(43)同前、五九頁。
(44)同前、六六頁。
(45)同前、七三頁。
(46)『講義録』[第四冊]、六一―六二頁。
(47)荒木前掲書、参照。
(48)赤坂『海の精神史――柳田国男の発生』、五五四―五五五頁。
(49)『和辻哲郎全集』第十二巻、六八頁。
(50)同前、八八―八九頁。
(51)相良前掲書、二頁。
(52)同前。
(53)同前、六六―六七頁。
(54)同前、四〇頁。
(55)大隈、平石編前掲書。
(56)笹倉、みすず書房、一九八八年。なお本書の論稿は、笹倉『丸山眞男の思想世界』(みすず書房、二〇〇三年)の第二部「丸山における〈政治主体〉の構造」として採録されている。本書における丸山の著作にたいする網羅的かつ緻密な「読み」は、丸山研究のための貴重なスタンダードであるといってよかろう。
(57)大隈、平石編前掲書、一一頁。
(58)同前、一二頁。
(59)拙著『丸山眞男――「近代主義」の射程』、一六五頁以下を参照。むしろ筆者は、現代においては、ポスト・モダニズムによる西欧近代的な理性（＝「独話的理性」）への厳しい批判にも見られるように、こうした「普遍的超越的価値」への帰依による「主体」の自立が不可能なものとなっているが故にこそ、これとは異質な「主体」の自立、すなわち「自己内対話」（＝「主体的緊張の弁証法」「アンチノミーの自覚」）により自立した「主体」という丸山の展望が注目されるべきなのだということを主張したのだった。

(60) 米谷、前掲、一四八―一四九頁。
(61) 田中前掲書、一二―一三頁。
(62) 大隅、平石編前掲書、三五頁。
(63) 飯田泰三『講義録』〔第五冊〕「解題」、三一七頁。飯田『戦後精神の光芒――丸山真男と藤田省三を読むために』、一七七―一七八頁。
(64) 飯田泰三『講義録』〔第四冊〕「解題」、三四四―三四六頁。同前、一六五頁。
(65) 『講義録』〔第四冊〕、五三頁。
(66) 『集』第十二巻、一四七―一四九頁。
(67) 大隈、平石編前掲書、一一頁。
(68) 『講義録』〔第七冊〕、六六頁。
(69) 田中前掲書、一三頁。
(70) 同前、一一九―一二〇頁。

むすびにかえて

「神神の微笑」――柄谷行人『日本精神分析』に寄せて

日本のポスト・モダニズム的文芸評論の旗手ともいうべき柄谷行人は、丸山眞男の「古層＝執拗低音」論への批判を試みた評論「日本精神分析――芥川龍之介『神神の微笑』」[1]で、芥川がその作品「神神の微笑」[2]において、日本の「霊の一人」をしてつぎのように語らせていたことに注目する。すなわち、

唯気をつけて頂きたいのは、本地垂迹《ほんちすいじゃく》の教《おしえ》の事です。あの教はこの国の土人に、大日孁貴《おおひるめむち》は大日如来《だいにちにょらい》と同じものだと思わせました。これは大日孁貴の勝でしょうか？それとも大日如来の勝でしょうか？仮りに現在この国の土人に、大日孁貴は知らないにしても、大日如来は知っているものが大勢あるとして御覧なさい。それでも彼等の夢に見える、大日如来の姿の中には、印度仏の面影《おもかげ》よりも、大日孁貴が窺《うかが》われはしないでしょうか？……つまり私が申上げたいのは、泥烏須のようにこの国に来ても、勝つものはないと云う事なのです。……[3]

それは何人でも帰依するでしょう。唯《ただ》帰依したと云う事だけならば、この国の土人は大部分悉達多の教えに帰依

していいます。しかし我我の力と云うのは、破壊する力ではありません。造り変える力なのです。[4]

事によると泥烏須自身も、この国の土人に変るでしょう。支那や印度も変ったのです。西洋も変らなければなりません。我我は木木の中にもいます。浅い水の流れにもいます。薔薇の花を渡る風にもいます。寺の壁に残る夕明りにもいます。何処にでも、又何時でもいます。御気をつけなさい。御気をつけなさい。……[5]

丸山の「古層＝執拗低音」論に言及しつつ、「私は、社会科学、思想史、心理学などの本をたくさん読んできましたが、芥川の短編小説以上に洞察力をもったものに出会いませんでした[6]」とし、「大切なのは、そうした『古層』を指摘することではなく、むしろ、なぜ日本ではそうした『古層』が『抑圧』されなかったかを問うことです[7]」と喝破してみせる柄谷にしてみれば、この「神神の微笑」への着目は、丸山の「古層＝執拗低音」論など芥川の焼き直しにすぎないのだと貶めたいがためのものなのかもしれない。

しかし、丸山の「原型（プロトタイプ）」論から「古層＝執拗低音」論への議論の発展の方向性をたどり、丸山が倫理的価値意識の「古層＝執拗低音」として単離 isolate せんとしていた「キヨキココロ・アカキココロ」なるものに迫ろうとしてきた筆者にとっては、「我我の力と云うのは、破壊する力ではありません。造り変える力なのです」、「我我は木木の中にもいます。浅い水の流れにもいます。薔薇の花を渡る風にもいます。寺の壁に残る夕明りにもいます。何処にでも、又何時でもいます。御気をつけなさい。御気をつけなさい」と日本の「霊の一人」に語らしめた芥川の類稀なる文学者的感性は、むしろ丸山の議論を力強く支持しているのではないかとすら思われる。

丸山の「文化接触と文化変容の思想史」という方法と、そこにおける「古層＝執拗低音」をめぐる議論は、「日本的なるもの」を実体化し、「日本民族」の一貫性や等質性という近代日本の「つくられた伝統」に与するものとして丸山を否定し去ろうとする人びとにとっては、一顧の価値すらない蒙論にほかなるまい。

しかしそれらは、けっして孤立無援のものなどではない。丸山の「古層＝執拗低音」というモチーフが網野善彦の「飛礫」「異形異類」「無縁」といったそれと強く響き合うものにほかならなかったのではないかということは、すでに本書第Ⅰ部で論じたところである。芥川龍之介の「神神の微笑」もまた、丸山が「文化接触と文化変容の思想史」と「古層＝執拗低音」論を通じて挑もうとした「気の遠くなるような課題」に、文学者としての鋭い感性と知性によって迫らんとした先駆的な営みだったとすべきなのではあるまいか。

少なくとも「文化接触と文化変容の思想史」という方法については、丸山の生涯を通じての盟友ともいうべき加藤周一が、その『日本文学史序説』[8]や『日本文化における時間と空間』[9]において、深く共有するものだったことはあらためていうまでもなかろう。丸山と加藤の議論の関係については、すでに田口富久治が「丸山眞男の『古層論』と加藤周一の『土着的世界観』[10]」で詳細な検討を行なっているところでもある[11]。

丸山と加藤との関係はひとまず別格としても、「文化接触と文化変容の思想史」という方法――少なくとも「文化接触と文化変容」という〈視座〉そのもの――は、丸山に対して批判的な論者を含め、すでに多くの人びとに共有されつつあるのではあるまいか。

たとえばすでに本稿でも見たように、相良亨は『誠実と日本人』で、「心情の純粋性の尊重」の伝統と大陸から流入した外来思想としての「理法」への関心との関係という問題を軸にして、日本倫理思想史の展開を試みようとしていたのであり、また「周辺文明としての日本文化」という歴史理解の枠組みに立つ湯浅泰雄も、「日本人は外来文明を受容することを通じて文明社会の段階へと進んだのであるが、そこに生まれてきた文化は、その栄養素を与えた母胎である中国の文化とはいちじるしくちがった性格をもつものになった。したがって日本の文化について考える場合には、その受容あるいは変容のしかたについて検討することが重要になってくる[12]」と論じていたのだった。

日本思想史学会のシンポジウム「丸山思想史学の地平」をもとに編まれた『思想史家 丸山眞男論』で、『丸山眞男講義録』への批判的検討を行なった水林彪や末木文美士にしても同様である。水林は、その「原型（古層）論と古代政治思想論」において、丸山の「原型（古層）論」に重大な疑問を呈しつつも、「独特の日本的国制とその思想の歴史的起点」としての「律令国家体制」を、①土着的未開的な、しかしその限りで普遍的な在地首長制的社会（古層＝基層）と、②中国文明に強く影響を受けた律令国家体制（新層＝上層）との二重構造として把握し、この古層・新層の重畳的構造と古層・新層間の相互浸透現象を重視する彼独自の「古層・新層論」を提起するとともに、(13)これを展開する形で、古代から近代にいたる「天皇制」の通史として、『天皇制史論——本質・起源・展開』(14)を著わすにいたった。また同じく「〈原型＝古層〉から世界宗教へ——『丸山眞男講義録［第四冊］』を読む」において、「重要なのは讃嘆でも無理解でもなく、丸山の〈原型＝古層〉論をどのように生産的に継承してゆけるか」であるとして、「〈原型＝古層〉は初めからあるのではなく、それ自体歴史のなかで形成されてゆくものではないか」との仮説を提示(15)した末木文美士も、こうした仮説にもとづく通史の試みとして『日本宗教史』(16)を著わしているのである。

「日本精神分析——芥川龍之介『神神の微笑』」における柄谷もまた、丸山に対してさまざまな論点を対置して批判的な論及を行なっている。すなわち、

> どの地域でも、キリスト教・イスラム教・仏教といった「世界宗教」にいわば「去勢」されることによって「自己」が形成された。そのような地域で、外来的な世界宗教が自己にとって外来的であるとみなすことがありえないのは、自己そのものがそれによって形成されたからです。……精神分析学者ラカンの言葉でいえば、日本では、いわば世界宗教による去勢が「排除」されたために「自己」が形成されなかったというべきなのです。(17)

このように漢字を訓で読むことは何を意味するのでしょうか。第一に、それは外来的な漢字を内面化することです。日本人は、もはや漢字を訓で読んでいるとは考えず、単に日本語を漢字で表現すると考えている。……第二にもっと重要なのは、漢字は日本語の内部に吸収されながら、同時につねに外部的なものにとどまっているということです。……こうした特徴を無視すれば、文学はいうまでもなく、日本のあらゆる諸制度・思考を理解することはできないはずです。というのも、諸制度・思考は、そうしたエクリチュール（書き言葉）によって可能だからです。[18]

訓読みとは、漢字を受け入れながら、受け入れない方法です。中国周縁の民族は漢字をそのまま受け入れた、それが去勢だとしたら、日本で生じたのは、そのような去勢の「排除」です。……おそらく「日本的」ということがあるとしたら、このような点にしかないでしょう。多くの「日本人論」が、肯定的であれ否定的であれ、指摘するのは、そこに確固たる主体がなく、原理的な機軸がないということです。それは神経症的ではないが、ほとんど分裂病的です。[19]

日本において丸山真男のいう「古層」が抑圧されなかったのは、日本が海によって隔てられていたため、異民族に征服されなかったためである、と。日本に入ってきた宗教が仏教であったがゆえに、「去勢」がおこらなかった、ということではない。……過酷なのは、世界帝国による軍事的な征服と支配です。……しかし、こういうことがありえたのは、日本が中国という世界帝国の辺境に位置する島国であって、日本に特に何か内在的な「力」があったからではありません。[20]

軍事的な征服がなかったのは、日本と中国やモンゴルあるいはロシアとの間に朝鮮半島があり、ここで侵入がせき止められたからです。[21]

ジャック・ラカンを援用して提示された①世界宗教による「去勢」の「排除」によって「自己」(=主体)が未形成のままに終わったという議論や②それを漢字の訓読みというエクリチュールの問題において捉えなおすという論点などは、ポスト・モダンの文芸評論家・柄谷行人の面目躍如というところであろうか。しかし、こうした論点にしろ、③世界帝国による征服がなかったという知見にしろ、④その理由を朝鮮半島の存在にもとめる議論にしろ、柄谷の議論もまた、丸山の「文化接触と文化変容の思想史」という方法——少なくとも「文化接触と文化変容」という〈視座〉そのもの——をけっして否定し去るものではなく、むしろ補強するものなのではないかと見なしたくなるのは筆者だけではあるまい。

それどころか、本稿が明らかにしてきたように、丸山が単離 isolate せんとしていた倫理的価値意識の「古層=執拗低音」としての「キヨキココロ・アカキココロ」が、〈人類史的〉基層に位置づけられるべきマナイズム的な「ヒ」(=「日」「霊」「毘」)への信仰とかかわる普遍的な要素にすぎなかったのだとすれば、こうした「古層=執拗低音」が世界宗教によって「抑圧」されなかった——ないしは、「去勢」が「排除」された——のは、日本が中国という世界帝国の辺境に位置する島国だったからであり、日本に特に何か内在的な「力」があったからではないという柄谷の議論は——柄谷自身の意図はどうであれ——丸山のそれとほとんど重なり合ってしまうのではないかとすら思われる。

「未開の野性」としての「古層＝執拗低音」

筆者は、「重要なのは讃嘆でも無理解でもなく、丸山の〈原型＝古層〉論をどのように生産的に継承してゆけるか」であるという末木文美士の問題意識を共有したい。ただ、丸山の「文化接触と文化変容の思想史」という方法と、そこにおける「古層＝執拗低音」論を生産的に継承していくためには、なによりもまずその理解に努めることから始めるほかないと考えているにすぎない。

すでに述べたように、丸山の「文化接触と文化変容の思想史」という方法——少なくとも「文化接触と文化変容」という〈視座〉そのもの——については、すでに多くの論者が共有しつつあるように思われる。しかしそうした論者においても——古層・新層の重畳的構造と古層・新層間の相互浸透現象を重視して「古層・新層論」を提起する水林彪にしても、また、〈原型＝古層〉は初めからあるのではなく、それ自体歴史のなかで形成されていくものではないかとの仮説を提示する末木文美士にしても、さらには柄谷行人の『日本精神分析』にしても——丸山の「古層＝執拗低音」論そのものが、そのままでは同意できない議論だと見なされていることは否定できまい。しかし——かの飯田泰三さえもが、それを「〈体制の下部構造〉としての『(天皇制的)古層』[22]」だとしているように——こうした論者たちの議論が、丸山の「古層＝執拗低音」論への十全な理解のうえになされているかはかなり疑わしいとされねばなるまい。

本稿において筆者は、本書第Ⅰ部における議論を再確認するかたちで、丸山が倫理的価値意識の「古層＝執拗低音」として単離 isolate せんとしていた「キヨキココロ・アカキココロ」が——「共同体的なるもの」として、「無私性＝全体性への帰依」をその本質とすると見なされた和辻哲郎の「清明心の道徳」とは対照的に——「未開の野性」ともいうべきマナイズム的な「ヒ」（＝「日」「霊」「毘」）への信仰とかかわる普遍的な要素にほかならなかったのではないかと論じてきた。それは、丸山の「古層＝執拗低音」が、「血縁ないし祭祀共同体」や水田稲作という支配的生産様式などの「共同体的なるもの」と不可分であるに違いないとしてきたこれまでの一般的理解を否定するものだったはずである。

もっとも、戦後日本を代表する歴史家であり、丸山の親しい友人の一人でもあった石母田正が、丸山の「古層＝執拗低音」が「未開の野性」ともいうべきものであった点に逸早く気づいていたということは、本書第Ⅰ部でも指摘した通りである。すなわち、

こういう古層の問題と申しますのは、誰しもが日本史をやればみんな感じているのでありまして、私自身も実はしょっちゅう日本史をやりながら、必ずしも丸山君のように思想史が専門ではありませんけれども、しかし日本史やっていれば誰しもこの問題を感ずるわけです。(23)

こういうふうな等価の原則というふうに、抽象的に原理化すれば、まさにこれは未開社会の原理であります。したがって日本の中分とか、喧嘩両成敗というのは非常に発達した制度で、こういうものが一つの法典として制定されるということは、もちろん高い文明を持っているからでありますけれども、その原理、基礎にある原理というものは、われわれは未開社会において同じものを見出すことができる、というふうに私は思うのです。(24)

筆者が本書第Ⅰ部で明らかにしたように、網野善彦の「飛礫」というモチーフもまた、網野がその多大な影響のもとで学問形成を遂げることとなった石母田のこうした議論と相通ずるものであったことは疑う余地もあるまい。

日本社会における「未開的なるもの」の執拗な残存ないしは持続という問題意識もまた――丸山、石母田、網野が共有していたというにとどまらず――多くの論者の共有するところであろう。もちろん、「我我は木木の中にもいます。浅い水の流れにもいます。薔薇の花を渡る風にもいます。寺の壁に残る夕明りにもいます。何処にでも、又何時でもいます」と語る芥川龍之介の「神神の微笑」の老人もまた、「未開の野性」ともいうべきアニミズム的ないしはマナイズム的な「霊の一人」であったことはいうまでもない。

たとえば、『古事記』に「ムスヒのコスモロジー」を見いだした神野志隆光の一連の『古事記』研究、諏訪信仰に「縄文の影」を見る西郷信綱の『古代人と死――大地・葬り・魂・王権』[25]、石仏や石塔などの「石の崇拝」にきわめて原始的な霊魂観念やアニミズムを見いだした仏教民俗学者・五来重の『石の宗教』[26]、宗教人類学者の佐々木宏幹の『聖と呪力の人類学』[27]をはじめとする一連の研究、日本仏教をアニミズム的土壌のなかへの仏教の受容と変容の問題としてとらえた仏教学者・立川武蔵の『日本仏教の思想――受容と変容の千五百年史』[28]など、こうした議論には枚挙にいとまがあるまい。あるいは、本稿第三章でも言及した構造主義的人類学者・レヴィ＝ストロースの「数ある工業社会の中で、日本は、アニミズム的な思考が今もなお生きている最後の社会である」という言明[29]をあらためて想起してもよかろう。さらにはまた、芥川の「神神の微笑」をジャック・ラカンに依拠して世界宗教による「去勢」の「排除」という論理で捉えなおそうとした柄谷行人の『日本精神分析』をもここに加えることができよう。

丸山の「古層＝執拗低音」が――一般にそう思い込まれてきたように、「血縁ないし祭祀共同体」や水田稲作という支配的生産様式などの「共同体的なるもの」と不可分なものなどではなく――「未開の野性」ともいうべきアニミズム的ないしはマナイズム的な普遍的要素なのだとしたら、丸山もまた石母田、網野をはじめとする多くの論者と同じものの執拗な持続と残存を見いだしていたにすぎないということになろう。

すでに見たように丸山の「古層＝執拗低音」論には、「日本的なるもの」を実体化し、「日本民族」の一貫性や等質性という近代日本の「つくられた伝統」に与するものという非難が加えられることが常であった。たとえば姜尚中によれば、丸山は「最終的には『国体』的なるものを支え続けてきたメタ歴史学的な『古層』あるいは『原型』の地政学的および『民族的な個別性』に辿り着〔30〕くことによって、「あれほど『国体』の生理と病理を完膚無きまでに批判しながら、『虚構のエスニシティ』としての『日本人』の歴史的アプリオリを不問に付〔31〕」すことになったのだというのである。

たとえば末木文美士が、「文化接触と文化変容」という〈視座〉を丸山と共有しながら、〈原型＝古層〉は初めからあるのではなく、それ自体歴史のなかで形成されていくものではないかとの仮説を提示するのも、こうした非難を懼れてのことにほかなるまい。

しかし丸山が単離 isolate せんとしていた「古層＝執拗低音」は、けっして「民族的個別性」でも、実体化された「日本的なるもの」でもないのであって、何処においてもみられたはずの〈人類史的〉基層に位置づけられるべき普遍的な「未開の野性」にほかならなかったのである。

たしかに、丸山は「日本文化と日本思想史を『特殊性』ではなくて、『個体性』の相においてとらえ〔32〕」ることをめざしていたのであり、こうした意味での「日本的なるもの」の解明をその学問的・思想的課題としていたのは事実である。しかし、ここで丸山のいう「個体性」とは、それぞれをとってみれば日本に特有とはいえない個々の要素であっても、それらの個々の要素がある仕方で相互に結び合わされて一つの「ゲシュタルト」――全体構造として把握されたときに、はじめて立ち現れるような「個体性」のことなのである。

丸山は、こうした「個体性」の問題を積み木にたとえて、つぎのように語っている。すなわち、

積み木というのは個々の要素に分析しますと、正方形の木、細長い木、三角形の木など、形はだいたい共通に決

まっています。個々の要素は全部共通しているわけです。ところが、そこからいろいろな組合せをして、いろいろな形の家とか細工を組み立てることができます。積み木は、もし材料が非常にたくさんあるとしたら、さまざまなヴァリエーションのものができます。ところがそれを個々の要素（材料）に分解したら、三角形の木とか平行四辺形の木とかみな同じもの――つまり普遍的なものからできていて、ある形をもった積み木細工の「個性」はなくなります。「個性」は全体構造としてのみ語りうるのです。[33]

このように考えれば、丸山が「古層＝執拗低音」として単離 isolate せんとしたものが「未開の野性」ともいうべき〈人類史的〉な基層に位置づけられるべき普遍的要素であったとしても、それ自体、何ら驚くべきことなどではない。むしろ、丸山の「古層＝執拗低音」論に対する、「日本的なるもの」を実体化し、「日本民族」の一貫性や等質性という近代日本の「つくられた伝統」に与するものだという非難こそが、それへの無理解にもとづく不当なものだとされなければなるまい。

末木のいうようにあくまでも、「重要なのは讃嘆でも無理解でもなく、丸山の〈原型＝古層〉論をどのように生産的に継承してゆけるか[34]」ということである。

そしてそこでの問題は、〈人類史的〉基層に位置づけられるべきアニミズム的ないしはマナイズム的な普遍的要素を「文化接触と文化変容」という〈視座〉のなかで、どのようなものとして位置づけるべきなのかということであり、またその存在が具体的な歴史の展開のなかで、いかなるかたちでどのような作用を果たしたか、あるいは果たさなかったのかを明らかにすることでなければなるまい。

「未開の野性」「共同体的なるもの」「超越的絶対者」のトリアーデ

換言すれば、「未開の野性」ともいうべき普遍的要素としての「古層」が、前章の最後に問題としたような、「共同体的なるもの」と「超越的絶対者」との三項関係（＝トリアーデ）のなかで、「執拗低音（＝basso ostinato）」としての作用をどのようにして果たしたのかを解明していくという、まさに「気の遠くなるような課題」がそこに残されているということである。

「未開の野性」／「共同体的なるもの」／「超越的絶対者」という三項関係（＝トリアーデ）ということでいえば、「世界宗教」によるアニミズム的なものの「去勢」や、こうした「去勢」の「排除」を問題にした柄谷行人の二項対立的な問題設定とも、「自他人倫の和合」と「超越的なるもの」との二項対立を問題としつづけた和辻哲郎や相良亨のそれとも異なった、ヨリ複雑な関係を歴史的・具体的な過程のなかで問題としていかなければなるまい。

それはすでに、田中久文が『丸山眞男講義録』に見いだしたような、「『原型を超えた思想』は、『原型』とつねに対立関係にあるばかりではない。『原型』が『原型を超えた思想』を変質させてしまうことはもとより、逆に『原型』のなかから『原型を超えた思想』が生い立っていったり、さらには『原型を超えた思想』が一時的とはいえ『原型』を変容させたりする」[35]といった複合的な関係を含んでいるのであり、またそこでは、「後期の丸山には、わが国固有の原型（古層）的意識と舶載の普遍意識の対抗、前者による後者の日本化という思想史の構想（原型（古層）論＝A構想）とは別に、原型（古層）的なものからの普遍思想的契機の自生的な成長とその挫折という思想史の構想（B構想）が存在した」[36]と理解した水林彪のいう「A構想」と「B構想」の両者が同時に満たされなければならないであろう。

いうまでもなくそれは、『丸山眞男講義録』の［第四冊］［第五冊］［第六冊］［第七冊］において、丸山自身がすでに果敢にも挑み始めていた課題ではある。しかし、それはなおも「原型（プロトタイプ）」論段階におけるそれにとどまっているのであり、丸山にとっても、いまだ必ずしも完成度の高いとはいえない試行錯誤の過程にあったものだといわざるを得まい。

もちろん、丸山の「文化接触と文化変容の思想史」という方法と、そこにおける「古層＝執拗低音」論を生産的に継承しようとする以上、丸山が『丸山眞男講義録』に遺した膨大な考察を真摯に検討するという課題を避けて通ることはできない。しかしこの生産的継承の作業は、形成過程において丸山自身によって遺された遺産にのみ依拠し、それを絶対化するだけでは、けっして果たせない課題であるということもまた確かなのである。

とりわけ、「世界宗教」としての仏教の受容と変容のあり方の具体的な解明という課題については、多くの問題が残されているといってよかろう。

末木文美士がいうように、残念ながら丸山の『丸山眞男講義録』段階における日本仏教への理解については、当時の仏教史研究の学問的水準に規定された重大な限界が認められるからである。すなわち、

> 戦後の仏教史研究が大きな転換を遂げるのは、一九七五年に黒田俊雄がその著『日本中世の国家と宗教』（岩波書店）において顕密体制論を提示してからである。黒田は、「新仏教」を中世仏教の主流として見る従来の見方に対して、新仏教は当時の仏教界においては小さな勢力しか占めない「異端派」に過ぎず、主流は中世的に再編された大寺院中心の顕密仏教であるとして、中世仏教観を一変させた。そして、創始者においては「異端派」であった新仏教も、やがて後継者においては再び顕密仏教化すると見たのである。[37]

私自身としてはこうして現在からして日本の思想的過去の構造化を試みたことで、はじめて従来より「身軽」になり、これまでいわば背中にズルズルとひきずっていた「伝統」を前に引き据えて、将来に向っての可能性をそのなかから「自由」に探って行ける地点に立ったように思われた。(49)

丸山の「古層＝執拗低音」論もまた、これまで背中にズルズルとひきずっていた「伝統」を前に引き据えて、将来に向っての可能性をそのなかから「自由」に探って行ける地点に立たんとする試みの延長線上にあったのだろうということは、あらためていうまでもあるまい。丸山が単なる「思想史家」ではなく、思想家であるゆえんはここにあろう。

それでは丸山が「文化接触と文化変容の思想史」と「古層＝執拗低音」論を通じて、「自由」に探って行ける地点に立とうとした「将来に向っての可能性」とは、はたしていかなるものであったのだろうか。

もちろん、こうした「将来に向っての可能性」を見いだすこともまた、丸山の「文化接触と文化変容の思想史」と「古層＝執拗低音」論の生産的な継承を通じてこそ、はじめて十全にはたされるべき課題である。

筆者はすでに拙稿「『第四の開国』と『開かれている精神』——グローバリゼーションと日本人の課題(50)」などにおいて、丸山が見いだそうとしていた「将来に向っての可能性」は、「自己内対話」する主体と「開かれている精神」の形成よって拓かれるのではないかと論じてきた。丸山の見いだそうとしていた「将来に向っての可能性」のひとつが、「開かれている精神」の形成であることについては、筆者はいまなお、いささかも修正する必要はなかろうと考えている。

しかし本稿において、丸山が単離 isolate せんとしていた倫理的価値意識の「古層＝執拗低音」が、「心情の純粋性

（＝純粋動機主義）」としての「キヨキココロ・アカキココロ」という普遍主義的な契機にほかならなかったということ――そしてそれが、〈人類史的〉基層に位置づけられるべきマナイズム的な「ヒ」（＝「日」「霊」「毘」）への信仰と結びついたものにほかならなかったということ――を再確認し得たいま、筆者には、そこに〈もうひとつの可能性〉が垣間見えるのではないかという思いを禁じることができない。

それは、丸山の愛弟子のひとりであり、「もう一人の丸山」とも称されながら、「正統と異端」研究会からの離脱[51]以来、丸山と袂を分かったともされる藤田省三が、その『精神史的考察』[52]以降の考察で追求せんとしていた〈可能性〉にほかならない[53]。

この点に関しては、丸山、藤田の両者と深く交わり、『戦後精神の光芒――丸山眞男と藤田省三を読むために』[54]を著わした飯田泰三のつぎのような言明を再び想起せねばなるまい。すなわち、

その点で、丸山の「古層」論を、さらに修正・発展（?）させることができないかと考える。すなわち、〈体制の下部構造〉としての「（天皇制的）古層」のさらに深層に、いわば〈人類史的〉下部構造として「太古の祖型」（ベンヤミン）が想定できないかということである。解体期において、その解体（→自己解体）を徹することによって、「日本的古層」（による惑溺）を否定し突き抜け、さらに下降してゆくことで、或る普遍的で原理的な基層（いわば〝原初的普遍性〟）に到達できるのではないか。いいかえれば、原初の混沌、ないしは「自然状態（タブラ・ラサ）」に帰り、そこから或る原理的なものを捉え直してきて「再生」「蘇生」してくるということが、「転形期」においては可能なのではないか[55]。

飯田のいう「古層＝執拗低音」論の「修正・発展」がまったく必要のないものであることは、すでに本稿の検討に

よって明らかとなったはずである。そしてここで飯田のいう「原初の混沌、ないしは『自然状態（タブラ・ラサ）』に帰り、そこから或る原理的なものを捉え直してきて『再生』『蘇生』してくる」という〈可能性〉こそ、藤田省三が『精神史的考察』以来、一貫して追求せんとしてきたものにほかならなかったのではあるまいか。

丸山の「古層＝執拗低音」が本稿の明らかにしたようなものであったとすれば、藤田が追求せんとしたこの〈可能性〉は、丸山の「文化接触と文化変容の思想史」と「古層＝執拗低音」論からも直接に導きだされるべき〈もうひとつの可能性〉だったということにもなろう。それは、これまでいく度も立ち返った『丸山眞男講義録［第七冊］』のつぎのような一節からも明らかだといわねばなるまい。すなわち、

キヨキココロ、ウルハシキココロという絶対的基準が、共同体的功利主義の相対性と特別主義に制約されるので、共同体的規範から、特定の共同体や具体的人間関係をこえた普遍的な倫理規範……への昇華がはばまれることになる。(56)

丸山がここに見いだしていた「キヨキココロ・アカキココロ」という倫理的価値意識の「古層＝執拗低音」の普遍的な倫理規範への昇華の〈可能性〉を再確認しておこう。

かくして本稿は、「丸山―藤田問題」ともいうべき新たな課題の前へと筆者を導くにいたった。しかしいまの筆者には、このあまりにも峻険な峰に挑むだけの準備はない。他日に期して、本稿のむすびとしたい。

注

(1) 柄谷『日本精神分析』、文藝春秋、二〇〇二年。講談社学術文庫版、二〇〇七年、所収。なお、以下の引用は講談社学術文庫版による。
(2) 芥川『奉教人の死』、新潮文庫、所収。なお、以下の引用は柄谷前掲書の付録に収録されたテクストによる。
(3) 柄谷前掲書、二四五頁。
(4) 同前。
(5) 同前、二四六―二四七頁。
(6) 同前、六八頁。
(7) 同前、一〇三頁。
(8) 加藤『日本文学史序説 上』、筑摩書房、一九七五年。ちくま学芸文庫版、一九九九年。同『日本文学史序説 下』、筑摩書房、一九八〇年。ちくま学芸文庫版、一九九九年。
(9) 加藤、岩波書店、二〇〇七年。
(10) 田口『丸山眞男とマルクスのはざまで』、日本経済評論社、二〇〇五年、所収。
(11) 加藤は、「〈第七回『復初』の集い 講演〉丸山眞男の心理と論理」(『丸山眞男手帖』第三九号、丸山眞男手帖の会、二〇〇六年一〇月)で、自らの「日本文学の特徴について」(『日本文学史序説』所収)を丸山の「古層」の考え方にいくらかの「補足」を加えたものだという趣旨の発言をしている(五五頁以下)。
(12) 湯浅前掲書、一二頁。
(13) 同前、六一頁以下。
(14) 水林、岩波書店、二〇〇六年。
(15) 大隈、平石編前掲書、九五頁。
(16) 末木、岩波新書、二〇〇六年。
(17) 柄谷前掲書、七三頁。なお柄谷はここで、本稿第一章で検討した和辻哲郎の「外来文化のなかにおのれを没入したにもかかわらず、その外来性の意識を保持」し、「日本文化から外来文化を取り去れば、あとにはほとんど何物も残らないにもかかわらず、日本人はおのれの文化の中身に対して摂取者・加工者としての独立性を持ち続けた」（『和辻哲郎全集』第十二巻、一三―一四頁）という議論を明らかに踏まえて議論している。しかし和辻がこうした議論のうえに、「外来文化がいつまでもその外来性の意識から脱却し得なかった」ということもまた、「日本民族が、原始時代以来一つの連続した歴史を形成し、そうしてその原始以来の伝統をなおおのれのうちに保持している」ことと連関した問題だろうと結論づけている点（同、二一頁）にまでは目が向けられてはいないようである。

(18) 同前、七六―七七頁。
(19) 同前、八六頁。
(20) 同前、一〇三―一〇四頁。
(21) 同前、一一一―一一二頁。
(22) 飯田『講義録』［第四冊］「解題」、一四五頁。同『戦後精神の光芒――丸山眞男と藤田省三を読むために』、一六五頁。
(23) 『石母田正著作集』第八巻、二九一頁。
(24) 同前、二九九頁。
(25) 西郷、平凡社選書、一九九九年。平凡社ライブラリー版、二〇〇八年。
(26) 五来、角川書店、一九八八年。講談社学術文庫版、二〇〇七年。
(27) 佐々木、青弓社、一九八九年。講談社学術文庫版、一九九六年。
(28) 立川、講談社現代新書、一九九五年。
(29) 大橋保夫編『クロード・レヴィ・ストロース日本講演集――構造・神話・労働』、みすず書房、一九七九年。
(30) 姜前掲書、一四三頁。
(31) 同前、一四六頁。
(32) 『集』第十二巻、一三六―一三七頁。
(33) 同前、一三八頁。

（34）大隈、平石編前掲書、九五頁。
（35）田中前掲書、一三頁。
（36）大隅、平石編前掲書、三五頁。
（37）同前、一三一―一三二頁。末木『近代日本と仏教――近代日本の思想・再考Ⅱ』、一三九―一四〇頁。
（38）同前。
（39）「天台本覚思想」についてはさしあたり、末木文美士『日本仏教史――思想史としてのアプローチ』、（新潮社、一九九二年、新潮文庫版、一九九六年）を参照されたい（新潮文庫版、一六四頁以下）。
（40）田中前掲書、一三頁。
（41）大隈、平石編前掲書、一三五頁。末木『近代日本と仏教――近代日本の思想・再考Ⅱ』、一四四頁。
（42）末木、新潮社、一九九二年。新潮文庫版、一九九六年。
（43）同、岩波新書、二〇〇六年。
（44）立川、講談社現代新書、一九九五年。
（45）同、講談社学術文庫、二〇〇三年。
（46）網野善彦、平凡社、一九八六年。平凡社ライブラリー版、一九九三年。
（47）中沢、平凡社、一九八八年。平凡社ライブラリー版、一九九四年。
（48）丸山、岩波新書、一九六一年。
（49）同前、一八七頁。『集』第九巻、一一四―一一五頁。
（50）関西学院大学法政学会『法と政治』第五三巻第三号、二〇〇二年九月、所収。
（51）「正統と異端」研究会については、石田雄「『正統と異端』はなぜ未完に終わったか」（『丸山眞男との対話』所収）を参照。
（52）藤田、平凡社選書、一九八二年。平凡社ライブラリー版、二〇〇三年。なお、同書には著作集版（『藤田省三著作集』第五巻、みすず書房、一九九七年）もある。
（53）この藤田の追求した〈可能性〉については、さしあたり乳深公佑「藤田省三の『経験』論――『物象化』に抗うために」（関西学院大学法政学会『法と政治』第五七巻第三・四号、所収）を参照。

(54) 飯田泰三、みすず書房、二〇〇六年。本書は「解題屋」を自称する飯田の面目躍如たるともいうべき「解題」集である。

(55) 飯田『講義録』［第四冊］「解題」、三四四―三四六頁。同前、一六五頁。

(56) 『講義録』［第七冊］、六六頁。

あとがき

本書は、関西学院大学研究叢書の一冊として、関西学院大学の出版助成を受けて刊行するものである。学術書の出版情勢がきわめて厳しい中、本書のような書籍が刊行できるのも、ひとえにこの助成があればこそのことであり、関西学院大学および関係者の皆様に深く感謝を申し上げたい。

二〇〇一年に関西学院大学出版会から刊行した拙著『丸山眞男――「近代主義」の射程』の続編にあたる本書は、丸山眞男の「文化接触と文化変容の思想史」、とりわけその「古層＝執拗低音」論に焦点を絞った、一連の既発表論文を一冊にまとめたものである。本書への収録にあたって、必要最小限の加筆修正を行なったが、それらの初出を示せば、以下の通りである。

第Ⅰ部　「『古層』と『飛礫』――丸山思想史と網野史学の一接点に関する覚書き」、関西学院大学法政学会『法と政治』、第五六巻第一・二号、二〇〇五年六月。

第Ⅱ部　「『キヨキココロ・アカキココロ』考（一）――倫理的価値意識の『古層＝執拗低音』をめぐる一考察」、関西学院大学法政学会『法と政治』、第五九巻第二号、二〇〇八年七月。

「『キヨキココロ・アカキココロ』考（二）――倫理的価値意識の『古層＝執拗低音』をめぐる一考察」、

同第五九巻第四号、二〇〇九年一月。
「『キヨキココロ・アカキココロ』考（三・完）――倫理的価値意識の『古層＝執拗低音』をめぐる一考察」、同第六〇巻第二号、二〇〇九年七月。

名古屋大学大学院法学研究科において、田口富久治教授の指導の下、マルクス主義的国家論をベースにした政治学および行政学の研究に携わっていた筆者は、日本行政学の基礎を築いた蠟山政道の政治・行政思想について論じた論考を認めていただいたことにより、期せずして関西学院大学法学部に日本政治思想史担当教員として迎えていただくこととなった。正直なところ大きな戸惑いを覚えながら関西学院大学へと赴任しようとする筆者に、恩師である田口教授から、「日本政治思想史を担当する以上、丸山先生に倣って、きちんと『古事記』『日本書紀』から論じられるよう一から勉強しなおし、関西学院大学のご恩に報いなさい」と、厳しいなかにも優しさに満ちた励ましのお言葉をいただいた。

とはいうものの、『古事記』『日本書紀』にまで遡って勉強しなおす覚悟も決まらず、もたもたと逡巡をくり返していた筆者であったが、畏敬する先輩諸氏の強い要請を受けて、田口教授の名古屋大学退官記念論集である『講座　現代の政治学』（全三巻、青木書店、一九九四年）に丸山眞男に関する最初の論考を寄せることとなり、以来、丸山研究に没入することとなった。その成果は拙著『丸山眞男――「近代主義」の射程』にまとめさせていただいたが、その過程でようやく、丸山の「文化接触と文化変容の思想史」、とりわけその「古層＝執拗低音」論に踏み込み、文字通り『古事記』『日本書紀』から勉強しなおす臍を固める次第となった。

その後、本書冒頭近くで触れたように、中沢新一氏の『僕の叔父さん　網野善彦』（集英社新書、二〇〇四年）にインスパイアされ、まさに憑かれるようにして本書第Ⅰ部の元となった論考を書き上げ、そこで論じたことを検証するため本書第Ⅱ部に収録した論考の執筆へとすすんだのだった。当時の高揚感をいまも懐かしく思い起こすことができる。

毀誉褒貶の著しい丸山の「古層＝執拗低音」論ではあるが、批判・否定するにせよ、肯定・継承を志すにせよ、まずは可能な限り正確な理解をすることが必要であろう。あまりに有名な議論であるにもかかわらず、あまりに不正確な理解のうえに否定・肯定の論議がくり広げられてきた「古層＝執拗低音」論に対して、本書では何よりも、これを正確に理解することに努めたつもりである。

とはいうものの、先にのべたような高揚感に突き動かされ、一から勉強をしなおしつつある門外漢が、短期間で書き上げた論考であることは否定することができない。多くの誤りが含まれていることに違いあるまい。筆者の不勉強に対する大方のご批判を乞い願う次第である。

本書の末尾において、丸山―藤田問題への展開を予告しているが、もっぱら筆者の怠惰のせいで、その後の研究は遅々としてすすんでいない。さしあたり、丸山の遺した以下のような断章が、この問題を解く上での重要な手掛りになるであろうということを提示しうるだけである。

> 混沌への陶酔でもなく、秩序への安住でもなく、混沌からの秩序形成の思考を！
> 底辺の混沌からの不断の突き上げなしには秩序は停滞的となる。けれども秩序への形成力を欠いだ混沌は社会の片隅に「異端好み」として凝集するだけで、実は停滞的秩序と平和共存する。（『自己内対話』、みすず書房、一九九八年、二五一頁）

丸山と藤田省三が袂を分かったとされる「正統と異端」研究会以降、藤田が展開した「精神史」をめぐる思想的営為と「古層＝執拗低音」論との交錯については、いずれ他日を期して世に問いたいと思う。

本書の刊行にあたっては、関西学院大学出版会の田中きく代理事長をはじめ多くの方がた、とりわけ事務局の田中直哉、戸坂美果の両氏に大変お世話になった。心よりの感謝を申し上げ、あとがきに代えたい。

最後に、諸事多忙な中、ともすれば折れそうになる筆者の心を、その無邪気な笑顔でいつも支えつづけてくれた幼い息子、一成に本書を捧げたいと思う。

二〇一四年九月　著者記す

著者略歴

冨田宏治（とみだ・こうじ）

1959年生まれ。
名古屋大学法学部卒業。
同大学院法学研究科博士後期課程単位取得退学。
関西学院大学法学部専任講師、助教授を経て、99年より同教授。
日本政治思想史専攻。

編著『〈自由─社会〉主義の政治学』（晃洋書房、1997年）
著書『丸山眞男─「近代主義」の射程』（関西学院大学出版会、2001年）など。

関西学院大学研究叢書　第172編

丸山眞男
「古層論」の射程

2015年2月10日　初版第一刷発行

著　者　冨田宏治

発行者　田中きく代
発行所　関西学院大学出版会
所在地　〒662-0891
兵庫県西宮市上ケ原一番町1-155
電　話　0798-53-7002

印　刷　協和印刷株式会社

Printed in Japan by Kwansei Gakuin University Press
ISBN 978-4-86283-185-9